악의 번영

La Prospérité du Vice
by Daniel Cohen

ⓒ Editions Albin Michel - Paris, 2009
Korean translation copyright ⓒ Geulhangari Publishers, 2010

This Korean edition published by arrangement with Editions Albin Michel S.A.
through Sibylle Books Literary Agency, Seoul

이 책의 한국어판 저작권은 시빌 에이전시를 통해 Albin Michel 출판사와 독점 계약한 (주)글항아리에 있습니다. 저작권법에 의하여 한국 내에서 보호를 받는 저작물이므로 무단 전재와 복제를 금합니다.

악의 번영

다니엘 코엔 지음 | 이성재·정세은 옮김

비판적 경제 입문서

LA PROSPÉRITÉ DU VICE

글항아리

차례

서론 009

1부 왜 서양인가?

1장 • 기원 025
경제의 탄생 026 | 서양의 몰락 운명 033

2장 • 근대 세계의 탄생 039
유럽의 기적 040 | 강대국들 간의 균형 046

3장 • 맬서스의 법칙 056
농업이라는 장애물 057 | 음울한 과학 063

4장 • 해방된 프로메테우스 068
산업혁명 069 | 석탄, 밀, 노예 077

5장 • 영원한 성장 081
스미스, 마르크스, 휴머노이드 082 | 모차르트와 슘페터 091

2부 번영과 공황

6장 · 전쟁의 경제적 귀결 099
   평화의 경제적 귀결 100 ｜ 공화국의 사망 104

7장 · 거대한 위기와 그 교훈들 112
   1929년 113 ｜ 케인스의 일반이론 125

8장 · 황금시대와 그 위기 130
   영광의 30년 131 ｜ 영광의 30년 이후 136

9장 · 연대의 종말 141
   복지국가의 세기 142 ｜ 세대 간의 딜레마 147 ｜ 불가능한 행복의 추구 154

10장 · 전쟁과 평화 163
   콘드라티예프 경기순환 164 ｜ 경제와 정치 170

3부 세계화의 시간

11장 · 인도와 중국의 귀환 181
거대한 분기 182 | 중국의 귀환 191 | 잠에서 깨어난 인도 203

12장 · 역사의 종언과 서양 213
힘없는 국가들의 비극 214 | 서양에 대한 비판 224

13장 · 생태계의 붕괴 232
위험에 빠진 지구 233 | 무엇을 할 것인가? 242

14장 · 금융 공황 250
새로운 금융 자본주의 251 | 탐욕 262 | 붕괴 266

15장 · 비물질적인 자본주의 273
신경제 274 | 가상세계에서 283

결론 289

옮긴이의 말 295

서론

과거 유럽이 경험했던 일들이 오늘날 전세계적 차원에서 다시 벌어지고 있다. 중국과 인도를 비롯한 여러 나라에서 수백만의 농민들이 농촌을 떠나 도시로 이동하고 있다. 농업 사회에서 제조업 사회로의 전환이 이루어지고 있는 것이다. 또한 새로운 강대국들이 등장하고 있다. 과거에 독일과 일본이 차지했던 그 지위를 이제는 인도와 중국이 차지하고 있다. 국가 간의 경쟁도 심해졌는데, 특히 원자재 확보 과정에서 그 양상이 잘 나타난다. 그뿐 아니라 자본주의가 수명을 다하고 그 마지막에 이른 것처럼 금융 위기가 빈발하며 불안감이 조성되고 있다. '문명의 충격' 이론가들이 주장했던 것과 달리 21세기에 인류가 직면한 주요 위험은 서로 다른 문화 혹은 종교 간의 충돌보다는 서양 자체의 역사가 세계적 차원에서 반복될 수 있다는 데 있다.

왜냐하면 유럽은 산업혁명으로부터 무사히 빠져나오지 못했기 때문이다. 만일 유럽이 스스로 겪고 있는 현재의 위기에도 아랑곳하지 않고 평화와 번영의 대륙을 자처하고 있다면 그것은 그들이 그리 멀지 않은 과거에 대한 기억을 상실했기 때문일 것이다. 유럽은 16세기부터 인류 역사의 중심이 되어왔지만 결국 야만스러운 두 차례의 세계 전쟁을 벌여 그 지위를 상실하고 말았다. 아시아가 그러한 비극적 운명을 비켜갈 것이라고 누가 단언할 수 있겠는가?

사람들은 종종 번영이 평화의 한 요소이고 상업적 교역이 국제 관계를 평화롭게 할 것이라고 생각한다. 그러나 제1차 세계대전은 유럽 전역에 번영의 분위기가 감도는 상황에서 발발했다. 독일의 성공은 유럽의 다른 강대국들을 불안하게 만들었지만 정작 독일 스스로는 그로 인해 자신감을 갖게 되었다. 평화와 번영이 함께한다는 생각은 과거에 대한 잘못된 환상에 불과하며 안타깝지만 어느 누구도 이를 확신할 수 없다. 최근의 연구들은 오히려 평화와 번영이 함께하지 못한다는 것을 보여준다.

경제학자 필립 마르탱Philippe Martin과 그 공저자들의 분석은 국제 교역이 전쟁의 위험을 전혀 감소시키지 못한다는 사실을 보여준다. 이 연구에 따르면 오히려 국제 교역이 활발해지면 호전적인 국가가 경쟁국을 공격할 가능성은 더 높아진다. 실제로 국가 간의 충돌 때 국제 교류는 필요한 물품을 다양한 곳으로부터 공급받을 수 있게 해준다.

부유해진다고 해서 혹은 교육 수준이 높아진다고 해서 나쁜 사람이 착한 사람으로 바뀌지는 않는다. 사회학자 크리스티앙 보들로Christian Baudelot가 말했듯이, 부가 축적되고 교육 수준이 높아질수록 오히려 인류는 악한 행위를 할 새로운 방법을 쉽게 찾는다. (정치적 목적으로 민간인들을 겨냥한) 테러 행위 주도자들의 사회적 배경에 대한 심도 있는 연구가 이루어진 적이 있다. 이 연구에 따르면 그들은 가난하지 않았으며 문맹자들도 아니었다. 그들 대부분은 고등교육을 받은 사람들이었고, 1972년 밀라노 근교에서 다이너마이트로 송전탑을 폭발하려다 사망한 이탈리아의 유명한 출판인 지안지아코모 펠트리넬리Giangiacomo Feltrinelli처럼 몇몇은 억만장자이기까지 했다.

이러한 분석은 서양이 스스로를 바라보는 시각의 밑바탕에 있는 직관, 특히 교육이나 상업이 사람들의 습관과 마음을 순화시킨다는 콩도르세나 몽테스키외의 직관과 어긋난다. '복지' 문명의 중심지였던 유럽이 두 차례의 세계대전이라는 집단적 자살로 어떻게 자신의 역사적 진전을 마감했는가? 전세계가 서양화되는 오늘날, 세계를 위협하는 위기는 무엇인가? 앞으로의 100년은 바로 이 (우려스러운) 질문들에 의해 좌우될 것이다.

처음부터 감추어져온 법칙

처음부터 시작해보자. 산업화 시기 이전에 사회가 오랫동안 견지했던 규칙은 단순하고 절망적인 것이었다. 태고부터 18세기까지 인류의 평균 수입은 변하지 않았다. 한 사회가 예컨대 새로운 기술을 발견해 번영하기 시작하면 언제나 그 번영을 상쇄하는 메커니즘이 작동했다. 그 과정은 다음과 같다. 우선 경제적 번영은 인구 증가를 가져온다. 왜냐하면 부는 출생률을 높이고 사망률을 낮추기 때문이다. 그러나 인구 증가는 점차 1인당 소득을 감소시킨다. 부정적인 상쇄 메커니즘이 작동하기 시작하는 것이다. 그러다가 전체 인구를 부양할 수 있는 경작 토지가 부족해지는 그런 순간이 운명적으로 오게 된다. 인구가 너무 많아진 탓에 굶주림과 질병으로 죽어야만 하는 순간이 오는 것이다. 결국 기아와 전염병이 발생해, 기존의 성장하던 사회는 도약을 멈추게 된다.

이러한 소위 맬서스의 법칙은 많은 비판을 불러일으켰지만 최종적으로는 그 비판을 이겨냈다. 경제사가들의 노력 덕분에 사람들은 과거 몇 세기 동안의 수입을 오늘날의 달러와 유로로 평가할 수 있게 되었다. 그에 따르면 로마시대 노예의 생활수준은 17세기 프랑스 랑그도크 지방의 농민이나 19세기 초 대기업의 노동자와 크게 다르지 않았다. 그것은 현대 빈민의 생활수준인 하루 1달러 정도와 유사하다. 기대 수명 역시 같은 결과를 보여주었다. 평균적으로 기대 수명은 인류 역사 전체를 통틀어 35세 정도였다. 이는 현대에도 존재하는 원주민 사회의 사냥·채집꾼들이나 19세기 초 근대 제조업의 초기 노동자들의 수준과 같은 것이다. 뼈에 대한 조사는 물질적 조건(신장을 통해 평가)이 사냥·채집의 시대와 19세기 초 사이에 크게 다르지 않았다는 것을 보여준다.

맬서스의 법칙은 무엇이 선이고 무엇이 악인가에 대한 관습적인 구분을 의미 없게 만든다. 예를 들어 타히티에서의 생활은 천국과 같지만 그것은 대량의 영아살해 덕분이다. 갓난아기의 3분의 2 이상이 태어나자마자 질식이나 교살 혹은 목골절로 사망한다. 사망률을 증가시키는 이 모든 행위들은 선이라고 볼 수 있다. 왜냐하면 사망률은 이용 가능한 토지에 대한 경쟁을 감소시키기 때문이다. 반대로 공중위생은 이를 준수하는 사회에 부정적인 영향을 미친다. 유럽인들이 18세기 초에 평균적으로 중국인들보다 풍요로웠다면 그것은 무엇보다도 유럽인들이 불결한 상태로 지낸 덕분이다. 훨씬 부유했음에도 불구하고 유럽인들은 씻지 않았던 반면 중국인이나 일본인들은 가능한 한 자주 목욕을 했다. 지위 고하를 막론하고 유럽인들은 거주지에 근접한 화장실에서 냄새가 심하게 나도 불평을 하지 않았다. 일본인들은 청결의 절대적 모델로서 이와 크게 비교된다. 일본의 거리는 정기적으로 청소를 했으며 사람들은 집에 들어가기 전에 신발을 벗었다. 이로 인해 일본인들은 유럽인들보다 인구가 상대적으로 훨씬 많았고 그 결과 훨씬 가난했다. 세계는 악에 의한 번영이 지배하는 곳이다.

유럽 패권의 기원에 대하여

그러나 인류는 '현자의 돌'을 발견한 유럽에 빚을 지고 있다. 즉 인구와 평균 수입에서 지속적인 성장 가능성을 찾아낸 사람들은 유럽인이었다. 이러한 발견이 한순간에 이루어진 것은 아니다. 그것은 12세기에서 18세기에 걸쳐 진행된 완만한 변화의 산물로, 중세사학자 자크 르 고프 Jacques Le Goff는 이 시기를 '장기 중세 long Moyen Âge'라고 일컬었다. 근대의 경제 성장은 지속적인 기술의 발전에 기초했으며 그 속도는 인구 성장을 능가했다. 19세기 이후 산업화된 국가에서는 1인당 소득 증가가 번영 사회의 지표가 되었다. 성장은 생활 조건을 개선했으며 수명을 연장시켰다. 사망률 감소는 근대의 중요한 현상이었다.

과거의 사건들에 대해서는 그것을 이해하기 위한 많은 연구들이 이루어졌지만 여전히 치열한 논쟁의 대상으로 남아 있다. 왜 지속적 성장의 가능성을 발견한 곳이 유럽이었는가? 출발은 중국이 더 나았던 것처럼 보인다. '영국의 데카르트'인 프랜시스 베이컨은 근대 세계의 세 가지 주요 발명품으로 (항해를 위한) 나침반, (사상의 전파를 위한) 인쇄술, (전쟁을 위한) 화약을 들었다. 그런데 이 세 가지는 모두 중국에서 발명되었다. 크리스토퍼 콜럼버스가 세 척의 쾌속 범선에 오르기 전에 이미 중국의 정화鄭和 제독은 더욱 훌륭한 범선으로 아프리카 해안을 항해한 후 얼룩말과 기린을 황제의 궁전으로 가져왔다.

그렇다면 이와 같은 중국의 활력은 왜 사라졌는가? 거기에는 여러 요인들이 작용했겠지만 그중 결정적인 것은 황제가 갑자기 해외 탐험은 비용이 많이 들며 불필요하다고 판단한 일이었다. 황제에게는 내부 안정의 추구가 우선이었고 세계 탐험은 그다음이었다. 황제는 함대의 범선을 불태우라고 명했다. 중국은 그때부터 해양 지배와 원양 무역에 대한 흥미를 잃었고 끝내 정체하고 말았다.

내부 안정의 대가로 성장을 희생시킨 것이다. 그러나 유럽은 다른 길을 걸었다. 유럽이 보인 활력의 중요한 요소 중 하나는 그들이 일부러 선택한 것이 아니었다. 그들 사이의 경쟁이 바로 성장의 중요 동력이 되었던 것이다. 중국인들에게 화약은 장난감에 불과했지만 유럽에서 화약은 효과적인 전쟁 무기였다. 각국이 다른 나라를 앞지르기 위한 노력을 경쟁적으로 벌인 결과 화약에서 대포로의 발전이 이루어졌다. 또한 사상의 영역에서는 정치적 분열이 결정적인 역할을 했다. 갈릴레이의 호기심은 교회에 의해 유죄판결을 받았지만 뉴턴이 살던 반교황주의의 영국에서는 새로운 발전을 이루었다. 콜럼버스는 유럽의 중심지를 여러 차례 돌면서 출자자를 물색했다.

그러나 유럽의 활력 속에는 자신을 주저앉힐 독이 도사리고 있었다. 동일한 현상이 반복되었다. 한 강대국이 이웃 나라들을 지배하려고 하면 그때마다 그 강대국을 무찌르기 위한 동맹이 결성되었다. 이런 식으로 유럽을 지배한 강대국들은 계속해서 변화했다. 16세기에는 스페인, 17세기에는 네덜란드, 18세기에는 프랑스, 19세기에는 영국이 그런 강대국이었다. 20세기는 어떤 의미에서 독일의 시대였다고 말할 수 있다. 제1차 세계대전은 유럽 체제가 겪은 '우발적 사건'이 아니라 유럽 체제의 논리적 귀결이라고 보아야 한다.

21세기에 등장한 다극적 세계를 이해하기 위해서는 그러한 세계를 낳은 유럽의 역사를 살펴보면 된다. 모든 나라는 유럽이 창안한 모델을 따라 국민국가가 되었다. 각 국민들은 타국의 영토를 질투하면서 자신의 영토에 집착하는 '황제'들이 되었다. 다가올 세계의 일차적인 취약점이 바로 여기에 있다. 떠오르는 신흥 강대국들은 산업화가 가져온 부와 막강한 군사력으로 무장한 채 오랜 분쟁의 원인이었던 국경과 이를 둘러싼 갈등에서 우선권을 얻고자 한다.

성장에 대한 중독

산업화는 단지 강대국들 간의 균형을 전복시

키는 데 그치지 않고, 사회의 내적 작동 방식을 더욱 급진적으로 변화시킨다. 조지프 슘페터Joseph Schumpeter의 유명한 말에 따르면 자본주의는 "과거 요소의 파괴와 새로운 요소의 지속적 창조를 통해 경제 구조를 내부로부터 끊임없이 혁신하는 창조적 파괴"의 과정이다. 그래서 산업 사회는 지속적인 관리가 필요한 취약한 존재인 것이다. 산업 사회는 창조와 파괴를 동시에 겪었으며 번영과 불황을 반복했다. 또한 산업 사회는 최근의 서브프라임 위기로 사람들이 갑자기 상기하게 된 1929년의 위기와 같은 심각한 충격으로 거의 몰락할 뻔했다.

번영이 1차 대전의 원인이었다면, 2차 대전은 1930년대의 대규모 위기 속에서 독일 사회가 붕괴한 것에 그 원인이 있다. 1929년의 위기 역시 '우발적 사건'이라고 변호하기는 쉽지 않다. 서브프라임 사태는 그와 동일한 메커니즘에 의해 역시 동일한 과정을 통해 발생했다. 그러나 30년대의 교훈은 전쟁 후의 사회를 크게 변화시켰다. 이전보다 더욱 협조적인 세계가 출현했다. 1945년 이후, 냉전을 통해 단결했던 서방 국가들은 그들 간의 갈등관계를 누그러뜨렸다. 복지국가는 계급 갈등을 완화했고, '시장 사회주의' 경제는 번성했다. 그러나 70년대의 위기, 베를린 장벽의 붕괴 그리고 80년대의 금융 혁신은 이러한 일련의 흐름에 종지부를 찍었다. 50년대와 60년대에 이루어진 합의는 재검토되었고 곧 폐기되었다. 그리고 30년도 지나지 않아 위기는 다시 찾아왔다.

현재의 위기가 제기하는 것은 단지 시장을 어떻게 조절할 것인가의 문제가 아니다. 그것은 자본주의를 어떻게 도덕적으로 조절할 것인가 하는 문제이기도 하다. 80년대에 흘러넘쳤던 미친 돈들은, 부르주아들이 "이기적 계산으로 인해 얼어붙은 강물"에 사회를 익사시켜 버렸다고 말했던 카를 마르크스의 통찰력을 새삼 깨닫게 한다. 막대한 대출로 인해 서브프라임 위기를 일으킨 미국 가계의 과다한 소비 욕구는 자본주의가 어떤 가치와 어떤 헛된 욕망 위에서 돌아가고 있는지를 잘 보여준다.

맬서스의 관점에서 보면 인간은 항상 궁핍 상태에 처해 있었다. 그런 사람들에게 있어 전쟁과 전염병은 부양해야 할 사람들의 수를 감소시켰으므로 좋은 것이었다. 기아와 빈곤에 대한 현대 세계의 승리는 악에 대한 선의 복수를 의미하는가? 아쉽지만 그것은 확실하지 않다. 현대의 인간은 계속해서 굶주렸지만 굶주림은 그가 미처 알지 못했던 새로운 재화 때문이었다. 프랑스의 경제사가인 알프레드 소비Alfred Sauvy가 말했던 것처럼 아무리 달려도 인간은 지평선에 결코 도달하지 못할 것이다. 지금까지 얼마나 만족했는가 하는 기쁨의 양과 상관없이 인간은 누리고 싶어하는 새로운 것들로 인해 항상 배가 고프다. 소비는 마약처럼 중독이 되었다. 소비를 통해 얻는 기쁨은 일시적이다.

미국의 경제학자 리처드 이스털린Richard Easterlin의 조사가 보여준 것처럼 부유한 사회가 빈곤한 사회보다 더 행복한 것은 아니다. 최근에 영국 잡지 『이코노미스트』가 인용한 19세기의 익살꾼은 다음과 같이 그 이유를 나름으로 설명한다. "행복하다는 것, 그것은 매형보다 10달러를 더 버는 것이다." 급속한 성장은 사회의 긴장을 완화시켰는데, 그 이유는 각자가 다른 사람들을 따라잡았다고 믿었기 때문이다. 그러나 이러한 이상적인 상황의 큰 약점은 그것이 부의 수준에 관계없이 작은 경제적 부진에도 쉽사리 무너질 수 있다는 데 있다. 따라서 프랑스인들은 2배로 부유해진 오늘날보다 '영광의 30년'(2차 대전 후의 매우 빠른 성장 시기) 동안에 더 큰 행복감을 느꼈다. 성장이 늦추어지면서 부유한 국가가 느꼈던 환멸은 오늘날의 신흥국들에도 분명히 닥칠 것이고 그때가 되어서야 그들도 그런 상황이 무엇을 의미하는지 알게 될 것이다.

세계화의 시대

어느 누구도 성장에 대한 '소비하는 인간Homo consumerus'의 병적인 집착으로 인해 성장이 이루어진다고 해서 결국 좋은 일이라고 주장하지는 않을 것이다. 다른 관점에서 보면 악의 번성이라는 도무지 인정할 수 없고 모순적인 길들이 이로 인해 다시 만들어질 수 있다. 아마 실제로도 그럴 것이다. 그러나 만족시킬 수 없는 그런 탐욕은 세계화 시대에는 전혀 새로운 결과를 낳는다. 10억의 중국인이 10억 대의 자전거를 소비한다는 사실은 그다지 중요한 결과를 초래하지 않는다. 그리고 애덤 스미스가 말했듯이 자전거를 파는 사람과 그것을 사는 사람들이 모두 이득을 얻을 수도 있다. 그러나 그들이 10억 대의 자동차를 소비한다면 모든 것이 바뀐다. 지구의 미래는 위협받고 최악의 결과도 각오해야 할 것이다. 이미 잘 알고 있듯이 대기의 이산화탄소 농도는 2050년이면 산업화 시기 이전의 2배가 될 것이다. 현대의 경제 성장은 맬서스의 시대처럼 경작 가능한 토지의 부족이 아니라 전체 생태계의 불안정이라는 벽에 부딪치게 될 것이다.

게걸스러운 물질문명이 지구 전체로 확산되는 이 시대에 또 다른 급격한 변화가 진행 중이다. 소위 '가상세계'라 불리는 새로운 변화 속에 서양은 참여했고 세계를 그런 방향으로 끌어당기고 있다. 이 새로운 가상공간은 비물질적이며 정보와 통신 기술에 의해 주도되는 또 다른 세계화의 무대이다. 이 세계를 지배하는 법칙들은 제조업의 세계화를 지배했던 법칙들과는 정반대되는 곳에 위치해 있다. 이 영역에서는 전지구적 차원의 팽창을 조금도 두려워할 필요가 없다. 실제로는 정확히 그 반대이다. 사람이 많으면 많을수록 이 영역은 번성한다. 새로운 사상, 작품, 정신의 생산은 연구자와 예술가가 많으면 많을수록 더 번성한다. 에이즈에 대한 백신을 찾으려는 사람들의 국적은 중요하지 않다. 백신은 지구의 모든 사람들에게 행복을 가져다줄 것이다. 예술 창조의 경우, 중국에는 이미 6000만 명의 피아니스트가 있다. 새로운 모차르트가 탄생할 확률이 높은 것이다. 그날이 오면 모든 음악 마니아들은 하나같이 기뻐할 것이다. 정치적 영역에서 민주주의 사상은 상품의 교역보다 더 빠르게 국경을 넘어 전파되고 있다.

비물질적인 세계화가 막 시작되었다. 그러나 전세계적 소통을 가능케 하는 이 새로운 공간은 평화로운 공간이 아니다. 여기에는 과거처럼 사랑과 증오가 가득 차 있다. 인터넷상에는 음악을 사랑하는 사람들의 교류만큼이나 아동성도착자나 테러리스트들의 교류도 활발하다. 앤디 워홀Andy Warhol이 말했던 모든 사람을 위한 '15분간의 명성'은 페이스북을 찾는 젊은이들과 알카에다의 젊은이들 모두가 원하는 새로운 기다림의 지평선, 다만 언제나 멀리 떨어져 있는 지평선이 되었다.

21세기에 대해 사람들은 새로운 연대 의식이 이러한 가상세계에서 만들어지고 이것이 인간들을 서로 연결시켜줄 것이라고 기대한다. 생태적 위험이 닥치고 있는 지금, 인류는 더 이상 이해하지 못한 혹은 너무 늦게야 이해한 맬서스나 이스털린의 법칙을 따라서는 안 된다. 이 책의 의도는 경제가 인류의 역사에 어떤 영향을 끼쳤는지, 그리고 거꾸로 인류의 역사가 불변의 경제법칙을 어떻게 변화시켰는지를 이해하는 데 있다. 이제 경제 사상 분야의 몇몇 대가들의 도움을 받아 과거와 미래로 여행을 떠나보자.

1부

왜 서양인가?

왜 지구의 모든 문명 중에서 서양이 최종적으로 다른 문명을 앞지르고 자신의 모델을 강요할 수 있었는가? 서기 1000년이 막 지났을 무렵의 유럽을 동시대의 아랍이나 중국과 비교해보면 유럽은 기술적 우위를 점하고 있지 못했다. 무슨 일이 발생한 것인가?

1장

기원

LA PROSPERITE
DU VICE

경제의 탄생

오랫동안 인류가 당면한 제1의 문제는 먹을거리를 마련하는 것이었다. 태초부터 농업의 발견(겨우 1만 년 전까지도)에 이르기까지 인간은 자연이 제공하는 것을 채집해서 먹고살았다. 사회적인 노력이 거의 필요 없는 사냥과 채집만으로 인간은 먹을거리를 마련할 수 있었다. 그다음에는 토지를 경작하고 가축을 기르는 법을 배웠다. 루소를 패러디한다면, 밭에 울타리를 치고 "이것은 내 것이다"라고 말하는 것을 생각해낸 것이다.

이러한 신석기 혁명은 어떻게 일어났는가? 호주의 인류학자 고든 차일드Gordon Childe는 통상적인 설명을 했는데, 그에 따르면 농업의 발견은 '자연스럽게' 이루어졌다고 한다. 기후가 다시 더워지자 동물과 사냥거리는 급속히 줄어들었고 이로 인해 식량이 부족해진 인간은 다른 방식으로 먹을거리를 찾아야만 했다. 농업은 이러한 필요의 산물이었을 것이다. 그런 다음 인간의 생활 방식이 변화하는 두 번째 단계가 찾아왔다. 인간은 정착하기 시작했고 경작자라는 새로운 존재 방식으로 계절과 비의 신들을 창조했다.

그러나 탄소 14를 통한 최근의 연대 측정 연구들은 이러한 해석을 뒤엎었다. 프랑스의 고고학자 자크 코뱅Jacques Cauvin은 자신의 인상적인 저작 『신성神性의 탄생, 농업의 탄생』에서 정주가 농업의 발견 이전에 나타났다고 말했다.[1] 인류 역사상 최초의 도시인 예리코(여리고)는 밀의 최초 경작 시기보다 앞서 세워졌다. 이러한 발견은 당시 동물과 사냥거리가 인간의 정주에 기여할 정도로 풍부했다는 것을 입증한다. 기원전 1만 년 무렵의 인류의 집중 현상은 실제로 사회적 요인의 결과였지 인구 통계학적 혹은 경제적 차원의 결과는 아니었다.

정주가 신석기 시대 이전에 나타났다고 한다면 신앙croyance과 신성divinité도 이와 마찬가지일 것이다. 그러나 이러한 주장을 입증하기는 더욱 힘들어 보인다. 신앙이 정주보다 앞서 나타났다는 것을 어떻게 설명할 수 있을까? 선사학자들은 우선 시체 매장 풍습이 신석기 시대보다 몇천 년 먼저 시작되었다는 사실에 주목했다. 또 인류가 동물을 표상하는 작은 상들만 만들다가 신석기 직전부터 점차 신들과 여성의 이미지를 닮은 상들을 만들기 시작했다는 것도 지적했다. 당시

---

[1] Jacques Cauvin, *Naissance des divinités, naissance de l'agriculture. La révolution des symbols au néolithique*, Paris, Éditions du CNRS, 1994.

만들어지던 유일한 동물상은 황소였다. 그런데 당시에 야생 소는 아직 사냥의 대상이 아니었다(인간은 가젤을 사냥했다). 따라서 황소는 아마 새로운 상징적 가치를 의미했을 것이다. 그 후로 두 가지 상이 뒤섞였다. 여성이 황소를 낳는 상들이 만들어진 것이다. 중동 지역에서 다른 사회로 신석기 혁명이 확산되면서 이런 이미지 역시 함께 확산되었다.

자연의 희생자였던 인간은 이제 새로운 역할을 맡았다. 신의 피조물이었던 그들이 이번에는 창조자가 된 것이다. 자크 코뱅은 당시의 변화를 다음과 같이 요약했다. "신과 인간 사이에 나타난 이런 새로운 간극을 통해 인간은 주위 환경에 대해 가졌던 표상을 전적으로 수정할 수 있었다. 또한 이것은 인간들이 가진 에너지를 분출시켜 그들 스스로 새로운 시도를 하게 만들었다. 이제 인간은 실존적 불안감을 달랠 수 있었다." 그때까지 자연의 들러리였던 인간은 신석기 시대부터는 활동적 생산자로서 자연에 개입하기 시작했다. 그리고 종교를 통해 현실에 적용할 수 있는 일종의 '초월적 논리'를 갖게 되었다.

인간의 활동은 눈부셨다. 그들은 해답이 없을 것이라고 믿었던 문제들에 해결책을 제시했다. 인간은 자신들이 살아나갈 세상을 꿈꾸면서 미리 구상하고 있었던 것일까? 아니면 경작과 같은 발견이 갑작스럽고 우연한 방식으로 인간 존재를 전복시키는 것을 그대로 받아들여야만 했던 것일까? 자크 코뱅의 핵심적 주장은 인간이 우선 사고의 틀을 수정했다는 데 있다. 물론 그것이 (제국의 탄생과 같은) 농업 혁명의 결과가 이해되었다는 것을 의미하지는 않는다. 다가올 세계에 대한 직관과 실제로 나타난 현실 사이의 간극이 있었고 이는 장차 더욱 커졌을 것이기 때문에 인간은 새로운 현실을 이해하는 데 어려움을 느꼈을 것이다. 또 다른 급격한 변화인 산업혁명에 직면했을 때도 동일한 간극이 나타나, 인류는 그것을 이해하는 데 어려움을 느꼈다. 산업혁명은 18세기 중반에 완전한 형태를 갖춘 채 돌발적으로 나타난 것이 아니라 완만한 변화의 결과로 이루어졌다. 산업혁명은 그것이 시작되기 전에 이미 상상되었으나 실제로 시작되었을 때는 그것을 상상하던 사람들의 기대와 큰 차이를 보여 동시대인들에게는 이해 불가능한 것으로 여겨졌다.

최초의 세계화

농업은 근동지역에서만 이루어진 것이 아니었다. 우리는 적어도 셋 혹은 네 가지의 각기 다른 원천을 확인할 수 있다. 신석기 혁명은 중국에서는 기원전 7500년경에, 중부 아메리카와 안데스에서는 기원전 3500년경에, 북아메리카 동부에서는 그보다 1000년이 더 지난 후에 발생했다. 이러한 모든 발견이 자생적으로 이루어졌는지 아니면 수입되었는지를 알기는 어렵다. 어쨌든 농업은 그 존재가 알려진 순간부터 거의 모든 곳에서 필수불가결한 것이 되었다.

선사학자들에 따르면 신석기는 1년에 평균 5킬로미터의 속도로 서남아시아에서 다른 지역으로 확산되었다. 신석기 혁명의 전파는 요르단 강가에서 발생한 신들을 동반했다. 하나의 여신과 황소 한 마리로 이루어진 한 쌍의 신이 새로운 지역으로 퍼지게 되었는데 그 이전에 이 지역에 이러한 신이 존재했었다는 증거는 없다.

사회진화론의 한 유형이 모습을 나타냈다. 다른 것보다 더 생산적인 기술은 대체로 설득이나 힘을 통해 지배적인 지위를 차지하는 경향이 있다. 새로운 기술을 갖지 못한 사람들이 거기에서 새로운 잠재성을 발견했을 때는 자발적으로 그 기술을 도입했다. 강제적으로 도입되는 경우에도 그러했다. 왜냐하면 더욱 부유하고 인구가 많은 농경 사회가 기회를 잡게 되면 사냥·채집의 사회를 가만두는 경우는 거의 없기 때문이다.

몇몇 사례는 이에 저항했던 사회가 있었음을 보여주기도 한다. 예를 들어 주변의 경작자들과 상업적 교류를 한 호주의 원주민은 오랫동안 사냥·채집 사회를 유지할 수 있었다. 그러나 이러한 사회들은 '생산성의 절대적 지배력'이라고 일컬을 수 있는 규칙에서 벗어난 예외적 사례이다.

최초의 기술 폭발

농업의 확산은 인간의 생활 방식을 완전히 변화시켰다. 인구의 집중이 가속화되었다. 유목 사회는 단순한 이유에서 인구 증가가 쉽지 않았는데, 그것은 첫째 아이가 걷기를 시작한 후에야 다음 아이를 가질 수 있었기 때문이다. 그에 비해 정착 사회는 대지가 부양할 수 있는 만큼 아이를 얼마든지 가질 수 있었다. 갑자기 증대된 농업 생산성과 정착으로 세계 인구는 빠르게 늘어났다. 농업의 발견 시기에 인류는 1000만 명에 달했지만 기원 전후에는 2억 명이 되었다.

풍요와 정착은 식량의 저장을 가져왔다. 잉여 생산물의 발생은 '게으른 계급'을 부양해주었다. '게으른 계급'이란 최초의 경제학자라 할 수 있는 루이 15세 시대의 중농학자들이 만든 말인데, 여기에는 왕, 관료, 성직자 그리고 전사들이 포함된다. 이들은 점차 농민층으로부터 이탈했으며, 이는 신석기 시대와 철기 시대에 걸친 기술 발전의 원동력이 되었다. 아나톨리아의 대장장이들은 기원전 3500년에 청동을 만들었고, 기원전 1000년경에는 철을 만들었다. 관리들은 수메르에서 기원전 3000년경에, 중국에서는 기원전 1300년경에 문자를 만들었다. 그리스의 시인들은 기원전 800년경에 모음을 만들었다. 기원전 13세기와 11세기 사이에는 항아리, 투구, 갑옷, 방패 등을 제조하기 위한 청동 제련법이 넓은 지역에서 실용적인 기술로 자리 잡았다. 그

후 우리는 '일리아드'를 통해 알고 있는 세상으로 접어들게 된다.

문자와 청동의 발견 같은 일들은 여러 차례 나타났다. 종종 원래의 발명자와 접촉한 사회들에서 동일한 것을 만들어냈다. 알파벳의 경우가 그렇다. 또한 원래 우크라이나에만 존재했던 말도 그렇다. 말은 등에 전사를 태우고 세계를 휩쓸고 다녔는데 말을 탄 전사는 전투할 때 우위를 점할 수 있었다.

이러한 발견은 인간 사회를 더욱 복잡하게 만들었다. 족장의 관할 구역은 왕국이 되었고 이후 제국이 되었다. 수메르, 이집트, 미노스, 인도 혹은 중국의 위대한 문명은 이런 발명을 통해 탄생했다. 그중의 하나인 서양 문명은 16세기부터 현재까지 다른 문명에 대해 지배력을 행사했다. 그 이유는 무엇인가?

:: 서양의 몰락 운명

왜 지구의 모든 문명 중에서 서양이 최종적으로 다른 문명을 앞지르고 자신의 모델을 강요할 수 있었는가? 서기 1000년이 막 지났을 무렵의 유럽을 동시대의 아랍이나 중국과 비교해보면 유럽은 기술적 우위를 점하고 있지 못했다. 무슨 일이 발생한 것인가?

서양 기독교 문명의 모태가 된 그리스·로마 문명은 찬란했다. 로마는 기원전 100년에 이미 1800년의 대부분의 유럽 중심도시보다 포장도로, 하수구, 식량과 식수를 더 잘 갖추고 있었다. 로마인들은 건축과 도로 건설에서 특별한 천재성을 보였다(그들은 시멘트를 발명했다). 그들은 그리스인들이 만든 도구들을 계승했는데, 지렛대와 나사, 도르래, 톱니바퀴, 그리고 효과적인 전쟁 무기를 생산하기에 이른 모든 혁신들이 이를 잘 보여준다.

그러나 이러한 기술을 시민들이 사용하기까지는 긴 세월이 흘러야 했다. 엄밀한 의미에서 경제생활과 관련한 모든 것을 살펴보면 기원전 500년에서 기원후 500년까지 서양은 매우 가난했다. 미국의 경제사가이자 기술사가인 조엘 모키어Joel Mokyr에 따르면[2] 고대의 그리스·로마 사회는 엄격하게 기술적인 측면에서 보았을 때 결코 뛰어난 창조적 사회가 아니었다. 그 사회는 수차를 만들었지만 진정으로 수력 에지를 사용하지는 못했다. 또한 유리 제조법을 알고 있었고 어떻게 태양 광선을 이용하는지를 이해하고 있었지만 안경을 만들지는 못했다. 신석기 시대와 철기 시대 사이에 나타난 농업이나 금속, 도자기, 직물의 제조와 같은 기술적 도약과 비교해보면 그리스·로마의 기술 발전 속도는 매우 느렸다. 농업 부문에서 그리스·로마 사회가 벌인 관개사업의 규모는 이집트와 메소포타미아에서 이루어진 관개사업의 수준에 이르지 못했다. 제조업 부문에서도 고대와 중세의 유럽은 중국이 달성했던 발전에 크게 뒤처졌다.

이탈리아의 고대사가인 알도 스키아보네Aldo Schiavone가 요약한 것처럼 "뛰어난 로마의 실용주의는 사회적인 것이었지 기술적인 것이 아니었다. 즉 그것은 행정, 정치, 법률, 군사 조직에 관한 것이었다. 위대한 기술자와 건축가, 그리고 다리, 도로, 수도교를 만든 탁월한 건

---

[2] Joel Mokyr, *The Lever of Riches. Technological Creativity and Economic Progress*, Oxford, Oxford University Press, 1990.

설자, 숙련된 무기 사용자들은 기계의 사용과 개선의 특혜를 누려야 할 곳이 농촌이나 작업장이어야 한다는 생각을 전혀 하지 못했다".:3

로마는 여기에서 그리스의 전통을 계승했다. 그리스인들에게 자유라는 것은 사회적 삶의 기술을 지배하는 것이었다. 문자와 규범, 음악과 시, 자신에 대한 인식……. 소아시아의 그리스 사회는 정치의 장소로 도시국가를 창조했으며, 이집트와 칼데아의 천문 기술을 실험과학이 아닌 형이상학으로 변형시켰다. "자연에 대한 인식과 변형 사이의 연결 통로는 단절되었고 그 심연은 매우 깊었다. 기술적 축적은 무시되었다. 이러한 무시는 과거의 제약으로부터 마침내 자유를 얻은 사상의 복수였다."

노예제

아리스토텔레스는 사람은 '천성적으로' 주인 혹은 노예라고 말했다. 노예제의 밑바탕에는 로마인들이 점차 이해하지 못하게 된 노동에 대한 모든 사고가 깔려 있다. 노예가 하루 종일 일하고 감시당한다는 것, 최소한의 사생활도 가질 수 없다는 것, 음식은 노동력을 재생산하기에 필요한 최소한의 양만 섭취한다는 것 등이 교양 있는 로마인에게는 매우 당연한 것으로 여겨졌다.

물론 이러한 냉혹함은 로마 문명이나 노예제에 기반을 둔 사회에

:3 Aldo Schiavone, *Le Destin brisé, La Rome antique et l'Occident moderne*, trad. française, Paris, Belin, 2003.

서만 발견되는 것은 아니다. 우리는 산업 사회 이전 시기에서도 이런 모습을 확인할 수 있다. 중세 유럽의 농민과 산업혁명 초기의 영국 노동자들 역시 모두 큰 대가를 치러야 했다.

그러나 로마가 노예제의 진정한 수도가 된 것은 다음에 기인한다. 카르타고에 대한 전쟁인 포에니 전쟁부터 고대 서양에서는 이전에는 볼 수 없던 많은 노예들이 일상적으로 고용되기 시작했다. 기원전 225년경에 이러한 노예의 수는 약 60만 명에 달했다. 당시 이탈리아의 전체 인구는 400만 명을 넘지 않았다. 스키아보네가 지적했듯이 로마인들이 노예들의 주인이 되면서부터 그들은 비로소 자신들의 부가 어떠한 혜택을 가져오는지 알게 되었다.

이러한 추세는 폼페이 정복 그리고 이후 카이사르의 정복과 함께 강화되었다. 해양이 다시 안정을 되찾자 새로운 노예들이 유입되었다. 아우구스투스 치하인 기원전 1세기 말에 인구의 최소한 35퍼센트는 노예였다고 말할 수 있다. 로마제국에서 노예 가격은 비싸지 않았다. 자산 규모가 약 1000만 세스테르티우스 은화 정도였던 시대에 노예는 1000~2000세스테르티우스 은화면 살 수 있었다. 기원전 1세기와 2세기 동안에 군대를 따라다니면서 시장에 물건을 공급하던 상인들이 수천의 죄수들을 매입했다.

그러나 노예 반란은 빈번하게 일어났다. 대규모 농장인 라티푼디움만이 아니라 광산에서도 노예 반란이 자주 발생했다. 세대가 바뀔

때마다 반란이 일어났다. 가장 중요하고 유명한 스파르타쿠스의 난은 최하층에 속했던 일부 자유인들을 끌어들였다. 반란이 진압되었을 때 6000명의 노예가 카푸아에서 로마로 가는 도로에서 사형에 처해지거나 십자가형을 당했다. 더 이상 이 같은 큰 반란이 일어나지 못하게 하기 위한 조처였다.

그리고 한편으로는 더 많은 노예들이 일상적으로 고용되면서 농촌의 소농들은 붕괴하기 시작했다. 대신에 로마 귀족의 대규모 농업 경영은 강화되었다. 소농들에게 남은 유일한 길은 직업 군인이 되는 것이었다. 그 후로 하나의 순환적 메커니즘이 자리를 잡았다. 노예제는 소농들을 붕괴시켰고 이로 인해 소농들은 군인이 되어야 했다. 그리고 이들이 전쟁을 벌여 전리품으로 다시 노예를 들여옴에 따라 소농의 수는 계속 줄어들었다. 그러나 이러한 메커니즘은 실업의 증가도 야기했다. 특히 대도시에서 실업률은 매우 높았다(농촌의 낙오자들은 도시로 몰려들었다).

로마의 이러한 활력은 결국 2세기경에 끝나고 만다. 전쟁은 점차 투자의 차원이 아니라 오직 방어의 차원이 되었다. 확장의 추진력이 무너진 것이다. 3세기 초중엽에 자원과 수요 사이의 불균형은 그야말로 '역사적 몰락'의 모습을 보였는데, 당시 로마인들 역시 그렇게 인식하고 있었다. 로마제국의 몰락이 시작된 것이다.

서양은 로마 체제가 처했던 막다른 길에서 벗어나기 위해 후진을 해야만 했다. 스키아보네는 적절한 제목을 단 그의 책 『몰락 운명』에서 결론적으로 다음과 같이 말했다. "노동을 사회적·지적으로 정교화하지 못한 채 노예제에 끈질기게 의존함으로써 생산의 공간은 회복시킬 수 없는 주변으로 밀려나고 말았다. 그로 인해 로마 문명은 마치 사멸한 궤도와 같은 것이 되어버렸다. 로마에 더 이상 미래는 없었다."ː4

ː4 Aldo Schiavone, 위의 책.

2장

근대 세계의 탄생

LA PROSPERITE
DU VICE

유럽의 기적

　　　　　10세기의 유럽은 로마와 아테네의 영광을 모두 잃어버린 것 같았다. 유럽은 로마와 아테네의 핵심적인 과학 지식을 상실했고 거의 자급자족적인 상태로 후퇴했다. 유럽이 대외적인 교역에 나섰을 때 유일한 수출품은 노예였다! 그러나 500년 후에는 모든 것이 바뀌었다. 바스쿠 다가마의 아시아 탐험, 아메리카 대륙의 '발견'으로 이후 5세기 동안 서양은 세계를 지배했다. 이러한 당시의 상황은 최근에야 재검토되기 시작했다. 당시에 무슨 일이 발생한 것인가? 전대미문의 변화 과정을 더듬어보자.

　　10세기에 유럽의 농촌은 북부에서는 바이킹, 남부와 동부에서는 이슬람과 헝가리 침략자들 그리고 중부에서는 강도들에 대한 공포로 인해 매우 폐쇄적인 상태였다. 상품의 유통과 인적 교류는 거의 사라지고 말았다. 오직 성채가 사람들이 살아가는 사회의 범위였다. 앙리 망드라Henri Mendras가 『농민의 몰락』에서 요약한 것처럼, "카롤링거 시대의 유럽은 농촌 일색이었다. 도시는 존재하지 않았다. 영주의 토지 주위에 마을이 들어서 있었고 거기에 농민들이 모여 살았다".:5 그러한 체제에서 영주는 폭력을 독점했으며 이를 통해 잉여 농산물을 획득했다. 징세는 현물로 행해졌다. 가장 부유한 영주는 자신이 거둔 포도주와 고기를 즉석에서 소비하기 위해 성을 돌아다녀야만 했다.

10세기 말에서 11~13세기에 걸친 300년간의 르네상스를 통해 중세의 준準자급자족적인 공동체는 점차 붕괴되어갔다. 바이킹의 위협은 사라졌고 도로는 다시 통행이 가능해졌다.:6 상품의 교역과 사람들의 이동이 다시 가능해진 것이다.

농업 생산성의 향상은 부활한 중세의 주요 특징 중 하나였다. 이 시기에 경작 토지와 인구가 증가했다. 농기구 역시 늘어났고 개량되었다. 삽, 가래, 쟁기가 이제 철로 만들어졌고 쇠스랑이 나타났으며 말의 목에 거는 마구와 물레방아가 각지로 확산되었다. 농업 생산성의 향상으로 잉여 농산물이 나타나 그러한 팽창을 뒷받침했다.

11~13세기에 발생한 도시와 상업의 혁명은 오랜 기간 공백 상태에 있던 도시를 다시 유럽 역사의 중심에 위치시켰다. 베네치아, 페라레, 아말피와 같은 몇몇 도시들은 완전히 새로운 기반 위에 건설되었

:5 Henri Mendras, *La Fin des paysans*, 1967, rééd. Actes Sud, 1984.
:6 Douglas North and Robert Thomas, *The Rise of the Western World. A New Economic History*, Cambridge University Press, 1973. Trad. française, L'Essor du monde occidental, Paris, Flammarion, 1980.

다. 고대의 대도시들은 생산의 장소보다는 소비의 장소였다. 어떠한 도시도 '제조업 도시'로 정의될 수 없었다. 이와는 반대로 중세의 도시들은 장인들로 가득했고 그들의 삶은 노동시간을 알리는 종소리에 맞추어져 있었다.

노동은 점차 고대의 제한적인 틀에서 벗어나기 시작했다. 노동은 이제 성경과 중세 초기에 말하던 형벌이 아니라 점차 '구원의 수단'이 되었다. 자크 르 고프가 말했던 것처럼 14세기 전반기부터 "시간을 낭비하는 것은 중대한 죄, 정신적 수치가 되었다".[7] 노동에 대한 이러한 시각 변화는 확실히 일반적인 것은 아니었다. 높은 평가를 받은 것은 단기적인 노동이 아니라 작품 활동이라 할 수 있는 노동이었다. "13세기부터 육체노동은 그 어느 때보다도 멸시를 당했으며, 대학교수나 상인의 노동과 같은 '지적인' 노동과 분리되기 시작했다." 당시 새로운 시대의 주인공은 인문주의자들이었다. 우선 1400년경 이탈리아에 등장한 인문주의자들이 첫 세대였는데, 이들은 상인으로서 자신들의 사업운영 방식을 삶에 적용하며 시간을 관리했다. 이런 급격한 변화는 농촌 경제의 리듬을 완전히 바꿔놓았다. 농촌 경제의 리듬이란 "조급하게 굴지 않고, 엄밀함에 대해 걱정하지 않으며, 생산성에 대해서도 불안해하지 않는 것이었다. 또한 그것은 이미지 그대로 검소하고 정숙하며, 큰 욕망 같은 것이 없어 특별히 노력할 필요가 없는 그러한 리듬이었다".

:7 Jacques Le Goff, *Un autre Moyen Âge*, Paris, Gallimard, coll. "Quarto", 1999.

근대 세계의 도약

12~18세기에 생산되거나 외부로부터 수입된 발명품의 수는 놀라울 정도였다. 고딕 건축에서 큰 추시계까지, 그리고 종이, 인쇄술, 안경, 악기, 고급 직물 등이 구현되었다. 만일 이 발명품들이 경제 전체의 성장에 큰 영향을 미치지 못했다면 그것은 소수의 사람들만이 이러한 사치품을 오랫동안 사용했기 때문일 것이다. 인쇄술은 발명 초기에 글을 읽을 수 있는 사람들에게만 유용했는데, 사실상 구텐베르크 이전에 글을 읽을 줄 아는 사람들조차도 책에 접근하기가 쉬운 일은 아니었다.

이러한 발명품의 전반적인 영향력을 측정하기 위해 미국의 경제사가인 그레고리 클라크Gregory Clark는 '근대' 소비의 도식에 기초해 당시의 성장 추세를 가상으로 재구성해보았다. 그는 각 지출부문을 13세기에 차지했던 비중이 아니라 19세기에 차지했던 비중으로 가중시켜 계산함으로써 성장이 실제로 관찰된 것보다 더 활발했다고 결론지었다. 이 계산 방식에 따르면 중세시기와 1880년 사이에 1인당 소득은 3배 증가한 셈이 된다. 도서 제조업 하나만 보아도 생산성은 16~18세기에 매년 1퍼센트씩 증가했는데, 이것은 매년 120권의 필사본이 1790년에 2000만 권의 인쇄본으로 출간된 것을 의미한다.[8] 전체적인 성장과 엘리트에 한정된 근대 제조업 사이의 성장 격차는 이 시기의 많은 발명품들이 주로 이익의 추구를 위해서가 아니라 앎에 대

---

[8] Ronald Findlay and Kevin O'Rourke, *Power and Plenty. Trade, War and the World Economy*, Princeton University Press, 2007.

한 욕망과 발명가들의 호기심에 의해 이루어졌다는 것을 보여준다.

15~17세기 유럽의 철학과 과학의 사상사를 살펴보면 몇몇 해에 급격한 진전이 이루어졌음을 확인할 수 있다. 코페르니쿠스는 1543년에 『천체의 회전에 관하여』를, 데카르트는 1644년에 『철학의 원리』를, 그리고 뉴턴은 1687년에 『자연철학의 수학적 원리』를 출간했다. 과학은 기초 연구와 기술을 새롭게 결합시켰다. 그리스인들은 프톨레마이오스의 천문학을 완전히 이해했지만 항해와 같은 유용한 목적으로 이를 활용할 생각은 하지 못했다. 그들은 사람이 별의 운행을 이해할 수는 있지만 던져진 돌의 궤도를 이해할 수는 없다고 생각했다.[9] "지각 가능한 세계를 이성의 영역으로 인식하고, 실험적 검증을 통해 이를 지배하고 통제할 수 있다는 가능성이 [그리스인들과 로마인들의] 머릿속에는 존재하지 않았다. 이런 새로운 사고방식, 즉 베이컨과 데카르트식의 사고방식은 중세 말과 르네상스 기까지 거슬러 올라갈 수 있지만 그 이상은 아니다."[10]

프랑스(러시아 태생)의 철학사가인 알렉상드르 코이레 Alexandre Koyré가 자신의 책 『닫힌 세계에서 무한한 우주로』에서 잘 요약했듯이,[11] 새로운 과학은 "자연을 수학적으로 이해하기 위해 끊임없이 그리고 일관성 있게 노력했으며, 경험과 실험에 대해서도 끊임없이 그리고 일관성 있게 높이 평가했다"는 특징을 갖는다. 아인슈타인이 후에 이야기했듯이 뉴턴 과학과 갈릴레이 과학의 믿을 수 없는 기적은 이와 같은

---

[9] Roger-Pol Droit, *L'Occident expliqué à tout le monde*, Paris, Le Seuil, 2008.
[10] Aldo Schiavone, 앞의 책.
[11] Alexandre Koyré, *Du monde clos à l'univers infini*, Paris, PUF, 1962, rééd. Gallimard, coll. "Tel", 1988.

순수한 추론과 실험의 놀라운 결합 덕분이었다.

당시의 관점에서 보면 과학혁명은 유례없는 혜택이었다. 이를 경험한 사람들에게 혁명은 경이로우면서도 동시에 고통스러운 단절이었다. 코이레가 이야기했듯이 우주를 무한대이면서 비어 있는 수학적 공간으로 이해하는 이러한 큰 변화는 "인간의 사유에, 적어도 유럽인들의 사유에 생각의 기반과 틀 자체를 변화시키는 매우 심대한 정신적 혁명을 가져왔다. 어떤 사람들은 유럽인들의 인식에 위기가 발생했다고 말할 것이다. 또 어떤 사람들은 인식의 세속화, 즉 사후 세계에 대한 우려에서 자신의 이해에 대한 우려로 생각이 바뀌었다고 이야기할 것이다. 철학사가들은 인간이 자신의 본질적 주관성을 발견했다는 점을 강조할 것이다. 문학사가들은 모든 일관성이 사라지고 천국이 더 이상 영원한 것에 대한 영광을 주장하지 않는 세계에서 새로운 철학이 가져온 절망과 혼란을 묘사할 것이다". 이와 같은 해산의 고통이 어떻든 간에 근대적 인간은 회의와 기대를 가득 안은 채 세상에 태어나게 되었다.

강대국들 간의 균형

어떤 이론도 12~18세기에 유럽이 겪었던 급진적 변화의 원인을 명확히 설명하지는 못한다. 그러나 로마제국의 멸망과 그 이후 이 주인 없는 공간을 차지하기 위해 유럽의 신생 강대국들 사이에 빚어진 대립관계가 유럽의 정치, 경제 그리고 도덕의 발전에 핵심적 역할을 했던 것에는 의문의 여지가 없어 보인다.

"강대국들 간의 균형", 영어로 '힘의 균형balance of power'이라는 이 개념은 일반적으로 프랑스, 영국, 스페인 간의 타협을 위해 체결된 1713년의 유트레히트 조약과 관련이 있다. 그러나 실제로 이 개념은 843년에 샤를마뉴 대제의 계승자들이 로마제국을 분할한 이후부터 유럽의 정치 발전의 핵심에 자리 잡고 있었다. 모든 왕들은 '자신의 왕국에서 황제가 되기를 원했다. 국가들 간의 이런 끊임없는 대립으로 인해 유럽은 전쟁과 평화라는 지속적인 순환 과정을 겪어야만 했다.

에릭 존스Eric Jones는 자신의 책 『유럽의 기적』[12]에서 유럽 정치의 변천 과정은 지리적 요인에 기인한다고 설명했다. 알프스, 피레네, 영국해협과 같은 자연적 경계들은 로마제국의 몰락 이후 유럽에 새로운 제국이 탄생하는 것을 막았다. 영국과 스페인이 강력한 자연 방어물을, 프랑스도 그보다는 덜하지만 역시 자연 방어물을 가지고 있었으므로 이 세 나라는 그 이웃인 독일, 오스트리아, 폴란드보다 더 나은 정치적 안정을 이룰 수 있었다. 또한 유럽은 유라시아의 변방에 위치함으로써 몽고의 잦은 침입으로부터 보호받을 수 있었다. 바그다드나 다마스쿠스 같은 이슬람 도시들이 칭기즈칸의 후계자들에 의해 완전히 파괴되었고 이러한 위협이 중국인들에 대해서도 지속되었지만, 이와 반대로 유럽인들의 마음속에서는 몽고에 대한 두려움이 천천히 그렇지만 확실하게 사라져갔다.

유럽 대륙에서의 전쟁사는 그 후의 전환에 대한 길잡이 역할을 한다. 중세에 모든 봉신들은 자신의 봉건 영주에게 공물을 바쳐야 했다. 40일 동안 봉건 영주들은 이 봉신들을 자기 휘하에 거느릴 수 있지만 41일째 되는 날 봉신들의 모든 의무는 사라졌다. 그런데 11~13세기의 급속한 화폐경제의 발달로 현물 납부를 현금이나 조세로 대체하게 되었다. 이렇게 해서 화폐 수입이 들어오자 봉건 영주들

:12 Eric Jones, *The European Miracle*, Cambridge University Press, 1981.

은 40일이라는 제한으로 인한 불안정에서 벗어나 마침내 정규군을 보유하기 시작했다. 봉건 영주들은 이제 여러 부류의 전문 용병들을 고용할 수 있었다. 예를 들면 영국 출신의 궁수들, 스위스 출신의 창병들, 제노바 출신의 쇠뇌사수들이었다. 이에 따라 점차 봉건적 성격의 전쟁이 사라지게 되었다.

새로운 군사기술은 무기를 잘 갖추고 있으면서 혁신적이었던 많은 군대들로 하여금 우위를 점하게 만들었다. 1346년 백년전쟁 초기의 크레시(프랑스 북부) 전투에서 영국은 이미 근거리용 화포를 보유했지만 그 효과는 단지 말들을 위협하는 데 그쳤다. 그러나 한 세기가 지난 후 수많은 개량을 통해 주조한 대포는 성채들을 실제로 위협할 수 있었다. 영주들은 그 위협으로부터 더 이상 주민들과 자신의 안전을 보장할 수 없었다. 1450~1550년에 지방의 영주들은 이러한 변화를 받아들여야만 했다. 성채도 보강되었지만 이것만으로는 더 이상 주민들과 자신을 보호할 수 없었다. 오직 국왕의 힘만이 안전을 보장할 수 있었다.

경제적 영역에서 봉건제는 14세기에 페스트(흑사병)가 대규모로 유행한 이후 점차 사라지기 시작했다. 당시의 페스트는 매우 심각해서 유럽 인구의 거의 3분의 1을 죽음으로 몰아넣었다. 그러자 토지에 비해 노동력이 갑자기 부족해지면서 농민들은 새로운 자유를 누릴 수 있었다. 노동력이 희소해지자 농민들은 많은 것을 요구해오는 영주를 떠났다. 노동력 부족에 고심하는 영주들이 이들을 잘 받아주었기 때문에 농민들이 새로운 경작지를 찾는 데는 아무런 문제가 없었다. '서유럽' 즉 엘베 강 서쪽의 유럽에서는 대부분의 농민들이 1500년부터 '자유'를 얻었다. 그들은 합법적으로 결혼하고 이주했으며 자신의 토지를 소유할 수 있었다. 봉건제는 붕괴되었다. 국왕들이 점차 농민들의 안전까지 보장하게 되자 영주의 권위는 더욱 추락하고 말았다.:13

이런 급격한 변화는 동유럽과 서유럽이 분리되게 만들었다. 서유럽과는 달리 동유럽에서는 농민들이 해방 전쟁에서 패배했다. 지배 계급은 농민들을 통제하는 데 성공했고 이후 매우 뻔뻔스럽게도 그들을 착취했으며 아무런 혁신도 추구하지 았다. 따라서 러시아에서는 농민들이 19세기 말에 이르러서야 예속상태에서 벗어날 수 있었다.

문명화 과정

16세기 중엽에서 17세기 중엽의 시기는 이상한 이행기였다. 로베르 뮈샹블레Robert Muchembled는 자신의 책 『폭력의 역사』에서 이를 상세히 분석했다.:14 당시에는 사람들이 많은 피를 흘렸다. 프랑스에서는 앙리 3세나 앙리 4세처럼 여러 왕들이 암살당했다. 유럽은 수많은 종교전쟁을 치렀다. 서로 경쟁하던 교회들과 야심에 찬 군주들 사이의 끊임없는 대립으로 인해 유럽은 극도의 무질서

:13 그럼에도 불구하고 영주가 누리던 수많은 특권들은 프랑스 혁명이 일어날 때까지 유럽 전역에서 계속 유지되었다.
:14 Robert Muchembled, *Une histoire de la violence*, Paris, Fayard, 2008.

를 경험했다. 유럽 전역을 휩쓸고 다닌 수많은 군대들은 패잔병뿐만 아니라 민간인들에게도 만행을 저질렀다. 이런 전반적인 동요 이후 모든 국가는 군인과 경찰이 아닌 민간인들의 무기 소유를 금지시켜 평화를 회복하려고 했다.

더 이상 무기를 소유할 수 없게 된 사람들은 국왕의 기마헌병대와 사법기구가 보장하는 안전에 자신을 맡기게 되었고, 병영화한 직업 군대가 자리를 잡았다. 일상의 폭력과 '적법한' 폭력을 구별하는 철학적 작업도 행해졌다. 여기서 적법한 폭력이란 "국가, 사랑하는 사람, 적법한 방어와 같이 신성한 의무를 위해 살인을 할 수 있는 권리"만을 의미하는 것이었다. 17세기 중엽부터 살인 건수는 통계적으로 보아도 줄어들기 시작했다. 그렇게 해서 노르베르트 엘리아스Norbert Elias가 자신의 책에서 '문명화 과정'이라고 부른 현상, 즉 예절과 자기 통제가 시작되었다.:15

체제에 비협조적인 이들은 가차 없이 제거되었다. 뮈샹블레에 따르면 1768~72년에 유럽 제일로 알려진 프랑스의 기마헌병대가 7만 1760명의 거지들을 체포했는데, 이들은 주로 농촌에서 뿌리가 뽑힌 젊은이들로서 아무런 희망도 갖지 못한 상태였다. 이러한 변화로 인해 살인은 정부 당국의 주된 관심사에서 멀어졌다. 사법기구들은 처벌의 대상을 바꾸었다. 이제는 절도범들을 공격하기 시작한 것이다. "단순한 절도 혹은 하인들이 주인의 손수건 같은 하찮은 물건을 훔

:15 Norbert Elias, *La Civilisation des mœurs*, 1939, trad. française, Paris, Calmann-Lévy, 1973. 엘리아스는 궁정에서 정착된 예의범절이 문명화의 발전을 가져왔다고 보았다. 뮈샹블레는 문명화 과정이 주로 도시에서 이루어졌다는 것을 보임으로써 엘리아스의 분석이 완벽하지는 않음을 입증했다. 도시는 귀족들의 세계와 농민들의 세계 사이에 '제3의 길'을 열었다. 폭력은 도시의 공공장소에서 더 잘 통제되었다. 번성하던 도시는 그 명성에 흠집을 낼 수 있는 폭력을 용인하지 않았다. 도시들은 16세기 중엽까지 황금시대를 경험했고 이후 국가의 지배를 받았다.

치는 것만으로도 교수형에 처할 수 있다." 18세기 중엽부터 사적 소유는 매우 중요한 것이 되었다. 부르주아 문명은 세계를 지배하기 위한 준비를 하고 있었다.

대의제 민주주의의 탄생

이런 급격한 변화를 겪고 있던 국가의 내부에서는 새로운 규제 원리로 의회가 등장했다. 애초에 매우 불안정해 보였던 이 제도는 14세기부터 대부분의 유럽 국가들에서 다양한 이름, 즉 프랑스의 삼부회états généraux, 스페인의 코르테스Cortes, 영국의 팔리아먼트Parliament 등으로 나타났다. 의회들은 공통의 특징을 지닌 채 동일한 요구에 답했는데, 그것은 국가의 재정적 요구에 맞서는 일이었다.:16

영국의 의회는 가장 독창적인 방식으로 등장했다. 1214년 5월 16일에 귀족들은 런던을 행진하면서 특별 보조세(영주에 대한 봉사 면제세)를 거두려는 존 왕의 결정을 철회시켰다(프랑스에서 존을 수행했던 귀족들만 이 세금을 면제받았다). 존 왕은 귀족들의 요구에 물러설 수밖에 없었고, 대헌장Magna Carta에 동의했다. 대헌장은 몇 세기 후 인권 선언의 모체가 된 것으로, 이 헌장을 통해 귀족들은 왕으로부터 공정한 재판과 개인적 자유를 보장받았다. 그러나 대헌장의 핵심적 내

:16 Gabriel Ardant, *Histoire de l'impôt*, Paris, Fayard, 1971. 2 volumes. 아르당Ardant은 "지중해 도시국가 중 어떤 정부도 대의적 체제를 만들어내지 못했다. 고대의 정치 이론가들은 이러한 가능성을 생각조차 할 수 없었다"고 지적했다.

용은 무엇보다도 세금에 관한 것이었다. 왕은 의회의 승인 없이는 세금을 올릴 수 없게 되었다. 대의제 민주주의가 탄생한 것이다.

그 후로 이러한 약속이 꾸준히 지켜지면서 영국 의회는 자신의 적법성을 유지하고 강화할 수 있었다.[17] 17세기 중엽에 스튜어트 왕조가 재정상의 어려움을 해결하려고 할 때 의회는 이에 반대하고 나섰다. 당시에는 효율적인 재무 기관을 갖추고 있지 않기 때문에 의회의 협조가 절실한 상태였다. 1648년과 1688년의 두 혁명은 의회라는 새로운 권력과 국왕의 권력 사이에 새로운 균형을 찾는 과정에서 일어났다. 1689년의 권리장전에 명기된 13개 조항은 대헌장에서 이미 제시된 의회의 재정권을 재천명한 것이었는데, 국왕은 의회의 동의 없이는 세금을 올리거나 군대를 징발할 수 없다는 것이었다.[18]

왕국의 재정을 의회의 감독 아래 두게 된 것은 왕국에도 좋은 일이었다. 그렇게 함으로써 은행가들은 안심할 수 있었고, 국가는 낮은 이자를 내며 자금을 조달할 수 있게 되었다. 1688년 이전에 평균 9퍼센트였던 이자율은 1750년에는 3퍼센트로 낮아졌다. 노벨 경제학상 수상자인 더글러스 노스Douglas North에 따르면 이러한 전환은 결정적인 것이었다. 그는 영국의 경제적 성공은 '더 나은 제도들', 즉 개인 소유권의 보장과 과도한 세금으로부터의 보호 덕분인데, 의회가 이에 대한 훌륭한 감시꾼의 역할을 해주었다는 것이다.[19]

:17 튜더 왕조의 역사는 이러한 양상이 어떻게 전개되었는지를 잘 보여준다. 왕조의 수입을 올리기 위해(그리고 부수적으로는 재혼하기 위해) 헨리 8세는 교황과 단절하고 교회의 자산을 압수했다. 이를 통해 그는 재정적 어려움에서 다소 벗어날 수 있었지만 자신의 정당성에 손상을 입었으며 의회의 동의라는 제약은 더 강해졌다. 그의 딸인 엘리자베스는 좋은 관계를 유지하던 해적 기업들에 출자함으로써 재정적 어려움에서 벗어날 수 있었다. 이를 통해 그녀는 의회와의 대립적 관계를 완화시켰으며 세금을 올릴 수 있는 강력한 관료제를 구축하지 않아도 되었다.
:18 1688년 명예혁명의 주된 공로는 영국 내전을 끝낸 데 있다. 명예혁명은 위로부터의 혁명이었고, 민주적 권리와 관련해서는 국민들에게 큰 영향을 끼치지 못했다.

이러한 설명은 상당히 매력적이긴 하지만 많은 역사학자들의 비판을 받아왔다. 실제로 민간 이자율은 영국 혁명 이후에 낮아진 것이 아니라 높아졌고, 오랫동안 유럽 이웃 나라들과 같은 수준에 머물러 있었다.[20] 그런데 바로 상업적 거래에 적용되는 이 민간 이자율이 투자와 자본 축적을 위한 자금 조달에서 실제로 중요한 이자율이다.[21] 그래서 1688년 영국 혁명이 자본주의의 발전을 촉발했다는 것은 현실과 맞지 않는 주장이다.

실제로 정부 채무에 대한 낮은 이자율로 인해 영국 정부가 결정적으로 유리한 위치에 설 수 있었던 것은 프랑스와의 군사 경쟁 덕분이었다. 막대한 비용을 들여야 했던 미국 독립전쟁 이후, 영국은 낮은 이자율의 대출을 통해 군사비를 큰 어려움 없이 감당할 수 있었지만 프랑스는 신규자금 조달과 기존 대출 연장에서 큰 어려움을 겪었다. 오늘날 재정 문제 해결을 위해 국제통화기금IMF에 지원을 청해야 하는 신흥국들처럼 루이 16세는 스위스 은행가 자크 네케르Jacques Necker 에게 프랑스 재정을 맡겨야만 했다. 재정 문제 해결을 위해 삼부회를

---

[19] 볼테르는 영국 혁명을 이렇게 찬양했다. "영국 의회가 항해조 에 대한 열렬한 지지자로 구성되어 있었다고 해도 그들이 1651년에 이 조례를 통과시켰을 때 (처형당한) 찰스 1세의 피는 여전히 뜨거운 상태였다." 그 조례는 지적 소유권을 확립했다.

[20] Quinn, "The Glorious Revolution's Effect on British Private Finance: A Microhistory, 1680~1705", *The Journal of Economic History*, vol. 61, n° 3, 2001, p. 593–615.

[21] 장로랑 로젠탈Jean-Laurent Rosenthal 역시 토지 소유에 대한 권리가 영국 경제 성장의 요인이라는 주장을 비판했다. 그는 오히려 그 반대라고 생각했다. 토지 소유자인 영국의 귀족들은 종종 경제에 대한 우려로 유용한 투자를 저지했는데, 특히 토지 관개 부문에서 이러한 모습이 나타났다. 영국 경제 성장의 핵심에는 제도 개혁이 있었다는 노스North와 바인가스트Weingast의 주장을 지지하는 사람들과 교육이나 과학과 같은 다른 요인들을 강조하는 사람들 간의 논쟁은 아직도 끝나지 않았다. 첫 번째 그룹의 주장을 이해하기 위해서는 애브너 그리프Avner Grief의 연구를 볼 것. *Institutions and the Path to the Modern Economy: Lessons from Medieval Trade*, Cambridge University Press, 2006. 두 번째 그룹의 주장을 이해하기 위해서는 Gregory Clark, *Farewell to Alms*, Princeton University Press, 2007을 볼 것. 중국의 발전과 유럽의 발전에 대한 비교는 두 학파에 또 다른 결투의 빌미를 제공할 것이다.

소집한 루이 16세는 이전에 영국 스튜어트 가의 찰스 국왕처럼 목숨을 잃고 말았다.

결론

유럽은 국가-민족이라는 새로운 정치 모델을 만들어냈다. 그것은 이전에 존재하던 두 가지 중요 모델, 즉 도시 모델과 제국 모델의 중간에 위치하는 것이다. 도시 모델에서는 아테네가 완벽한 예를 제공하는데, 이 모델은 이후 베네치아, 피렌체, 한자 동맹 도시들에서도 그 양상을 확인할 수 있다. 제국 모델에서는 로마를 그 전형적인 예로 들 수 있다. 1806년 나폴레옹에 의해 공식적으로 와해된 신성로마제국은 유럽인들의 의식에 강력한 기상체로서 오랫동안 존재했다. 유럽에서는 어떠한 강대국도 제국적 질서를 회복하지 못했다. 강대국들은 각각 바다 건너편 혹은 산맥 너머에 존재하는 다른 국가들과 경쟁하면서 자신의 경계 안에서 살아가는 법을 배워야만 했다. 이러한 지속적인 긴장관계는 유럽적 활력의 기반이 되었다. 유럽은 특히 기독교적인 믿음 위에 존재하는 보편적인 제국이라는 개념과 개별 국가의 특성을 결합하는 법을 배워야 했다.

이러한 군사적이고 도덕적인 긴장의 교차는 인문주의와 과학적 사고의 번성을 가져왔다. 갈릴레이에 대한 재판은 이탈리아의 과학을 잠시 질식시켰지만 그 횃불은 뉴턴의 영국에 쉽게 전달되었다. 어떤 사고가 아무리 혁명적이라 해도 오랫동안 억누를 수는 없기 때문이다. 이러한 사고는 항상 이웃 나라를 제압하려는 군주의 주목을 받았다. 이탈리아 도시의 상업 문화는 쉽게 제노바에서 안트베르펜, 암스테르담, 런던으로 전파되었다. 제노바 출신인 크리스토퍼 콜럼버스는 인도를 탐험할 자금을 조달하기 위해 유럽의 수도들을 여러 차례 돌아다녔지만 모두가 그를 지원하지 않았다. 그러나 결국 유대인들의 부를 압수하여 막대한 자금을 소유하게 된 스페인 국왕의 지원을 받을 수 있었다.

유럽 국가들 간의 군사적 경쟁도 그들이 유럽 밖으로, 즉 서인도와 동인도로 그 힘을 뻗치기 시작했을 때는 매우 결정적인 이점이 되었다. 장비가 잘 갖추어져 있고 매우 노련한 그들의 군대는 앞을 가로막는 적들을 아무 어려움 없이 굴복시켰다.:22 이러한 군사적 우위와 과학 혁명을 통해 축적한 사상을 바탕으로 서양은 세계를 정복할 수 있었다.

:22 제러드 다이아몬드는 유럽이 해외에서 군사적 성공을 거둔 주된 요인으로 유럽의 전염병 수출을 강조했다. Jared Diamond, *Guns, Germs and Steel*, New York, Norton, 1997, trad. française: De l'inégalité entre les nations, Paris, Gallimard, 2000.

3장

맬서스의 법칙

LA PROSPÉRITÉ DU VICE

농업이라는 장애물

　　　　　　　　새로운 기술 발전에도 불구하고 유럽은 식량 위기라는 근본적인 문제로 인해 줄곧 고통을 겪었다. 11~13세기의 호시절도 다시 기근이 들면서 갑작스럽게 끝났다. 기근은 14세기 초부터 발생했다. 기근, 페스트, 전쟁이라는 세 가지 재앙은 인구 감소의 주된 요인이었다. 14세기 말의 인구는 정점에 달했던 14세기 초에 비해 3분의 1 이상 줄었다. 19세기 초에 이르러서야 인구는 다시 14세기 초의 수준을 회복할 수 있었다. 이미 살펴보았듯이 이러한 혼란은 봉건제의 붕괴를 가져왔다. 인구 감소는 토지 대비 노동력의 심각한 부족을 의미했다. 농노는 원래의 영주를 버리고 더 좋은 대우를 해주는 곳으로 떠났다.

르네상스는 인구가 줄어들면서 사람들이 식량 부족의 고통으로부터 벗어난 15세기 중엽에 해당한다. 적은 인구 덕택에 사람들은 비옥한 토지를 집중적으로 경작할 수 있게 되었고, 이는 유럽에서 농업 생산성의 증대를 가져왔다. 또한 이런 과정은 일부 사람들에게 도시로 이주해 상업에 종사할 자유를 제공했다.

그러나 동일한 원인이 동일한 결과를 낳는 일이 다시 발생했다. 17세기 중엽에 유럽 인구가 14세기 초의 수준을 회복하면서 농업에서의 제약이 다시 나타난 것이다. 14세기처럼 심각하지는 않았지만 기근, 페스트, 전쟁이라는 세 가지 재앙이 다시 유럽을 괴롭혔다. 30년전쟁(1618~48) 동안 이질, 티푸스, 천연두, 페스트가 창궐했다. 기근은 1628~38년, 1646~52년에 정기적으로 프랑스를 덮쳤다. 1693~94년의 기근은 너무도 심각해서 대기근이라 불렸다. 18세기 여명기에 프랑스는 다시 가난한 나라가 되었다. 그토록 대단한 번영을 이룬 후에 어떻게 이런 일이 발생한 것일까? 이것이 경제학자들이 설명하고자 하는 역설적 현상이다.

토머스 맬서스 목사의 법칙

오늘날까지 경제학자들에게 지속적으로 영감을 주는 고전파 정치경제학은 사람과 토지 중에서 무엇이 부의 원천인가에 대한 논쟁이 치열했던 18세기 말에 등장했다.:23 애덤 스미스와 데이비드 리카도는 당시 정치경제학계의 대표적 인물이었다. 그러나 그들 모두가 받아들일 인류 역사에 대한 가장 신랄한 시각은 목사였던 맬서스에 기인한다. 그가 제시한 법칙은 오랫동안 경제학자들의 세계 인식을 결정지었다.:24

맬서스의 법칙은 다음과 같이 요약할 수 있다. 인류 문명이 예술이나 기술 부문에서 달성한 것이 무엇이든지 간에 국민들의 생활수준은 나아지지 않는다는 것이다! 그 이유는 매우 간단하다. 즉 일국의 소득이 증가할 때 인구는 그보다 더 빠른 속도로 증가한다는 것이다. 리샤르 캉티용 Richard Cantillon 역시 인간이 (식량이라는) 제약만 없다면 "광에 갇힌 쥐처럼" 빠르게 재생산될 것이라고 말한 바 있다.:25 사람들의 삶이 개선되면 인구는 즉각 기하급수적으로 증가하기 시작한다. 그러나 가용 토지의 부족으로 인구 증가는 곧 멈추게 된다.

맬서스의 법칙은 기괴한 것처럼 보인다. 사람들의 소득이 인류가 존재해온 수만 년 동안 변화가 없었다는 것을 믿을 수 있을까? 그러나 최근 이에 대한 수량적 연구가 이 사실을 확증하고 있다. 그레고리 클라크는 『인간 영혼이여, 안녕』이라는 책을 통해 대담한 비교를 시도했다.:26 그의 연구에 따르면 바빌론 제국(기원전 1880~1600) 시

:23 '정치경제학'이라는 용어는 1615년 중상주의 학파에 속하는 앙투안 드 몽크레티앙Antoine de Montchrestien이 만들었다. 중상주의자들은 상업과 제조업이 국부의 원천이므로 이 부문들이 오늘날 산업 정책과 보호주의라고 불리는 것들에 의해 촉진되어야 한다고 주장했다. 중상주의자들은 농업 문제를 경시했는데, 이 때문에 프랑수아 케네François Quesnay를 필두로 하는 중농학파에 의해 비판을 받았다.
:24 Thomas Malthus, *Essai sur le principe de population*, publié en 1798, rééd. Seghers, 1963.
:25 Richard Cantillon, *Essai sur la nature du commerce en général*, publié à Londres en 1755. 이 책은 1730년경에 프랑스어로 쓰였으며 1952년에 재발간되었다.
:26 Gregory Clark, *Farewell to Alms. A Brief Economic History of the World*, Princeton University Press, 2007.

기에 하루 임금은 15리브르의 밀에 해당했다(1리브르는 약 500그램). 이후 그리스 아테네 시대에 하루 임금은 26리브르의 밀에 해당했지만, 1780년 영국에서는 다시 13리브르의 밀로 떨어졌다! 유럽인 한 명의 칼로리 소비는 아시아의 향신료, 설탕, 차, 커피 혹은 아메리카 대륙의 감자나 토마토와 같은 새로운 수입물 덕분에 분명히 개선되었다. 그러나 이러한 새로운 수입물은 그다지 많지 않았으며, 주로 빵을 소비하면서 약간의 쇠고기나 양고기 혹은 치즈를 보충하는 소비 행태를 크게 바꾸지는 못했다.

　18세기에 가장 높은 생산성을 보였던 국가 중 하나인 영국을 이보다 덜 발전한 국가와 비교함으로써 클라크는 다음과 같은 놀라운 결론에 도달했다. 즉 한 명의 영국 농민은 밀, 고기, 유지를 통해 시간당 약 2600칼로리를 생산했다. 그런데 원시 상태에 처해 있다고 할 수 있는 많은 부족들은 이보다 높은 생산성을 보였다. 인도네시아의 카올로족은 시간당 4500칼로리를, 브라질의 메크라노티족은 시간당 1만7600칼로리를 생산했다. 만일 수렵·채집인들이 일주일에 몇 시간밖에 일하지 않는다는 것을 고려한다면 산업화 시대에 이르는 수만 년 동안 인류의 생활수준은 오히려 급격히 하락한 셈이 되는 것이다![27]

---

[27] 역사의 오랜 흐름 속에는 분명히 예외도 있을 것이다. 즉 어떤 문명의 경우에는 오랫동안 맬서스가 이야기한 제약을 벗어나 존재하다가 다시 그 제약으로 인해 몰락했을 수 있다. 역사학자들에게는 이러한 예외적 시간이 모든 것을 다 설명하는 지루한 법칙보다 더 큰 무게를 지닐 것이다.

수확체감의 법칙

간단한 원리로 이러한 현상을 설명할 수 있다. 즉 농업 생산은 수확체감의 법칙을 따른다는 것이다. 늘어나는 인구를 부양하기 위해 토지를 더 많이 경작하면 할수록 지력이 떨어지게 되고, 이것은 곧 사람과 가축을 부양하기가 더 어려워짐을 의미한다. 결국 인구 증가가 이루어질 수 없는 최종적 순간이 도래한다.

이와 같은 원리로 지대의 출현을 설명할 수 있다. 인구 증가는 나쁜 토지도 경작하게 만들기 때문에 좋은 토지를 가진 소유자들은 기득권을 갖게 된다. 즉 그들은 경쟁의 걱정 없이 토지를 사용하는 농민들에게 높은 지대를 요구할 수 있다. 이 이론은 중농주의자들이 18세기에 발전시킨 이론과는 배치되는 것이었다. 궁정의사였던 케네를 중심으로 한 중농주의자들은 한 명이 땅에 뿌린 하나의 낟알이 5개의 낟알을 거두어 5배 이상의 사람을 부양한다고 생각했다. 이 논리에 따르면 토지야말로 신의 은총을 입은 유일한 부의 원천이었다. 그러나 맬서스의 논리에서 보면 그것은 오히려 반대였다. 만약 신이 무한정 자애롭다면 좋은 토지가 무한해야 하고 지대는 없어야 한다. 따라서 지대는 신의 탐욕을 의미하는 것이지 신의 자애로움을 의미하는 것이 아니었다.

지대 이론은 또한 역사에서 귀족계급과 부가 밀접하게 연결되어 있음을 설명한다. 최상위층의 귀족은 가장 좋은 토지를 차지한다. 그들은 지위와 부를 동시에 누린다. 신흥 귀족들은 경작이 가능한 최하급 토지를 획득한다. 그렇게 해서 그들도 '새로운 부자들'이라는 긴 줄의 한 자리를 차지한다. 스키아보네는 고대에 경제라는 무대의 앞자리는 토지귀족이 확실하게 차지하고 있었다고 결론내린 바 있다. 부에 관한 다른 이미지는 "일시적이고 불분명한" 상태만을 의미했다. 산업혁명이 일어나기 전까지 모든 시대와 문명을 통틀어 중요했던 것은 바로 토지의 소유 여부였다.

음울한 과학

맬서스의 법칙은 경제학을 음울한 과학the dismal science으로 만들었다. 프랑스의 콩도르세와 같은 계몽주의자들에게 빈곤과 불행은 인간의 '악한' 본성 때문이 아니라 잘못된 정부 탓이었다. 계몽주의의 신봉자였던 아버지와 달리 맬서스는 계몽주의에 비판적인 태도를 보였다. 그는 선량한 정부가 결국에는 대중의 행복을 파괴한다고 생각했다. 선행이나 평화, 안정, 공중위생과 같은 것이 오히려 인간에게는 저주를 가져오는데, 그 이유는 이러한 것들이 인구를 증가시키기 때문이었다. 인구 증가는 어디까지나 인류에게 불행을 가져오는 현상이었다. 이와 반대로 전쟁이나 폭력, 열악한 생활 조건은 인구의 증가를 막아 인류에 예전보다 더 큰 행복을 가져다준다고 생각했다. 실제로 14세기 중엽부터 유럽을 휩쓸었던 대흑사병은 살아남은 사람들의 경제적 상황을 이전보다 훨씬 더 개선시켰다.:28

산업화 시대 이전의 높은 사망률은 실제로는 축복이었다. 왜냐하면 그러한 사망률 덕분에 부양해야 할 사람이 그만큼 줄어들었기 때문이다. 나쁜 위생 환경도 사회적 관점에서 보면 걱정할 일이 아니었다. 글로브Globe 극장이 셰익스피어의 연극을 공연하기 위해 처음 문을 열었을 때 수용 관객 수는 1500명 정도였으나 화장실은 단 하나에 불과했다. 관객들은 인접한 정원이나 극장 안의 계단과 복도에서 용변을 봐야만 했다. …… 베르사유 궁전 역시 지독한 냄새로 유명했다.:29

17세기에 프랑스의 위대한 왕이 다스리던 시대의 생활수준과 호주나 아마존 원주민들의 원시적인 생활수준이 동일하다고 한다면 우리는 놀랄 수밖에 없을 것이다. 베르사유 궁전에서의 화려함과 사냥·채집에 기초한 사람들의 야영지에서의 삶을 어떻게 비교할 수 있단 말인가? 이에 대한 답은 평균적 수준과 극단적 수준 간의 격차에 있다. 18세기 유럽 일반인들의 삶은 그보다 수천 년 전 아프리카 사바나 지역에서 살던 사람들의 삶보다 좋지 않았다. 물론 수많은 대중에게 기생해서 살았던 몇몇 부자들의 삶은 매우 풍요로웠다. 이 모든 것들을 요약하는 핵심적 역설은 다음과 같다. 즉 맬서스의 세계에서 불평등은 대단히 좋은 것이다! 불평등은 대중의 생활수준을 거의 변

:28 영국인의 임금은 대흑사병 이전에 비해 두 배 이상 증가했으며 이후 서서히 원래의 수준으로 돌아갔다.
:29 Gregory Clark, 앞의 책.

화시키지 않으면서 그들을 착취하는 사람들의 빈곤을 해결해준다. 이로 인해 불평등은 평균적 삶의 수준을 높인다. 불평등이라는 악에 의해 세상은 좋아진다는 논리인 것이다.[:30]

맬서스의 법칙이 지배하는 사회의 또 다른 핵심적 역설은 노동이 큰 가치를 창출하지 못한다는 것이다. 한 사회가 더욱 열심히 일할수록 노동에 대한 시간당 수입은 오히려 줄어든다. 수렵·채집인들은 영국의 1차 산업 노동자들보다 적게 일하면서도 같은 정도의 수입을 얻었다. 19세기 초의 노동자들은 평균적으로 하루에 10시간, 1년에 300일 이상 일했지만 최종 수입은 수렵·채집인들과 동일했다. 반대로 베네수엘라의 수렵·채집 부족인 후이스족은 부족의 관례와 풍습에 따라 계산해보면 평균적으로 하루에 2시간만 일했다.

맬서스의 법칙은 근대경제학의 진정한 출발을 알리는 것이었다. 이 법칙은 모든 고전경제학자들에게 큰 영향을 끼쳤다. 실제로 그들은 인류가 영원한 빈곤의 운명에 처해 있다는 염세적 관점을 지니고 있었다. 이런 점에서 마르크스는 맬서스의 진정한 후계자라 할 수 있다. 마르크스는 프롤레타리아가 자본주의 체제하에서 부유해질 수 없다는 사실을 자신의 책에서 입증하기 위해 혼신의 노력을 기울였다. 맬서스의 이론은 철학적 측면에서도 중요한 역할을 했다. 그의 이론은 인류가 스스로 처한 법칙이 무엇인지도 모른 채 그 법칙을 따르고 있다는 것을 입증했다. 다윈이 자신의 책 『종의 기원』을 맬서스에

:30 하나의 문명은 맬서스의 함정에 다시 빠지기 전에 가장 빛나는 정점에 도달한다는 설명도 있다. 그 문명이 역사 연대기에 남기는 기억은 가장 좋은 해에 대한 기억이지 몰락하는 시기에 대한 기억은 아니다.

게 바친 것도 바로 이런 이유 때문이었다.:31

　유럽에서 '인구학적 전환'이라는 현상이 가장 먼저 나타난 국가는 프랑스였다. 이는 아동의 수가 산업화 시대 이전의 높은 수준(여성 1인당 평균 10명)에서 근대세계의 특징이라고 할 수 있는 평균 2명 혹은 그 이하로 떨어지는 현상을 의미한다. 경제학자들은 인구학적 전환이 물질적인 풍요와 공중보건의 향상에 기인한다고 설명할 것이다. 미국의 경제학자 게리 베커Gary Backer의 표현에 따르면, 이러한 요인들로 인해 가족은 양을 우선시하는 경향에서 질을 우선시하는 경향으로 바뀌었다고 한다. 자녀 수는 줄었지만 그 자녀가 어린 나이에 죽지 않는다는 것이 확실해지는 순간부터 특별한 주의를 기울여 자녀를 양육한다는 것이다. 그러나 프랑스에서 나타난 현상은 이러한 추론과는 다른 양상을 보여준다. 물질문명의 발달이 느껴지기 전인 18세기 중엽부터 프랑스인들의 출산율은 급격히 감소하기 시작했다. 이로 인해 프랑스는 인구가 훨씬 적었던 국가들에 의해 인구 규모 측면에서 빠르게 추격을 당했고 오랫동안 '유럽의 중국'이라고 불리게 되었다. 참고로 18세기 초에 프랑스의 인구는 러시아보다 많았으며 영국에 비해서도 4배나 더 많았다. 만일 프랑스가 19세기 내내 영국과 동일한 인구성장률을 보였다면 현재 프랑스의 인구는 2억 명 가

:31 인류학자들의 책을 읽어보면 성생활을 지배하는 다양한 규정들이 실제로 인구 문제와는 아무런 관련을 갖지 않는 것 같다(이러한 조사는 Paul Yonnet, Le Recule de la mort, Paris, Gallimard, 2006에서 행해졌다). 17세기 프랑스에서는 20세에 결혼한 여성 한 명이 평균적으로 9.1명의 아이를 낳았다. 그 비율이 가장 낮았던 영국에서는 20세에 결혼한 여성이 7.6명의 아이를 낳았다. 두 경우 모두 기혼자들은 피임을 하지 않았던 것으로 보인다. 그리고 조산은 그 후 낳는 자녀의 수를 감소시키지 않았다. 현재 유럽의 출산율이 생물학적 최대치보다 낮은 이유는 결혼생활이 아닌 다른 데서 찾아야 할 것이다. 만혼과 비혼은 많은 여성들에게 하나의 일반 법칙이 되고 있다. 만혼은 종종 부부를 이루기가 어렵기 때문에 나타난다. 경제의 성장이나 침체가 인구의 증가나 감소에 영향을 미치고 있는 것이다. 그러나 물질적 조건이 향상되는 순간부터 결혼은 다시 증가한다. 물론 맬서스의 장벽 역시 성장하는 사회를 다시 막아서기 시작한다.

까이 되었을 것이다!:32 이러한 수치는 역설적으로 인구의 규모가 매우 중요한 역할을 한다는 것을 보여준다.

독일은 오랫동안 인구가 계속 증가했고 19세기 중엽부터는 프랑스를 앞지를 수 있었다. 뒤늦게 근대화에 나선 독일이 다른 국가들을 따라잡을 수 있었던 주된 요인 가운데 하나는 인구 급증에 있었다. 프랑스와 독일 사이의 심각한 불균형은 20세기에 발발한 세계대전의 한 원인이 되었다.

:32 자녀들에게 유산을 공평하게 나누어주도록 규정한 나폴레옹 민법은 프랑스의 인구 증가 속도를 떨어뜨린 주된 요인이었다. 프랑스인들은 자녀들 간에 유산 분쟁이 벌어질 것을 우려하여 자녀 수를 줄인 것이다. 물론 프랑스인의 출산율 저하는 민법 도입 이전의 현상이었지만 이러한 추론은 여전히 유효하다. 자녀들을 공평하게 대하기를 원했던 프랑스인들은 법에 의한 강제 이전에 이미 자녀 수를 줄이고 있었다.

4장

해방된 프로메테우스

LA PROSPERITE
DU VICE

산업혁명

18세기 중엽에 유럽은 신석기 혁명에 비견될 만한 중요성을 가진 새로운 상황을 맞이했다. 산업혁명은 그것이 발생하기 수십 년 전만 해도 상상할 수 없는 거대한 규모로 인간의 삶을 전복시켰고, 맬서스의 세계에서 큰 변화 없이 살던 인간의 삶을 한 세기에 걸쳐 점진적으로 중단시켜버렸다. 무슨 일이 발생한 것인가?

그 이름이 나타내듯이 이러한 단절은 제조업 부문에서 새로운 기술의 출현에 의해 이루어졌다. 새로운 기술 중 가장 유명한 것은 제임스 와트의 증기기관이다. 그것은 원래 광산의 펌프를 개량하기 위한 목적으로 개발되었으나 당시에는 일련의 혁신들을 완성하는 기술이 되었다. 사람들은 증기기관을 이용해서 광산의 물을 펌프질하는 것 이상의 다른 일들을 다양하게 할 수 있었다. 예컨대 증기기관의 사용은 섬유 산업, 철도, 증기선 등의 발전에 크게 기여했다. 증기기관 덕분에 인간 세계의 기계화가 본격적으로 시작되었던 것이다.:33

아리스토텔레스는 노예제도를 다음과 같은 유명한 말로 설명했다. "베틀의 북이 스스로 왔다 갔다 한다면 직물 산업은 더 이상 노동자를 필요로 하지 않을 것이다. 모든 연장이 해야 할 작업을 스스로 수행한다면 건축가는 더 이상 노동력이나 노예 감독관을 필요로 하지 않을 것이다." 영국 직물 산업의 역사는 매우 정확한 방식으로 이러한 예언의 양상을 잘 보여주었다.

1733년에 존 케이John Kay라는 천재 직조공은 아리스토텔레스가 꿈꾸었던 "기계 위를 자동으로 왔다 갔다 하는" 북(비사飛梭)을 발명했다. 그가 만든 직조기계는 직조공의 두 팔보다도 더 넓은 직물을 생산할 수 있었다. 그의 발명 덕분에 생산 속도는 두 배나 증가했다. 그러나 그는 이 기계가 '자신들의' 일자리를 빼앗을 것이라고 생각한 폭도들의 공격을 받아야만 했다. 결국 고향인 영국 남동부 콜체스터에

:33 역사학자들은 산업혁명의 전개 과정에 대한 연대 추정을 놓고 치열한 논쟁을 벌였다. 딘Phyllis Deane과 콜William Cole의 영국 경제 성장에 대한 최초의 수량적 산정은 급격한 단절을 보여주었다. 1760~1800년에 1인당 소득의 증가율은 연간 0.5퍼센트였으며 1800~30년에는 더욱 높아져 연간 1.6퍼센트에 이르렀다. 그러나 크래프츠Nicholas Crafts가 제시한 새로운 데이터에 따르면 소득 증가율은 그보다 3분의 2 정도 낮은 것으로 나타났다. 즉 1760~1800년의 성장률은 겨우 0.17퍼센트였으며 1800~30년에는 0.5퍼센트에 머물렀다. 그에 따르면 연평균 성장률은 1830~70년에 가서야 2퍼센트에 도달하게 된다. 다만 산업의 성장 자체에 대해서는 학자들 간의 견해가 크게 다르지 않다. 딘과 콜은 위의 두 시기 동안 산업 생산 증가율이 1.2퍼센트에서 4.4퍼센트로 상승했다고 보았으며, 크래프츠 역시 1.96퍼센트에서 3퍼센트로 증가했다고 추산했다. 즉 산업의 발전 자체보다는 그것이 성장 전반에 미친 영향에 대해 이견이 존재한다고 할 수 있다. 산업혁명을 통해 영국의 경제 구조는 급격하게 변화했다. 농업에서의 남성 고용률은 1700년에 61퍼센트였으나 점차 감소하여 1760년에는 53퍼센트, 1800년에는 41퍼센트, 그리고 1841년에는 29퍼센트가 되었다. 제조업 부문에서는 근대 산업들이 전통 산업들(가죽, 모직물, 마직물)을 흡수했다. 전반적으로 산업의 발전이 경제 전체에 가한 충격은 1840년이 되어서야 느껴지기 시작했다. 1800년에는 남성 고용의 3분의 1을 제조업이 차지했지만 이후 1840년에는 더욱 증가해 거의 2분의 1을 차지했다. 이에 대해서는 Ronald Findlay and Kevin O'Rourke, 앞의 책의 요약 정리를 참고할 것.

서 쫓겨나 이 도시 저 도시를 전전하던 케이는 프랑스로 망명했고, 그곳에서 불행하게 살다가 죽었다.

영국의 직물 산업은 북의 발명 덕분에 이후 한 세기쯤 경쟁 우위를 확보할 수 있었다. 19세기 상반기에 영국 경제 성장의 절반 정도를 이 산업이 책임졌다. 직물 산업의 발전이 다른 산업을 연쇄적으로 발전시키는 과정은 자본주의의 작동방식을 설명하는 완벽한 예이다. 우선 콜체스터 이외의 지역으로 케이의 방직기계가 퍼져 나감에 따라 생산 비용이 크게 절감되었다. 그런데 직물업이 그런 속도로 확장되려면 실을 만드는 제사업이 박자를 맞추어 빠르게 확장되어야 했다. 전통적인 물레는 너무 느렸다. 실 생산에서 자주 차질이 빚어졌고 가격도 너무 높았다. 1764년이 되어서야 아크라이트Richard Arkwright라는 다른 천재적 발명가가 등장해 워터프레임waterframe이라는 수력 방적기를 만들었다. 이 기계는 방적 노동자들로 하여금 한 번에 여러 개의 방추를 동시에 작동시킬 수 있게 했다. 노동자들은 처음에는 한 번에 8개의 방추를 작동했지만 곧 그 수는 16개, 60개로 늘어났다. 아크라이트는 또 동력을 개선하기 위해 1777년에 제임스 와트에게 방적기계의 개량을 요청했고, 그 결과 증기 방적기가 탄생했다.:34

직물 산업은 그 발전 과정에서 직물 표백이라는 새로운 장애물을 또 만나게 되었다. 과거에는 응고시킨 우유를 사용해 표백을 했다. 그러나 그렇게 하기 위해서는 넓은 초원과 많은 암소가 필요했다. 이

:34 Patrick Verley, *La Révolution industrielle*, Paris, Gallimard, coll. "Folio", 1997를 볼 것.

러한 문제를 해결하기 위해 화학 산업계 전체가 노력했고, 곧 획기적인 해결책을 마련하게 되었다. 우선 우유 대신 소다를 사용하는 방식으로 전환했다. 소다는 수송나물이라는 희귀 식물에서 얻을 수 있었는데, 이 식물은 프랑스의 혁명전쟁 기간에 그 공급이 부족해졌다. 이에 프랑스의 화학기술자 니콜라 르블랑Nicolas Leblanc이 개발한 표백 방식이 점차 인기를 얻게 되었다. 이 방식은 1774년 분리 제조에 성공한 염소를 표백 재료로 사용하는 것이었다.

그러나 표백하는 것과 염색하는 것은 별도의 문제였다. 19세기는 염색 산업에서 치열한 개발 경쟁이 벌어진 시기였다. 1856년에 영국의 화학자 퍼킨William Perkin은 최초의 합성염료를 만들어 이를 상품화했다. 빅토리아 여왕은 1862년 만국 박람회에서 이 염료로 염색한 보라색 비단 가운을 입고 나타나 유럽의 모든 화학자들의 선망을 불러일으켰다. 독일의 화학 산업도 이러한 도전을 통해 탄생했다. 1869년에 독일 화학업계는 붉은 염료의 원료로 쓰인 프랑스 남동부 보클뤼즈 지방에서 재배되는 꼭두서니를 대체하는 합성 알리자린을 만들어냈다. 그리고 그에 따른 막대한 이윤을 바탕으로 독일 화학업계는 기술개발 연구를 확대할 수 있었는데, 이것은 역사상 처음으로 이론적 연구와 이윤이 결합한 형태였다. 이러한 과정은 결국 놀라운 성과를 가져왔다. 1901년에는 남색 합성염료가 상업화되었는데, 이 과정에서 1899년에는 아스피린이 만들어져 현대 제약 산업이 시작되

는 계기가 되었다.:35

존 케이가 어려움을 겪은 시대로부터 세월이 한참 흘렀지만 그가 창출한 관련 산업을 통해 우리는 산업의 혁신 논리를 이해할 수 있다. 원리는 언제나 동일하다. 성장을 위한 경쟁은 뒤처진 분야를 자극해서 그 산업이 단절을 겪는 지점까지 도달하게 만든다. 이 과정에서 뒤처진 분야는 과거의 평형 상태를 상실하게 하는 혁신과 독자적인 발전을 경험한다. 이러한 발전은 규칙적으로 전개되지 않는다. 하나의 불균형이 다른 불균형을 밀어내지만 최종적으로는 전체의 성장을 가져오는 것이다.

영국은 몇몇 첨단 산업이 전체의 성장을 주도했다는 점에서 매우 독특한 사례라 할 수 있다. 먼저 직물업과 철강업이 성장을 주도했고, 이후 기계와 조선업이 그 뒤를 이었으며, 이 산업들은 수출을 통해 제품을 처리할 수 있었다. 또한 영국은 다른 어떤 나라보다도 각각의 산업 활동이 특정 지역에 집중되는 특징을 보였다. 예컨대 면직 산업은 맨체스터, 기계 산업은 글래스고에 집중되었다. 영국의 발전 전략은 시간이 한참 흐른 후에 아시아 국가들의 모델이 되었다. 유럽 대륙, 특히 프랑스에서는 산업 발전의 속도가 이보다 느렸다. 기계화는 서서히 진전되었고 제조업은 오랫동안 수공업 방식으로 이루어졌다. 그러나 한 세기가 지난 후에 그 결과는 동일했다. 즉 제조업 사회가 농업 사회를 대체한 것이다.

:35 François Caron, Le Résistible Déclin des sociétés industrielles, Paris, Perrin, 1985를 볼 것.

되찾은 과학

미국의 경제학자 데이비드 랜디스David Landes는 『해방된 프로메테우스The Unbound Prometheus』라는 유명한 저서에서 산업혁명을 분석한 바 있다. 프로메테우스는 인류에게 불을 가져다주었고 그 때문에 제우스에 의해 결박되었다. 그런데 제임스 와트가 그를 풀어줌으로써 인류의 창조적 에너지는 다시 해방되었다. 이렇게 과학이 산업혁명 과정에서 중요한 역할을 수행했다는 것은 분명한 사실이지만 역사학자들은 이러한 사실을 오랫동안 무시해왔다. 실제로 18세기에 금속 산업이나 직물 산업, 에너지 산업에서의 위대한 발명은 학자가 아닌 천재적인 기술자들에 의해 이루어졌다. 그러나 증기기관이나 직조기를 발명한 천재적인 장인 기술자들일지라도 과학적으로는 문맹이었으므로 필요할 때에는 학자들과 그들의 저서에 의존해야 했다. 조엘 모키어가 잘 보여주었듯이 장인 기술자들은 과학적 실험이 매우 활발하던 사회 환경에 살고 있었다.[36] 따라서 영국의 해부학자이면서 사업가였던 윌리엄 쿡William Cooke이 어느 독일인 학자의 강연에서 영감을 받아 전신기 발명에 나섰을 때, 그는 당시 위대한 학자였던 패러데이Michael Faraday에게 자문을 구했고 이후 찰스 휘트스톤Charles Wheatstone 교수와 협력해 최초의 전신기 특허를 신청하기에 이르렀다.

증기기관의 사례는 장인적 혁신과 과학적 연구 사이에 이루어진

---

[36] Joel Mokyr, *The Gifts of Athena. Historical Origins of the Knowledge Economy*, Princeton University Press, 2002.

미묘한 상호과정을 완벽히 보여준다. 처음에 영국의 뉴커먼Thomas Newcomen과 프랑스의 파팽Denis Papin이 발명에 나서기 시작했을 때, 기계적 직관과 훌륭한 실험 방법이 정식 과학을 대신해서 사용되었다. 이후 제임스 와트가 이들의 어설픈 발명품을 일반적인 에너지원으로 변형시키는 데 성공했다. 증기기관에 대한 이론과 그것을 더욱 효율적으로 만드는 방식은 1824년 프랑스의 사디 카르노Sadi Carnot의 공헌이었다. 그는 온도의 차이가 동력의 원천임을 밝혔다. 그다음 단계로의 진전은 에너지와 열의 전이 방법을 밝혀낸 영국의 줄James Joule에 의해 가능했다. 독일의 클라우지우스Rudolf Clausius는 줄과 카르노의 작업을 결합시켜 '엔트로피'라는 개념을 만들어냈다. 그리고 1850년에는 윌리엄 톰슨William Thomson이 열역학이라는 새로운 과학을 탄생시켰고, 그 공로로 톰슨은 후에 켈빈 경이라는 작위를 받았다. 1859년에는 윌리엄 랭킨William Rankine이 『증기기관과 원동기 편람Manual of Steam Engine and Other Prime Movers』이라는 책을 써서 열역학의 연구결과를 대중화하는 데 기여했다. 이 책은 엔지니어들에게 큰 도움이 되었다.:37

조엘 모키어는 이런 현상을 다음과 같이 정리하고 있다. 만일 산업혁명의 직접적인 원인이 무엇인가 하는 질문보다 산업혁명으로 시작된 성장이 왜 1850년경이 되어서도 멈추지 않았는가라고 묻는다면 이것은 사람들이 그 사회의 과학적 기초가 결정적이었다는 것을 이해하고 있음을 나타낸다. 즉 1760~90년이라는 대발명의 시기에 이

:37 전기의 발달 과정도 새로운 기술에 대한 실험과 기초 과학이 어떻게 교류하는지를 잘 보여준다. 패러데이는 1831년에 기계적 수단을 이용해서 전기를 발생시킬 수 있음을 보여주었다. 그러나 실제로 전기혁명이 일어난 것은 1870년대가 되어서였다. 선구자 중의 한 사람인 토머스 에디슨은 과학자가 아니었지만 공학 박사인 프랜시스 업턴Francis Upton과 전기학 박사인 헤르만 클라우디우스Herman Claudius를 고용해 전기 연구에 나섰다. 증기기관의 경우와 마찬가지로 이에 관한 과학적 지식은 전자 이론이 등장하는 20년 후에야 본격적으로 발전하게 된다. 그러나 열역학과 마찬가지로 최초의 실험적 발견을 더욱 발전시키고 발명가들이 곤경에 빠지는 것을 막아준 것은 과학적 발견이었다.

루어진 몇몇 뛰어난 '발명품'보다 그 후에 이어진 과학의 발전 동력이 오히려 경제 성장에 따르는 장벽을 피하게 한 원인이었다는 것이다.

이러한 점에서 과학이 영국보다 프랑스와 독일에서 더욱 발달했다는 점을 강조할 필요가 있다. 산업혁명의 발원지인 영국은 점차 제조업 부문에서 자신의 지배력을 상실해갔다. 모키어가 설명한 이유 가운데 하나는 음미할 만하다. 즉 영국이 자신의 교육 체제를 변화된 환경에 적응시키는 데 실패했다는 것이다. 영국의 엘리트들은 여전히 사회적 규범의 기술을 가르치는 권위 있는 학교를 선호했다. 반면에 프랑스와 독일은 영국과의 기술 격차를 좁히기 위해 기술자 양성 특별 학교들을 만들었으며, 이를 통해 전기, 내연기관과 같은 두 번째 산업혁명을 이끌 지도자들을 배출할 수 있었다.

석탄, 밀, 노예

18~19세기의 영국은 맬서스의 예언과 완벽히 부합하는 급격한 인구 성장을 경험했다. 영국의 인구는 1701년 700만 명, 1801년 850만 명, 그리고 1841년에는 1500만 명으로 계속해서 증가했다. 인구 폭발은 전통적인 도식을 따른 것이었다. 이 기간에 여성의 결혼 연령은 26세에서 23세로 3년 정도 앞당겨졌다. 19세기 말이 되어서야 영국 인구의 급격한 팽창은 멈추었다. 출산율은 산업혁명 이전의 매우 높은 수준에서 여성 1인당 2~3명이라는 '근대적' 수준으로 줄어들게 되었다. 그사이에 무슨 일이 발생한 것인가?

맬서스를 추종하는 경제학자들은 놀라겠지만 인구가 두 배로 증가했다고 1인당 소득이 줄어든 것은 아니었다. 1인당 소득은 오히려 10퍼센트 정도 증가했고, 이것은 식량 문제가 해결되었다는 것을 의미했다. 어떻게 해서 영국은 이 모든 인구를 부양할 수 있었을까? 새로운 기술 발전이 농업에서의 혁신을 불러일으킨 것은 한참 후의 일이었다.:38 19세기 중반이 되어서야 혁신적인 비료 개발 덕택에 농업 생산성이 크게 증가할 수 있었다.

토지 이용법의 개선이 그 많은 영국인들을 다 부양할 수 있었던 것도 아니다. 그렇다면 어떻게 그런 일이 가능했던 것일까? 그 답은 간단하다. 그것은 영국이 공산품을 수출하고 농산품을 수입했기 때문이다. 이미 이야기했듯이 영국은 1970년대에 신흥공업국들이 모방했고 현재는 중국이 모방하고 있는 성장전략, 즉 수출 주도형 성장전략을 구사하고 있었다. 특히 이 전략의 초기 단계에서 직물 수출은 부족한 농산물의 수입을 가능하게 했다.:39

1830년부터 영국에서 생산되는 공산품의 절반 정도가 수출용이었다. 영국의 국내 시장은 그러한 생산물을 모두 소화할 수 있을 만큼 크지 않았으며, 영국의 경작지는 사람들을 부양하고 산업에 필요한 자연 섬유를 제공할 만큼 넓지 않았다. 따라서 영국은 캐나다로부터 목재를, 호주로부터 양털을 수입해야만 했다. 인도의 황마, 서아프리카의 야자유와 같은 새로운 상품들도 영국의 수입 품목이 되었다.

영국이 주목했던 또 다른 자연 자원의 보고는 미국이었다. 그러나

:38 영국의 경우 네덜란드에서 도입된 농업혁명은 18세기에 자리를 잡게 되었다. 농업혁명은 진일보한 윤작제를 이용해 휴경기를 축소시켰다. 이러한 농업혁명은 영국의 중농학자들을 열광시켰다. 한편 농업혁명으로 18세기 경제적 상황은 다소 나아졌지만 두 배나 급증한 인구를 모두 부양하기에는 충분하지 않았다.
:39 1815년에 면직물 생산품의 60퍼센트가 수출되었다. 면직 산업 자체는 1780년에서 1831년 사이에 235퍼센트 성장해서 GDP 성장보다 두 배 정도 빠른 성장세를 보였다. 이 모든 점에 관해서는 Ronald Findlay와 Kevin O'Rourke, 앞의 책을 참고할 것.

신세계에서의 황무지 경작은 풍부한 토지에 비해 사람 수가 너무 적다는 한계를 안고 있었다. 노동력은 귀했고 그 결과 임금은 비쌌다. 누가 이 새로운 토지를 경작할 것인가? 그 해결책이었던 아프리카로부터의 노동력 수입은 매우 잔인한 일이었다. 그렇게 해서 삼각무역은 시작되었다. 영국은 아프리카에 직물을 팔았고, 아프리카는 아메리카에 노예를 팔았으며, 아메리카는 영국에 면화를 팔았다. 노벨 경제학상 수상자들인 포겔Robert Fogel과 엥거만Stanley Engerman은 1974년에 이 주제를 다룬 『고난의 시대Time on the Cross: The Economics of American Negro Slavery』라는 책을 출간해 역사학계에 큰 충격을 주었는데, 그 내용은 이러한 삼각무역체제가 꽤 효율적이었다는 것이다. 몇 가지 추정에 따르면 아메리카에서 영국으로 수출하는 물품의 3분의 2를 노예들이 생산했다. 설탕과 면화는 그 주요 상품이었다. 노예의 부족이 로마제국 몰락의 원인이었다고 말할 수 있는 것처럼 영국 제국의 번영은 아프리카 노예의 풍부함에 기인했다고 말할 수 있다.

영국은 자연 자원을 수입했을 뿐 아니라 국내의 막대한 석탄 자원도 활용할 수 있었다. 석탄은 인간과 가축을 부양하기 위한 농경지든 목재 에너지와 관련이 있는 산림이든 가용 토지에 직접 혹은 간접적으로 의존하는 모든 전통적 에너지원을 대체하기 시작했다. 점차 산림이 부족해진 영국은 석탄을 대량 보유하고 있었다는 점에서 대단히 운 좋은 나라였다. 석탄은 직물 산업을 위한 주된 에너지원이 되었으며, 나아가 새로운 교통수단인 철도와 증기선의 연료가 되었다. 특히 증기선은 영국과 아메리카 대륙을 오가는 효과적인 운송수단이었다. 영국은 증기선을 통해 상품 시장과 연료 공급처를 손쉽게 확보할 수 있었다.

그렇게 해서 삼각무역의 고리가 완성되었다. 만일 영국에 막대한 양의 석탄이 매장되어 있지 않았다면, 그리고 미국의 광활한 토지와 아프리카의 노예가 없었다면 '프로메테우스'의 기적은 단기간에 끝나버렸을 것이다. 맬서스의 법칙은 극복되었다. 그러나 영광스러운 것은 아니었다.

5장

영원한 성장

LA PROSPÉRITÉ
DU VICE

스미스, 마르크스, 휴머노이드

시장에 의해 경제가 완전히 지배당하기 전인 18세기 중엽에 경제학자들은 이미 그 가능성에 대해 생각하기 시작했다.[40] 애덤 스미스는 1776년에 유명한 『국부론』을 발표하여 이에 대한 자신의 이론을 개진했으며, 오늘날 경제학자들이 시장경제를 분석할 때 사용하는 용어들을 결정했다.

스미스는 의사, 변호사, 제빵사, 구두 수선공처럼 특정 직업에 종사하는 사람들이 직접 생산하지 않는 재화들을 구입하는 데 어려움을 겪지 않는 것은 시장 덕분이라는 것을 입증하고자 했다. 교환의 참가자들을 서로 연결해주는 이런 조용한 협조, 즉 '보이지 않는 손'은 매우 단순한 원리에 기초하고 있었는데, 그것은 "개인은 자신의 이

---

[40] 피에르 로장발롱Pierre Rosanvallon은 *Le Capitalisme utopique*, Paris, Le Seuil, 1989에서 이러한 시간적 선행성에 대해 분석했다.

익만을 추구한다"는 것이다. 이러한 생각에서 그는 다음과 같은 유명한 말을 했다. "우리가 저녁을 먹을 수 있는 것은 제빵사의 자비로움 덕분이 아니라 그가 자신의 이익을 위해 쏟는 정성 때문이다."

경제학자인 스미스는 철학자이기도 했다. 당시에 '이익'이라는 단어는 경제적 계산을 의미하는 가치중립적 용어가 아니었다. 미국의 철학자이자 경제학자인 앨버트 허시먼Albert Hirschman이 『열정과 이해관계 Passion and Interest』라는 책에서 잘 지적했듯이 이 용어는 오랫동안 탐욕의 동의어로 생각되었다. 단테의 『신곡』 「지옥」 편에 따르면 탐욕은 교만, 질투와 함께 사람들을 지옥에 떨어뜨리는 죄악이었다.:41 애덤 스미스는 『국부론』 이전에 발표했던 『도덕 감정론』에서 이 용어의 의미에 대해 어떠한 착각도 하고 있지 않다고 밝혔다. "사람들이 행하는 모든 노동과 법석은 어떤 목적을 가지고 있는가? 인색함, 야망, 부의 추구, 권력의 추구, 파괴의 추구는 무엇 때문인가? 모든 사회계층을 괴롭히는 이러한 신분상승의 욕망은 어디에서 생겨난 것인가? 사람들이 생활조건의 향상을 추구하는 것이 사회에 가져다주는 이득은 무엇인가?" 스미스가 제시한 답은 헤겔이 "타인의 욕망을 욕망하는 것"이라고 표현한 것과 같다. "사람들은 남들이 자신을 주목하고 존경하는 것, 남들이 자신을 호감과 인정이 어린 시선으로 주의 깊게 바라보기를 원한다. 이것은 안락함이나 행복이 아니라 인간의 허영심과 관련된 문제이다."

:41 "Orgueil, envie et cupidité sont les trois étincelles qui enflamment le cœur de l'homme", Dante, *L'Enfer*, VI, v. 74–75.

그러나 탐욕과 여타 욕망들 간에는 한 가지 핵심적인 차이가 있다. 탐욕은 잘 조절되면 공공선에 기여할 수 있는 반면, 다른 욕망들은 파괴적일 뿐이다. 스미스가 이러한 생각을 하게 된 것은 영국 의사(네덜란드 태생) 버나드 맨더빌Bernard Mandeville의 영향 때문이다. 맨더빌은 1705년에 '개인의 악, 공공의 선'이라는 매우 의미심장한 부제를 단 『꿀벌의 우화』를 출간했다. 이 책의 결말은 "배고픔이 사람들로 하여금 음식을 먹게 하는 것처럼 국가가 번창하기 위해서는 악이 필요하다. 선만으로는 한 국가를 유명하거나 부유하게 만들 수 없다"는 것이었다. 물질적 조건의 개선이 야망, 허영심, 타인의 인정을 만족시킬 수 있음을 보임으로써 스미스는 '보이지 않는 손' 이론을 설명할 수 있었다. 이 이론에 따르면 "법의 개입 없이도 개인의 이익과 인간의 욕망 추구는 전체의 이익을 가장 잘 달성할 수 있는 비율로 자본을 나누고 배치했다."

그리고 이제는 부유해지기를 원하는 사람들의 도덕적 동기에 대해서 더 이상 성찰할 필요가 없으며 오직 그 결과에만 관심을 가지면 되었다. 시장은 어디에 선과 악이 있는지 알 필요가 없었으며, 사람들이 부유해지기 위해 얼마만큼의 노력을 제공할 용의가 있는지만 측정하면 되었다. 그것이 스미스가 전하고자 하는 메시지의 핵심이다. 그가 말한 유명한 예에 따르면 수렵 사회에서 비버 한 마리와 사슴 한 마리의 가격 차이는 비버와 사슴을 사냥하는 데 걸리는 시간의 차이에 의해 결정된다. 만일 사슴을 사냥하는 데 두 배의 시간이 걸렸다면 사슴 한 마리의 가격은 비버의 두 배가 될 것이다. 사슴의 가격이 그보다 낮다면 사냥꾼들은 즉각 사슴 사냥을 멈출 것이다. 비버의 가격이 그보다 낮아지는 경우에는 그 반대의 현상이 일어난다. 이러한 결과를 추론하는 데 있어 사슴 사냥꾼들과 비버 사냥꾼들의 동기를 각각 알 필요는 없다.

시장은 더 정교한 형태로 더 많은 것을 할 수 있다. 시장이 유도하는 노동 분업의 결과로 노동자들의 생산성은 과거보다 높아진다. 핀 생산 공장에 관한 유명한 예(스미스가 귀족 자제의 가정교사로서 노르망디를 방문했을 때의 사례)에서 스미스는 혼자 일하는 노동자는 하루 종일 일해도 200개의 핀밖에 만들지 못하는 데 비해 10명의 노동자들이 분업을 하면 4만8000개의 핀을 만들어내는 것에 주목했다. 핀 생산을 중앙 집중화함으로써 개별 노동자는 20배 내지 30배의 생산성 향상을 이룰 수 있었다.

스미스에 따르면 이러한 노동 분업 과정을 제약하는 것은 시장의 규모이다. 노동과정의 분해로 인해 생산성은 향상되지만, 늘어난 4만8000개의 핀을 살 사람들을 찾아야 한다. 만일 하루 수요량이 200개라면 비록 생산성이 낮더라도 한 명의 노동자만 고용하는 것으로 만족해야 한다. 그러나 사람들이 점차 부유해짐에 따라 생산성 증대의 내생적 과정이 시작될 것이라고 기대할 수 있다. 사회가 더욱 부유해질수록 노동 분업은 진전될 것이고 그로 인해 노동생산성은 올라갈 것이다. 그리고 이러한 생산성 향상은 경제를 더욱 빠르게 성장시킬 것이다. 이 과정을 통해 무한한 부의 확장이 가능해진다.

애덤 스미스는 스스로 더 멀리 생각했다. 핀 생산 공장의 사례를 보며 그는 시장의 영역이 가능한 한 더 커지기를 원했다. 그리고 가내 활동과 같은 비상품 활동이 사라져야 하며, 가능하다면 더 많은 비상품 활동이 시장을 통해 거래되어야 한다고 생각했다. 그는 광고 문구처럼 이러한 과정이 "파는 사람과 사는 사람 모두에게 이익을 줄 것"이라고 말했다.

자본

이제 다른 시각으로 주의를 돌려보자. 마르크스는 한 여인의 증언을 인용했다. "나는 폭설로 인해 일곱 살이던 아들을 등에 업고 공장에 데려다주고 데려오고 했다. 당시 내 아들은 하루에 열여섯 시간이나 일했다! 그리고 기계 작동을 중단시킬 수 없었기 때문에 나는 자주 무릎을 꿇고 아들에게 음식을 먹여주었다."[42] 애덤 스미스가 『국부론』을 발표한 지 약 한 세기 후에 마르크스는 『자본론』이라는 탁월한 저서를 통해 자본주의의 등장 이후 영국 사회가 겪은 거대한 전환을 분석했다. 마르크스의 눈에 시장은 전

:42 Karl Marx, *Le Capital*, Paris, GF-Flammarion, 1985.

체를 풍요롭게 하는 제도가 아니라 인간이 다른 인간을 착취하게 하는 제도였다. 시장은 사회를 평화롭게 만들지 않았으며 오히려 내부의 전쟁 즉 계급투쟁을 불러일으켰다.

마르크스는 노동자들의 상태를 경제학 책에 집어넣었다. 산업 노동은 이제 더 이상 '미래를 위한 생각'과 같은 추상적 원리가 아니었다. 산업 노동은 비참한 현실이 되었다. 자본이 노동을 착취하는 방식을 이해하기 위해 마르크스는 간략하게 노동과 '노동력'의 근본적인 대립을 설정했다. 비버 사냥꾼이 비버 한 마리를 사냥하는 데 10시간이 들었다고 하자. 애덤 스미스가 말한 대로 그 경우 비버 한 마리의 가격은 10시간의 노동에 해당하도록 결정될 것이다. 문제는 아무도 그 사냥꾼이 그 액수를 실제로 받을 수 있는지 보장해주지 않는 데 있다. 자본가가 그를 고용했다면 그 자본가는 그에게 얼마를 지불해야 할까? 시장에서 결정되는 임금은 최소한 사냥꾼이 먹고 입고 자는 것, 즉 그가 다시 노동하는 데 필요한 생 품을 구입할 수 있을 만큼 충분해야 할 것이다. 즉 임금은 그의 '노동력'의 가격인 것이다. 자본가는 그 이상을 지불해야 할까? 만일 굶어 죽는 것을 피하기 위해 그 일을 맡고 싶어하는 노동자가 충분히 존재한다면 그럴 필요가 없다. 이 경우 자본가는 최소한의 비용을 지불하면 된다. 노동자 한 명을 부양하는 데는 4시간의 노동이면 되는 상황에서 그가 10시간을 노동할 수 있다면 그 차이는 자본가가 챙길 수 있는 '잉여가치'가

된다. 이러한 잉여가치, 잉여노동은 이윤의 원천이다. 중농학파의 관대한 신과 비슷하게, 자연은 자본가들이 부자가 되게 해주었는데, 그것은 자본가들이 인간이 가진 독특한 능력, 즉 스스로를 재생산하는 데 필요한 것 이상으로 노동하는 능력을 이용할 수 있었기 때문이다.

마르크스는 자본주의라는 것은 프롤레타리아를 비참한 상태에 머무르게 하는 한에서만 이윤을 창출할 수 있다고 믿었다. 그는 "임금률에 상관없이 자본이 축적에 따라 노동자의 조건은 악화될 것이며, [부르주아는] 노예상태에 있는 노예의 생존 자체도 보장할 수 없다"고 결론내렸다.[43] 맬서스는 인구 증가가 이와 같은 비참한 상태의 원인이라고 보았다. 마르크스는 맬서스의 이론을 산업 노동에 새롭게 적용하여 산업예비군이라는 개념을 만들어냈다. 잉여가치의 원천인 낮은 임금을 지급하기 위해 자본주의는 일자리가 없는 다수의 프롤레타리아를 유지해야 했다. 결국 프롤레타리아는 생존 수준에 불과한 임금을 받아들여야만 했다. 인구 증가의 압력 대신에 자본주의는 자체적으로 만들어낸 빈곤을 통해 스스로의 순조로운 작동을 보장받았다.

휴머노이드

아리스토텔레스와 데이비드 리카도처럼 마르크스는 기계가 노동자들을 위협한다고 생각했다. 그가 보기에 새

:43 Marx et Engles, *Le Manifeste communiste*, Paris, GF-Flammarion, 1998.

로운 기계는 노동에 대한 수요를 줄이고 산업예비군을 증가시켜 프롤레타리아를 영원한 빈곤 속에 몰아넣고 있었다. 그러나 이해하기 어려운 역설은 기계가 그것을 작동하는 노동자들의 생산성을 높여 임금의 상승을 가져온다는 것이다. 이것이 산업 노동의 새로운 현실에 스미스와 리카도의 이론을 적용한 신고전학파 이론의 기초이다.:44 신고전학파에 따르면 인간과 기계는 상보적이다. 이것은 마치 산업화 시대 이전에 나타났던 인간과 토지의 관계와 같다. 이 이론에 따르면 이윤은 노동으로부터 무엇인가를 훔친 결과가 아니다. 이윤은 기계가 노동생산성을 향상시킨 것에 대한 대가이다.:45

그러나 토지와 자본 간에는 주요한 차이점이 있다. 노동 인구가 증가할 때 기계의 수를 증가시키는 것은 가능하지만 경작지의 수를 늘리는 것은 매우 어렵거나 거의 불가능하다. 따라서 산업 사회에서 인구 증가는 문제가 안 된다. 1인당 소득은 인구 증가에도 불구하고 안정적으로 유지할 수 있다. 제조업은 규모 수익 체감의 법칙을 따르지는다. 인구가 증가해도 생산성은 하락하지 않는다. 노동자들의 수가 두 배가 되어도 기계의 수를 두 배로 늘리면 생산성은 두 배가 된다. 농업과 달리 제조업은 규모 수익 불변의 법칙을 따른다.

그러나 설명해야 할 핵심적 문제가 남아 있다. 어떻게 1인당 소득이 안정적인 것을 넘어 끝없이 늘어날 수 있을까? 기계의 수를 늘리는 것은 해결책이 아니다. 사람은 머리 하나, 팔 두 개라는 신체적 한

:44 영국의 앨프리드 마셜Alfred Marshall과 프랑스의 레옹 발라Léon Walras는 대표적인 신고전학파 이론의 주창자들이다.
:45 그러므로 산업예비군은 이윤의 원천을 이해하는 데 필요하지 않다. 완전고용이 가능하다면 산업예비군은 중요치 않을 것이다. 제7장에서 케인스를 다루면서 이에 대해 자세히 살펴볼 것이다.

계를 가지고 있기 때문이다. 결국 노동자 한 명이 작동하는 기계가 증가해도 더 이상 생산량을 늘릴 수 없는 순간이 오게 된다. 미국의 경제학자 로버트 솔로Robert Solow는 이에 대해 부족한 고리를 설명하는 단순하고도 설득력 있는 이론을 제시했다.:46 솔로는 자본과 노동이라는 두 가지 생산요소에 '기술 발전'이라는 세 번째 생산요소를 추가했다. 존 케이는 직조공에게 두 대의 오래된 기계가 아니라 여러 개의 방추를 작동시킬 수 있는 완전히 새로운 한 대의 기계를 제공했다. 과거에는 여러 사람이 수행하던 수많은 작업들, 예를 들어 구술하고 문서를 작성하고 편지를 보내는 작업들을 오늘날 우리는 컴퓨터의 키를 누름으로써 단번에 수행할 수 있다.

기술 발전으로 한 명의 노동자는 '여러 개의 팔'을 가지게 되었다. 그것은 마치 노동시간의 증가와 같은 효과를 가져왔다. 새로운 기술 덕분에 19세기의 4시간 노동이 20세기에는 1시간에 해당하게 되었다. 단 한 사람의 눈에 보이는 노동 밑에서 수많은 '휴머노이드'들이 인간들을 위해 조용히 일하고 있는 것이다. 이때부터 1인당 소득은 휴머노이드의 수에 해당하는 기술 발전 속도에 따라서 증가한다.

결국 기술 발전이 도대체 어디서 오는가 하는 핵심 문제만 빼고는 모든 것이 확실해졌다.

:46 Robert Solow, "A Contribution to the Theory of Economic Growth", *The Quarterly Journal of Economics*, 1956.

모차르트와 슘페터

산업혁명이 열어놓은 새로운 세계의 의미를 이해하고 이를 그 이전의 세계와 비교하기 위해 미국의 경제학자 마이클 크레머Michael Kremer는 야심찬 이론을 제시했다.[47] 그것은 산업화 시기 이전의 맬서스 이론과 현대의 성장 이론을 연결시키려는 것이었다. 크레머는 산업화 시기 이전의 새로운 아이디어는 모차르트 원리라고 부를 수 있는 단순한 법칙의 결과였다고 생각했다. 즉 모든 사람이 모차르트처럼 잠재적으로 훌륭한 아이디어를 낼 확률을 동일하게 가지고 있다는 것이다. 이러한 합리적 가설이 다음의 강력한 연쇄 과정을 설명해준다. 사람들이 많아질수록 더 많은 아이디어들이 생겨나고 이로 인해 새로운 기술이 창조될 수 있다. 그리고 새로운 기

---

[47] Michael Kremer, "Population Growth and Technological Change: One Million B. C. to 1990", *The Quaterly Journal of Economics*, 1993.

술들은 그 사회의 경제적 한계를 극복하게 하며 인구 증가를 불러일으킨다. 따라서 새로운 사람들이 태어나고 다시 새로운 아이디어들이 나타나는 과정이 끝없이 계속되는 것이다.

그와 같은 자동촉매 메커니즘의 작동은 인류가 빠르게 증가할 수 있었던 이유가 무엇인지를 설명해준다. 신석기 시대에 1000만 명이던 인류는 기원 전후에 2억 명, 산업화 시대 초기인 1800년에는 10억 명에 도달했다. 각 시대의 인간은 평균적으로 자신이 야기한 문제에 대한 해결책을 제시하고 있었다고 할 수 있다.

그렇다면 18세기 말에 시작된 새로운 산업 세계에서의 기술 발전도 동일한 가설로 설명할 수 있을까? 전적으로 그렇지는 않다. 현대의 성장에서도 자동촉매 현상은 동일하게 작동한다. 그러나 인구의 증가가 아니라 시장의 규모가 자동촉매 현상을 작동시킨다. 애덤 스미스가 이미 핀 생산 공장의 예에서 주목한 것과 같이 시장 규모의 확대가 노동자들의 생산성을 높이는 '규모의 경제'를 실현하게 만든다. 내생적 성장 이론가들, 특히 미국의 폴 로머Paul Romer와 로버트 루카스Robert Lucas가 이러한 직관을 이론화했다.[48] 핵심적 아이디어는 규모 수익이 증가한다는 것이었다. 시장이 발달할수록 혁신을 하는 것이 더욱 이득이 된다. 혁신자가 더 많은 소비자들에게 제품을 판매할 수 있다면 더욱 쉽게 투자액을 회수할 수 있을 것이다. 성장을 결정하는 것은 더 이상 인구의 규모가 아니라 스스로 확장하는 부 자체

---

[48] 폴 로머의 주요 저술은 "Crazy Explanations for the Productivity Slowdown", *NBER Macroeconomic Annuals*, 1987; "Capital Accumulation in the Theory of Long Run Growth", in *Modern Business Cycle Theory*, Robert Barro ed., Harvard University Press, 1991; "Increasing Returns and Long Run Growth", *Journal of Political Economy*, 1986이다. 내생적 성장 이론의 기초를 닦은 또 한 명의 경제학자인 로버트 루카스의 주요 저술은 "On the Mechanics of Economic Development", *Journal of Monetary Economics*, 1988년 7월이다.

인 것이다.

『국부론』이 출간된 이후 두 세기 동안 경제학자들은 규모 수익이 증가한다는 생각을 무시해왔는데, 그 이유는 이미 애덤 스미스 자신의 저작에 나와 있었다. 스미스는 노동 분업의 긍정적 효과를 강조했지만 동시에 생산자들 간의 경쟁이 공정하고 효과적인 시장의 균형을 가져다준다는 사실을 입증하고 싶었다. 그것이 '보이지 않는 손'이라는 명제이다.

그런데 경제학자들은 규모 수익 증가 이득과 경쟁 이득에 대한 스미스의 두 명제가 서로 모순된다는 사실을 곧 깨닫게 되었다. 핀 생산 공장의 예가 보여주듯이 대규모 생산업자는 소규모 생산업자보다 유리한 위치에 있다. 대규모 생산업자는 좀 더 집중된 노동 분업을 통해 제품을 더욱 값싸게 생산할 수 있지만, 이로 인해 소규모 생산업자들은 점차 시장에서 사라지게 된다. 마르크스가 이미 예측했듯이 이러한 추론에 따르면 생산은 점차 일부의 생산업자에게 집중되고 조만간 순수하고 완전한 경쟁은 불가능하게 된다. 규모 수익 성장의 법칙을 끝까지 밀고 나가면 경쟁의 원칙과 모순을 일으키게 된다. 왜냐하면 규모 수익 성장의 법칙은 결국 독점 이론으로 귀결될 것이기 때문이다.

그러나 용어상 모순인 것처럼 여겨지는 '독점적 경쟁'을 가정하게 되면 문제는 해결될 수 있다. 이에 대한 생각은 1차 대전 전에 이미 제시되었지만 케인스 이론의 대두로 인해 가려졌다가 오스트리아 출신으로 후에 하버드 대학의 교수가 된 조지프 슘페터에 의해 부활하게 되었다.:49 이 이론의 핵심은 다음과 같이 요약될 수 있다. 독점은 아주 짧은 기간만 유지되는데, 그 이유는 어떤 기업이 한 제품에 대해 독점력을 획득하는 순간부터 다른 기업들이 그 독점기업의 제품을 능가할 새로운 제품을 만들어 그 지위를 빼앗으려 노력하기 때문이다.

오늘날 경제학자들에게 지배적인 영향력을 행사하는 슘페터의 시각에 따르면 자본주의는 애덤 스미스나 카를 마르크스의 범주에서 벗어나 있다. 애덤 스미스의 시각과 달리 자본주의는 상대방이 필요로 하는 재화를 제공하는 구두수선공과 제빵사 간의 연대를 의미하지 않는다. 자본주의는 새로운 기술을 사용하는 제빵사와 아직 이를 도입하지 못한 제빵사 간의 은밀한 경쟁을 만들어낸다. 또한 마르크스의 시각과 달리 자본주의는 노동 계급의 빈곤화를 의미하지 않는다. 왜냐하면 기술 발전은 노동자들을 더욱 생산적이게 만들 것이며, 이는 결국 노동자들이 높은 보수를 받는다는 것을 의미하기 때문이다.

그러나 기술의 발전이 노동자들에게 우호적인 것만은 아니다. 노동자는 더 이상 고대의 경우처럼 주인에게 종속된 노예가 아니지만,

:49 조지프 슘페터의 대표적 저작으로는 *Capitalisme, Socialisme et Démocratie*, 1942, rééd. Payot, 1984가 있다. 슘페터 성장 이론을 부활시킨 대표적인 학자들과 그 저작들은 다음과 같다. Philippe Aghion and Peter Howitt, *Endogenous Growth*, MIT Press, 1997; Gene Grossman and Elhanan Helpman, *Innovation and Growth in the Global Economy*, MIT Press, 1995. 한편 P. Aghion, N. Bloom, R. Blundell, R. Griffith and P. Howitt, "Competition and Innovation: An Inverted-U Relationship", *The Quarterly Journal of Economics*, vol. 120 (2), p. 701-728은 선도자와 추종자 간의 격차가 너무 클 때 경쟁 부족으로 인해 혁신이 지체될 수 있다는 점을 보임으로써 독점에 대한 슘페터의 찬양을 다소 누그러뜨렸다.

로버트 솔로우가 제시한 것처럼 자신을 위해 공짜로 일하는 휴머노이드의 주인인 것도 아니다. 현대의 노동자는 자신의 운명을 짓누르는 새로운 불확실성의 노예이다. 기술의 발전은 창조이자 파괴이며, 그 경계는 이쪽에서 저쪽으로 빠르게 넘나든다. 이러한 성장은 사회에 상처를 내는데, 만일 상처들을 치유할 정도로 성장의 속도가 빠르다면 모든 것은 잘 굴러간다. 그러나 성장이 느려지거나 최악의 경우 불황으로 인해 위축 현상이 발생하기라도 하면 균형은 깨지게 되는 것이다.

2부

번영과 공황

미국의 대니얼 카너먼과 아모스 트버스키의 연구, 혹은 앤드루 클라크의 연구는 소득이 증가할수록 사람들이 행복해지지만, 이러한 증가가 주는 행복은 빠르게 증발한다는 것을 보여주었다. 이 연구들에 따르면, 소득이 증가하면 행복해지지만 2년 후에는 그 행복감의 60퍼센트가 벌써 사라진다는 것이다! 유권자들의 행동을 분석한 결과는 더욱 심각하다. 투표할 때 유권자들은 단지 지난 6개월 정도의 경제적 상황만을 고려한다는 것이다.

6장

전쟁의 경제적 귀결

LA PROSPÉRITÉ
DU VICE

:: 평화의 경제적 귀결

영국의 경제학자 존 메이너드 케인스 John Maynard Keynes는 1919년에 출간한 『평화의 경제적 귀결 The Economic Consequences of the Peace』이라는 책에서 400만 명의 죽음으로 인해 신음하고 있던 프랑스 파리를 묘사했다. 유럽은 발가벗겨졌고 네 개의 제국은 무너졌으며 세계의 중심은 미국으로 이동했다. 이와 같은 잔해와 유혈 속에서 한 노인은 "마치 고대 그리스의 페리클레스처럼 스스로를 생각하면서 비스마르크의 학교에 본때를 보여주려고 했다. 그 노인은 프랑스에 대해서는 환상을 가졌으나 프랑스 사람과 자신의 동료들을 포함한 인류에 대해서는 환멸을 느끼고 있다"고 했다. 이 노인은 과거를 상징하는 인물 조르주 클레망소 George Clemenceau였다. 클레망소는

1차 대전에서 독일의 패배를 확정짓는 베르사유 조약을 이끌어낸 정치인이다. 하지만 이 전쟁은 19세기의 마지막 전쟁이 아니라 20세기 전쟁의 서막을 알리는 것이었다.

클레망소는 이번에야말로 독일의 경제적 활력을 완전히 없애버리려 했다. 독일이 다시는 프랑스보다 앞서는 현상이 나타나지 못하게 할 작정이었던 것이다. 1871년 제국의 탄생과 1차 대전 발발 사이에 독일의 산업 생산은 5배 증가했다. 독일의 경제적 활력은 모든 방면에서 나타났다. 독일은 세계 무역에서 영국을 추격했으며 화학, 기계, 전기와 산업 분야에서 특히 강한 모습을 보였다. 더불어 농업 부문도 크게 발전했다. 당시 독일은 비료와 기계화, 그리고 고도의 윤작 방식을 통해 농업 근대화를 선도하고 있었다.[50]

독일인은 냉소적 태도로 프랑스의 인구가 줄어드는 것을 지켜보았다. 1870년에 독일과 프랑스는 거의 비슷한 수준의 부를 가지고 있었지만, 1914년에는 독일의 부가 프랑스의 부를 70퍼센트 이상 능가했다. 이러한 새로운 경제적 우위 속에서 독일은 야망을 품기 시작했다. 독일의 위대한 역사학자인 하인리히 빙클러 Heinrich A. Winkler는 당시 상황을 다음과 같이 정리했다. "독일은 산업혁명과 제국주의의 나라인 영국을 경제적으로 앞설 준비가 되어 있었다. 독일제국은 세계에서 가장 앞선 과학 강국 중 하나였으며 아마도 으뜸이었을 것이다. 그러나 이 모든 것에도 불구하고 독일 우파들은 만족하지 못했다. 독

---

[50] 이에 관해서는 다음 책들을 참고할 수 있다. Christian Baechler, *La République de Weimar*, Fayard, 2007; Heinrich Winkler, *Histoire de l'Allemagne XIXe-XXe siécle. Le long chemin vers l'Occident*, 2000, trad. fran aise, Paris, Fayard, 2005.

일은 강대국의 지위에 올랐으나 이제 세계를 이끄는 유일한 강대국이 되어야 한다고 생각했다."[51]

이것이 바로 클레망소가 무력화시키려 했던 국가의 야망이었다. 그는 이를 위해 다음과 같은 조항들을 베르사유 조약에 집어넣었다. 독일은 해상 무역의 거의 전부를 연합군에 양도해야 한다. 독일은 오데르 강, 라인 강, 다뉴브 강의 관리를 연합국에 맡겨야 한다. 독일은 해외 지역에 가지고 있는 자산에 대한 권리와 채권을 포기해야 한다. 연합국은 전쟁으로 인한 손실을 보상하기 위해 독일국민이 해외 지역에서 획득한 모든 새로운 채권을 압수할 권한을 갖는다. 베르사유 조약은 또한 독일 자를란트 지방의 탄광 수출과 관련된 모든 권리를 프랑스에 양도하며, 주민투표 이후에 상부 슐레지엔 지역을 폴란드에 돌려주어야 한다고 규정했다. 독일은 자신들의 점령으로 인해 프랑스가 입은 석탄과 관련한 손해를 전쟁 전의 수익률로 보상해야 했으며, 여기에 더해 연합국에 매년 2500만 톤의 석탄을 10년 동안 양도해야 했다! 또한 독일은 최혜국대우의 기준을 연합국에 허락해야 했다.

이러한 조항을 모두 이행한다면 독일은 1921년 5월 1일 전까지 10억 파운드에 해당하는 금액을 지불하는 셈이 된다(연합국은 요하다고 생각하는 모든 보상을 획득했다). 또한 이 10억 파운드에 전쟁 기간 민간인들이 당했던 손실을 보상하는 데 필요한 금액인 40억 파운드가 추가되었다. 베르사유 조약은 전체적인 배상액도 배상기간도 명기

[51] Heinrich Winkler, 위의 책.

하지 않고 있었다. 이에 비교하여 케인스의 추정에 따르면 프랑스가 비스마르크에게 지불한 금액은 5억 파운드 정도였다.

터무니없는 배상 규모를 정한 탓에 조약의 적용 자체가 불가능했다. 1923년 프랑스와 벨기에는 자신들이 받아야 할 배상액을 확보하기 위해 루르 지역을 침공했음에도 불구하고 독일이 지불한 금액은 여전히 적었다. 그러나 이러한 모욕적인 조약으로 독일인들이 겪은 상처는 매우 깊었고, 이는 1918년 11월 11일의 정전 이후 '우파의 평화'라는 희망을 키우는 데 기여했다. 독일과 미국 간에 뿌리 깊은 적대감이 없다고 확신한 독일인들은 윌슨 대통령이 중재자로서 배상 조건을 완화해줄 것이라는 희망을 가졌다. 그러나 프랑스의 집요한 요구에 윌슨이 물러서자 독일인들은 "등에 비수를 맞았다"는 생각을 오랫동안 품게 되었다. 이것이 바로 1929년 위기 이후 나치즘이 성장하게 된 주원인이었다.

공화국의 사망

바이마르 공화국은 1918년 11월에 탄생했다. 제헌의회가 열렸던 바이마르는 괴테와 실러의 도시였다. 바이마르가 제헌의회 개원장소로 선택된 것은 부분적으로는 이 두 문호 때문이었지만 다른 한편으로는 베를린이 가진 암울한 분위기 탓도 있었다. 그 비극적 운명을 뒤돌아보면, 수많은 전쟁에 의해 파괴되고 민주주의의 길을 찾기 위해 노력했던 고통을 떠올리지 않을 수 없다.

바이마르 공화국 체제의 창설자들은 제국의회Reichstag와 대통령 선거에서 가장 광범위한 보통선거를 채택하고, 정치지도자들의 권력에 제동을 걸 수 있는 국민투표 제도를 도입함으로써 가장 민주적인 체제를 세우고자 원했다. 제헌의회 의원들은 더 나아가 민주적 요구를 위해 정치적 효율성마저 희생시킬 수 있는 완전한 비 대표제 투표 방식을 채택했다.

뒤돌아보면 바이마르 공화국의 실패는 성립 당시의 조건에서 쉽게 찾을 수 있다. 패전의 결과 탄생한 바이마르 공화국은 정당성을 얻기가 쉽지 않았다. 우파 민족주의자들은 패전으로 인해 탄생한 비독일적인 것이라고 비난했다. 좌파에서는 1919~20년의 유혈 충돌 과정에서 혁명 지도자인 카를 리프크네히트Karl Liebknecht와 로자 룩셈부르크Rosa Luxemburg가 암살을 당하는 등 씻을 수 없는 상처를 입었다.

그러나 크리스티앙 배슐러Christian Baechler는 다음과 같이 힘주어 말했다. "바이마르 민주주의의 탄생과 발전 조건이 힘들었다고 해도 이 민주주의가 처음부터 비난받아서는 안 된다. 1933년 1월에도 히틀러에게 정권을 넘겨주는 것이 불가피한 일은 아니었으며, 독일은 다른 선택을 할 수도 있는 상황이었다.":52

양분된 사회

전쟁 전에 독일의 급격한 성장으로 인한 상처는 전쟁 이후 더욱 부각되기 시작했다. 1870~1913년에 독일의 도시화는 대규모로 급속히 진행되었다.:53 "대도시의 혼란과 개인주의는 자연으로의 회귀, 농촌의 건강하고 단순한 삶에 대한 향수를 불러일

:52 Christian Baechler, 앞의 책.
:53 2000명 이상의 주에 살던 독일인은 1871년에는 36.1퍼센트에 불과했지만 1910년에는 60퍼센트에 달했다. 한편 10만 명 이상의 도시에 살던 독일인은 1871년에는 겨우 4.8퍼센트였지만 1910년에는 21.3퍼센트에 달했다.

으키는 동시에 도덕적 타락에 대한 우려를 낳았다. 사회 분화와 대도시는 신분상승의 기회를 제공했지만 동시에 신분하락의 위험과 불안감을 높이기도 했다. 많은 사람들은 보호자와 구원자로서의 국가 역할을 기대하게 되었다."[54]

독일 사회는 새로운 계층 이동과 지리적 이동에도 불구하고 여전히 분리되고 경직되어 있었으며 신분의 차이 역시 다른 서양 사회보다 더 심각했다. 계급 구분(노동 부르주아, 피고용인, 장인)은 봉건적 질서라는 전근대적 기준을 지속시켰다. 귀족들은 전쟁 직전에 다른 유럽 국가들에서와 마찬가지로 특권적 지위를 유지하고 있었다. 그러나 독일의 귀족들은 훨씬 중요한 사회정치적 역할을 맡고 있었다. 엘베 강 동쪽의 대토지 소유자인 융커Junker는 자신들의 영내에서 치안과 교회와 학교 운영에 대한 후원과 같은 엄격한 봉건적 특권을 누리고 있었다. 귀족들은 군사적 군주제 및 관료사회와 긴밀하게 연결되어 있었고 권력 체계에서 전략적 위치를 차지하고 있었다. 전쟁 전까지 독일의 모든 수상들은 귀족이었으며, 제국의 국무장관들, 작센과 프로이센의 장관들 역시 대부분 귀족이었다.[55]

프로이센의 군사-관료 국가는 사회에 깊숙이 스며들어 있었다. 독일에서 국가는 헤겔의 철학과 막스 베버의 사회학에 따르면 "그 자체로 목적이자 이성의 화신"이었다. 관료제는 의회제의 설립에 방해가 되는 모든 것들, 즉 "시장의 모순적인 이해 추구가 야기하는 혼란에

---

[54] Christian Baechler, 앞의 책.
[55] 많은 역사학자들과 사회학자들은 전체주의 대두의 원인으로 프로이센 사회의 전통적 가치 체계와 현대 사회의 발전 사이에 생긴 격차를 강조하고 있다. 이에 대해서는 Ian Kershaw, *Qu'est ce que le nazisme?*, Paris, Gallimard, coll. "Folio", 1997을 참고할 것.

맞서 공공의 선"을 나타내는 것으로 여겨졌다.

또한 종교적인 분열이 사회를 관통하고 있었다. 인구의 3분의 1은 가톨릭 교인으로 이들은 중앙당Zentrum이라는 중도정당을 지지하고 있었다. 프로테스탄트 교회는 국가와 밀접하게 연결되어 있었다. 그러나 전쟁 직전에 독일의 프로테스탄티즘은 종교라기보다 엄격한 도덕에 더 가까웠다. 종교 관계의 약화는 사람들로 하여금 이를 대체하는 믿음, 즉 정치적 신념을 추구하게 만들었다.

유대인은 전체 인구의 0.6퍼센트에 불과했지만 혁명에 대한 그들의 참여와 정치적 해방은 독일 패배의 원인으로 간주되었다. 히틀러는 유대인 책임설에 깊이 경도되었다. 유대인은 모순적이게도 자본주의와 혁명을 동시에 조장하며, "물질주의의 두 형태인 자본주의와 볼셰비즘을 통해 지구를 지배하려 한다"고 비판받았다.

전쟁 전의 성공에도 불구하고 독일의 국가-민족 유형은 이에 관한 유럽의 여러 모델 중 병적인 것이었다. 게르만적인 로마제국이라는 신화는 다른 어떤 국가보다도 독일에서 가장 오래 살아남았다. 종교 분리는 독일에서 매우 깊은 흔적을 남겼다. 두 강대국, 즉 독일과 오스트리아 간의 대립관계는 해소되지 않았고, 전쟁 후에 오스트리아-헝가리 제국의 몰락은 민족 통일이라는 문제를 다시 상기시켰다. 마지막으로 진정한 의회제가 1918년의 패전 이후 성립되었으나 이것은 오히려 그 체제를 약하게 만들었다.

바이마르 공화국의 삶과 죽음

정전(停戰)의 어려움에도 불구하고 독일 경제는 회복되었다. 성장이 재개된 것이다.:56 독일은 1922년에 실업률이 1.5퍼센트로 하락하는 등 산업 재건을 이루어냈다. 그러나 1923년 1월 11일에 프랑스-벨기에 군대가 독일에 전쟁 부채를 갚도록 압박을 가하기 위해 루르 지방을 점령하면서 이러한 안정은 비로소 흔들리게 되었다. 정부는 공무원들에게 신용(대출)을 제공하면서 수동적 저항을 호소했다. 재정적자를 메우기 위해 통화를 남발하자 초인플레이션이 발생하였다. 물가는 6개월 만에 10억 배로 급등했다. 이로 인해 금리생활자들은 파산하고 말았다. 민간 분야의 노동자들은 실업증가와 인플레이션을 따라잡지 못하는 임금 인상 속에서 고통을 받았다. 장인, 상인, 기업인의 상황이 상대적으로 괜찮았다면 공무원들은 재정조정의 첫 번째 희생자가 되었다. 고위 공무원들과 지식인 부르주아들도 고위 공무직에서의 임금이 하향 조정됨에 따라 어려움을 겪었다.

1923년 11월 프랑스의 철수 후에 다시 안정이 찾아올 것이라는 희망이 생겼다. 마르크화와 병행하여 새로운 화폐인 렌텐마르크Renten-mark가 1923년 11월 16일에 도입되었다. 독일의 농업과 산업 자본을 담보로 한 금 채권에 의해 보장된 이 화폐는 사람들의 신뢰를 얻을 수 있었다. 이로 인해 물가는 곧 안정되었다. 1924년 4월에 전쟁배상

:56 1928년을 100으로 하는 산업생산지수를 보면 1913년에 98이었던 이 지수는 1919년에는 37로 떨어졌지만 1922년에는 70으로 다시 회복되었다.

에 관한 새로운 협약인 도스안Dawes Plan이 만들어졌다. 이 안은 독일의 안정을 위한 예측 가능한 배상 내용을 포함하고 있었다. 처음 두 해 동안에는 예산이 마련되지 않아 독일은 오랫동안 원하던 지불유예를 얻어낼 수 있었다.

1924~29년은 공화국의 황금시대였다. 통화 안정성은 투자자들의 신뢰를 회복시켰고 경제의 재생을 지원할 해외자본, 특히 앵글로색슨 자본의 유입을 가능하게 했다.[57] 1928년에는 임금이 1913년의 수준보다 20퍼센트 더 높아졌다. 사회는 안도의 숨을 쉴 수 있었다. 브레히트, 바우하우스 등과 같은 위대한 예술가들이 걸작들을 만들어냈다. 공화국이 살아난 것이었다.

그러나 1929년의 위기로 독일은 다시 문제에 봉착하게 되었다. 독일은 미국과 함께 경제 위기를 가장 먼저 그리고 가장 오랫동안 겪은 산업 국가였다. 실업률은 미국에서와 같이 25퍼센트에 달했다.[58]

1930년부터 독일공산당KPD과 국가사회주의독일노동자당NSDAP 같은 극좌, 극우 정당이 세력을 얻기 시작했다. 바이마르 공화국 기간에 핵심적 정당이었던 독일사회민주당SPD은 1932년 선거에서 나치당보다도 부진한 모습을 보였다. 사회민주당은 바이마르 체제를 세운 정당으로서 1차 대전 직후 모든 힘을 다해 볼셰비키적인 혁명을 막았다. 그러나 스파르타쿠스 단원이었던 카를 리프크네히트와 로자 룩셈부르크를 제거함으로써 극좌파의 증오를 불러일으켰으며, 정전 협정에

:57 베르사유 조약에 의해 연합국에 일방적으로 부여되었던 최혜국대우 조항이 1925년 1월 10일에 만료된 것도 신뢰회복에 기여했다.
:58 산업생산지수는 1929년에 100에서 1932년 58, 1933년에는 66으로 변했다.

서명했다는 이유로 극우파로부터도 미움을 사고 있었다. 극우파는 나치당의 성장과 함께 선거에서 주목받기 시작했다. 나치당은 1928년 5월 선거에서는 득표율이 2.6퍼센트에 머물렀으나 1930년 9월 선거에서는 18.3퍼센트, 1932년 7월 선거에서는 37.3퍼센트로 성장해나갔다. 한편 공산당은 1928년과 1930년의 선거에서 각각 10.6퍼센트와 13.2퍼센트를, 이후 1932년 11월 선거에서는 16.9퍼센트의 득표율을 기록했다.

이러한 결과는 자유주의와 보수주의에 실망한 중간 프로테스탄트 계층, 특히 공무원들과 금리 및 연금 수입자들이 나치당에 투표함으로써 나타난 것이었다.[59] 전통적 엘리트들의 신분 추락은 대학을 자유주의에 대한 반대 운동의 근거지로 만들었다. 대기업 노동자들은 나치즘의 성장에 저항했다. 사람들이 흔히 주장해온 것과는 다르게 실업자들은 나치의 성장에 거의 기여하지 않았다. 오히려 실업자 수가 증가할 때 공산당의 득표수는 증가하고 나치당의 득표수는 감소했다. 대신에 전통적 중산층과 농민의 부채가 증가할수록 나치당의 득표수는 확연히 증가했다.

1929년의 위기에 빠진 독일 사회는 히틀러가 1933년에 독일 총리에 오를 수 있도록 만들었다. 그러나 그의 총리 임명이 필연적인 것은 아니었다. 히틀러가 총리에 오를 때에는 상황이 서서히 나아지고 있었고 나치당의 세력 확장은 정체되고 있었다. 하인리히 빙클러가 정

---

[59] 1932년 7월에 7명의 가톨릭 유권자 중 1명만이 나치당에 투표했지만 이와 대조적으로 비가톨릭 투표자들의 약 40퍼센트는 나치당에 투표했다. 가톨릭 교인들의 지지는 1932년 3월에 약해졌지만 비가톨릭 투표자들의 나치당에 대한 선호는 머리 수에서 볼 때 여전히 두 배 정도 높았다. 국가사회주의독일노동자당이 당원을 더 많이 충원했던 농촌과 도시 간의 대립은 그다지 결정적이지는 않았다. 1932년 7월에 작은 주에서는 34퍼센트가, 큰 주에서는 28퍼센트가 국가사회주의독일노동자당을 지지했다.

리했듯이 "힌덴부르크를 비롯한 지도층이 확고한 의지를 갖고 노력했다면 히틀러가 정부를 장악하는 것을 막을 수 있었다". 히틀러의 총리 임명이 필연적인 것은 아니었다는 단순한 결론에 우리는 몸서리치지 않을 수 없다.

7장

거대한 위기와 그 교훈들

LA PROSPERITE
DU VICE

1929년

1929년의 위기는 오늘까지도 세계 자본주의가 경험했던 위기 중 가장 심각한 것이었다. 월스트리트에서 시작된 위기는 유럽을 혼란에 빠뜨렸고 곧 지구 전역으로 확산되었다. 1929년의 악몽은 오늘날에도 여전히 전세계의 지도자들을 괴롭히고 있다. 2007년에 서브프라임 위기가 발생하자 미국 중앙은행인 연방준비제도이사회 의장 벤 버냉키Ben Bernanke는 이러한 비극이 반복되는 것을 피하기 위해 온갖 방안을 모색했다. 실제로 이 시기에 발생한 일련의 사건들을 돌이켜보면 앞서 언급한 두 번의 이 적인 위기 사이에 많은 유사점이 있다는 사실을 알게 될 것이다. 이는 매우 놀랄 만한 일이다.

광란의 1920년대

1929년의 위기로 인해 '광란의 20년대roaring twenties'라고 불렸던 미국의 10년간의 눈부신 경제성장이 끝났다. 자동차, 전기, 영화 등과 같은 미국식 생활방식은 현대 소비 사회의 전형적인 모습이 되었다. 석유, 고무, 라디오, 건설 붐은 이러한 성장의 원동력이었다. 자동차는 1919년에는 1900만 대가 생산되었는데 10년 후인 1929년에는 5900만 대가 생산되어 3배 이상 증가했다.

1928년 12월 4일 미국의 쿨리지 대통령은 의회의 마지막 연설에서 다음과 같은 의기양양한 장광설로 발언을 마무리했다. "지금까지 미국 역대의 어떤 의회도 이처럼 좋은 경제상황을 맞은 적이 없다." 주식시장은 상승(1924)과 하락(1926)을 반복하며 활발히 요동쳤다. 그러나 1927년부터 투기현상이 발생했다. 봄에 영국, 프랑스, 독일 은행의 은행장들이 미국 통화 당국에 유럽 경제의 안정을 위한 조치를 취해줄 것을 요청하기 위해 미국에 왔다. 그들은 자신들의 요구를 관철시켰다. '미연준Fed'이라고 약칭되는 연방준비제도이사회Federal Reserve Board: FRB는 기준금리 할인율을 4퍼센트에서 3.5퍼센트로 인하했다. 당시 런던정경대학LSE 교수였던 라이어널 로빈스Lionel Robbins에 따르면 "모든 정황에 비추어볼 때 이때부터 상황은 걷잡을 수 없게 되었다". 1926년에서 1929년 사이에 주가는 두 배로 뛰었다. 소액 예금자들도 낙관적 전망에 사로잡혔다. 당시의 분위기를 설명하기 위해 존 케네스 갤브레이스John Kenneth Galbraith가 인용한 우스갯소리에 따르면 "자가용 운전자들은 베들레헴 스틸 철강회사에 대한 최신 뉴스를 알기 위해 머리를 뒤로 돌린 채 운전했다……".:60

그러나 후에 앨런 그린스펀Alan Greenspan이 금융시장의 '비이성적 도취'라고 불렀던 것을 멈추게 하게 위해 미연준은 1928년부터 이자율을 인상하기 시작했다. 1929년 1월에 재할인율은 이미 5퍼센트까지 인상된 상태였다. 1929년 2월 14일에 뉴욕의 미연준은 투기를 저지하기 위해 할인율을 5퍼센트에서 6퍼센트로 올릴 것을 제안했다. 오랜 논쟁이 이어졌다. 재할인율은 여름의 막바지가 되어서야 결국 6퍼센트로 인상되었다. 그러나 이러한 조치는 너무 늦게 이루어졌다. 오늘날 경제학자들은 미국 경제가 1929년 가을 초반에 이미 위기에 진입했었다고 인식하고 있다.:61

주식시장의 대폭락

역사적으로 1929년 위기가 시작된 날은 10월 24일 목요일이었다. 당시에는 하루에 보통 400만 주의 주식이 거래되었는데 '검은 목요일'이었던 이날에는 1300만 주가 거래되었다. 11시 30분경에 시장은 공포에 빠져 정지되었다. 이미 11명의 투자자들이 자살했다. 증권거래소 바깥에서는 "이상한 울부짖음이 들렸고

:60 John Kenneth Galbraith, *La Crise économique de 1929*, Paris, Payot, 1970.
:61 전미경제연구소NBER는 그 시기에 대한 데이터를 분석하여 미국 경제가 1929년 초여름부터 약해지기 시작했다고 밝혔다. 철강 생산은 6월부터 감소했다. 6월에는 산업생산지수가 126이었는데 10월이 되어서는 117로 하락했다. 주택 건설은 이미 몇 년 전부터 실질적으로 침체 중이었는데 1929년에는 더욱 약화되었다. 이에 대해서는 다음 책을 참고할 수 있다. Bernard Gazier, *La Crise de 1929*, Paris, PUF, coll. "Que sais-je?", 1985.

사람들이 모여들기 시작했다". 정오에 뉴욕의 가장 중요한 은행가들이 모였다. 여기에는 국립 시티은행의 찰스 미첼Charles E. Mitchell, 체이스 국립은행의 앨버트 위긴Albert Wiggin, 개런티 트러스트 컴퍼니의 윌리엄 포터William Potter, 모건 은행의 주요 파트너인 토머스 라못Thomas Lamot이 포함되어 있었다. 금융계 거물들은 증권들을 매입함으로써 상황을 역전시키고자 노력했다. 이러한 소문이 퍼지자 가격은 즉시 상승했다. 『타임』지는 "미국의 주요 은행들이 주식시장의 공황을 막기 위해 협력할 준비가 되어 있으며, 현재 미국의 금융은 안전하다"는 내용의 기사를 내보냈다.

그러나 그다음 주 화요일, 즉 10월 29일 '검은 화요일'에 공황은 더 이상 진정시킬 수 없는 수준으로 다시 발생했다. 즉 하루에 1600만 주의 주식이 거래된 것이다. 주가는 급속히 떨어졌다. 이것이 심연으로 떨어지는 악순환의 시작이었다. 미연준은 10월 31일 목요일에 재할인율을 6퍼센트에서 5퍼센트로 인하했지만 아무 소용이 없었다. 주가하락은 지속되었다. 주가하락은 1929년 11월 13일에야 비로소 멈추었다. 다만 주가는 이미 반토막이 난 상태였다. 이후 3년 동안 월스트리트의 주가는 1929년 9월 수준의 85퍼센트나 떨어졌다.

당시 미국은 지난날의 위기와는 다른 침체를 경험하고 있었다. 산업 생산은 1929년에서 1932년 사이에 절반으로 줄었다. 경제활동인구의 4분의 1이 실업상태에 빠졌다.

미국 경제의 급격한 침체는 이후 사람들의 기억에 오랫동안 각인될 여러 현상들을 보여주었다. 자동차, 가구, 세탁기와 같은 내구재 구매의 급격한 감소는 성장을 위축시킨 첫 요인이었다. 원래 내구재 소비는 경기에 매우 민감하다. 사람은 매일 식료품을 소비해야 하지만 자동차나 세탁기의 구입은 미룰 수 있다. 그러나 이로 인해 상황을 악화시키는 요인이 작동하기 시작한다. 과거에는 소비자 대출상품이 등장해서 미국인들의 소비 관행을 변화시켰다. 가구 구입의 80퍼센트, 축음기 구입의 80퍼센트, 세탁기 구입의 75퍼센트가 대출을 통해 이루어졌다. 당시에는 파산을 하게 되면 이미 지불한 금액은 전혀 고려하지 않고 신용대출로 구입한 물품을 압류했기 때문에 위기 때에 소비자들을 신중하게 만드는 경향이 있었다. 1930년에 내구재 소비는 갑작스럽게 20퍼센트나 감소했다. 1929~33년에 감소한 양은 50퍼센트에 달했다. 자동차 구매는 1929~32년에 3분의 2가 급감했다.

부동산 부문에서의 위기도 거시경제의 균형을 뒤흔든 요인이었다. 기존의 건설 붐은 경제를 성장시킨 요인 중 하나였다. 건설 주문은 전쟁 전과 비교해 1926년에 두 배 이상으로 늘었다. 따라서 부동산 부문에서의 상황 악화도 경기에 매우 심각한 영향을 미쳤다. 내구재 시장과 마찬가지로 대출 위축은 건설업의 상황을 악화시킨 요인 중 하나였다.

농민들은 위기의 또 다른 희생자였다. 다른 부문과 다르게 그들의 상황은 경제성장 시기에도 그다지 좋지 않았다. 전쟁이 끝난 후 농업생산물의 과잉 현상이 나타났는데, 이는 교전국의 생산 감소를 보충해주기 위해 미국의 경작지가 크게 확대되었기 때문이다. 그로 인해 전쟁 후의 공급 과잉은 농산물 가격을 지속적으로 낮은 상태에 머물게 했다. 위기는 농업 종사자에게 매우 불리했다. 1929년에서 1933년 사이에 농업 종사자의 소득은 70퍼센트나 감소했다. 존 스타인벡의 소설 『분노의 포도』는 당시 이러한 농민들의 비극적 상황을 잘 묘사하고 있다.

1929년은 이러한 점에서 산업 세계에 처음으로 나타난 '총체적' 위기였다. 기존에는 농업이 위기를 완화시키는 역할을 했는데 이제 그 역할은 완전히 사라졌다. 더 이상 고향으로 돌아가는 것이 곤경에 빠진 노동자들의 대안이 되지 못했다. 아쉽지만 이들의 보호를 책임질 복지국가는 2차 대전 이후에야 나타났다.

금융 위기

경제학자 피터 테민Peter Temin은 1930년의 내구재 소비 위축이 미국 경제의 급격한 침체를 가져온 주된 요인이었다고 보았다. 테민은 케인스 학파에 속하는 학자로서 케인스의 『고용,

이자 및 화폐에 관한 일반이론』에 기초해 당시의 위기를 해석했다. 1936년에 발표된 케인스의 이 책은 경제학자들과 전쟁 후의 경제정책 수행에 지대한 영향을 미쳤다. 케인스는 경제의 어느 한 부문이 위축되면 스스로의 악순환 과정을 통해 경제 전체로 파급된다고 보았다. 자동차의 구입 감소는 이를 생산하는 노동자들의 실업을 야기하고 이들이 지출을 줄이게 되면 다른 부문의 침체로 이어진다. 최의 위기가 경제 전반에 심각한 영향을 미치는 '위기의 승수효과'가 시작되면 정부만이 이를 저지할 수 있다.

은행의 파산도 주목을 받는 원인이다. 밀턴 프리드먼Milton Friedman은 안나 슈바르츠Anna Schwartz와 함께 쓴 기념비적인 저서 『미국 화폐금융의 역사A Monetary History of the United States, 1867-1960』에서 위기에 대한 케인스의 해석과 달리 금융의 역할이 더 중요했다고 보았다. 그의 주장에 따르면 위기의 전개과정은 다음과 같다. 경제활동의 위축은 은행의 자산 감소를 가져와 예금자들을 불안하게 만든다. 예금자들은 은행에 대한 믿음을 버리고 가장 취약한 은행부터 예금을 인출하기 시작한다. 이는 결국 연쇄적으로 많은 은행들의 파산을 가져온다. 1930년에서 1933년 사이에 미국 은행의 절반이 파산이나 합병을 통해 사라졌다. 위기 이전에 2만9000개였던 은행은 1만2000개로 줄어들었다. 1929년에서 1933년 사이에 미국의 통화량은 3분의 1로 감소했다. 은행 위기는 가장 취약한 채무자들의 자금 조달을 어렵게 만들었고 결국 그들을 파산시켰다. 농민, 중소기업, 그리고 부채 가계는 이러한 위기의 직접적인 피해자였다. 2007년부터 미연준 의장을 맡고 있는 벤 버냉키는 1930년대 미국 경제에 대한 연구를 통해 당시에 매달 파산하던 은행이 늘어나면서 경기 악화가 심각해지는 현상을 입증했다.:62

당시 문제는 통화 당국이 거의 아무런 대응조치를 취하지 않았다는 것이다. 이자율이 매우 낮은 상황(1~2퍼센트)이었기 때문에 당국은 은행을 구제하기 위한 유동성 증대조치를 취하지 않았다. 밀턴 프리드먼이 주장한 바에 따르면 여기에 재앙의 핵심적 원인이 있었다. 당시에 통화 당국은 대응방안을 마련할 능력이 없었다. 당국은 은행 체제의 붕괴를 그저 지켜보고만 있었다. 1930년에 경기 회복이 "곧 시작될 것"이라는 말로 유명해진 후버 대통령은 1932년 2월에 재건금융공사Reconstruction Finance Corporation를 정부 산하에 설립했다. 이 기구의 설립 이후 어려움에 처한 금융기관들은 공적 자금을 지원받을 수 있었다.

위기의 진정한 원인은 케인스 학파와 통화학파라는 두 이론의 중간 어디쯤에 있을 것이다. 1930년의 위기는 초기에는 테민이 강조한

:62 이러한 연쇄현상은 시카고 학파 경제학자인 어빙 피셔Irving Fisher가 1933년부터 제시했던 부채 디플레이션debt deflation 분석을 부분적으로 반영하고 있다. 피셔는 물가 하락이 채무자들의 파산에 미치는 영향에 주목했다. 1929~33년에 소비자 물가는 33퍼센트, 도매물가는 40퍼센트가 하락했다. 기업들은 구매자들을 찾기 어려웠고 유동성 문제로 고통받기 때문에 고객을 유인하기 위해 가격을 낮추었다. 경제활동 자체가 줄었고 물가가 하락했기 때문에 명목가치로 보면 경제활동수준은 2배 정도 감소했다. 이로 인해 위기가 발생한 지 3년 후에 가계는 부채는 그대로인데 소득이 크게 하락하는 상황에 처하게 되었다. 1929년의 가계 부채액과 소득액을 100으로 보았을 때 3년이 지난 후에 가계 부채액은 여전히 100인 데 비해 소득액은 30으로 하락했다. 가계뿐 아니라 기업의 사정도 마찬가지였다. 즉 가계와 기업 모두에서 소득과 매출액에 대비한 부채 부담이 위기 전에 비해 3배 정도 가중되었다. 이로 인해 더 이상 부채를 갚을 능력이 없어진 가계와 기업은 파산할 수밖에 없었다. 극단적인 예를 들면 클리블랜드에서 가계의 60퍼센트가 담보부채로 인해 파산했다. 가계의 어려움은 기업, 특히 소규모 기업의 어려움을 야기했다.

요인에 의해 설명되었다. 즉 월스트리트의 몰락이 야기한 신뢰 상실은 가계의 사기를 저하시켰고 이로 인한 가계의 소비 감소는 판매 감소라는 악순환을 유발했다. 그러나 1930~33년 대공황의 규모 및 그 확산은 주로 프리드먼이 강조한 통화와 금융 요인에 근거한 것이다. 즉 수요 위축의 위기가 더욱 심각한 은행의 위기로 전환되었다. 그러나 이 은행 위기는 사실 중앙은행이 적절한 대응 능력만 갖추고 있었다면 막을 수 있는 것이었다.

국제적 위기

1929년 위기는 국제 무역이 붕괴되지 않았다면 그 정도로 심각하지는 않았을 것이다. 현재의 서브프라임 위기가 그런 것처럼 당시 미국에서 시작된 위기가 세계 경제 전반에 얼마나 빠르게 전파되었는지를 생각해보면 놀라지 않을 수 없다. 무엇보다 국제 무역이 매우 심각하게 위축되었다. 1929년 4월에서 1933년 2월까지 세계의 수입은 30억에서 10억으로 줄었다. 미국 정부의 은행 정책 실패에 무역 정책 실패가 더해졌다. 1930년부터 미국은 보호무역 조치, 즉 스무트-할리 관세법 Smoot-Hawley Tariff Act 을 시행했다. 이 법은 밀, 면화, 고기, 공산품에 대한 관세를 40퍼센트 정도 인상하는 조항을 담고 있었다. 이로 인해 미국의 위기가 국제 무역 부문으로 전파되었고, 미국의 조치로 피해를 입은 국가들도 서둘러 보복조치를 취했다.

경제위기는 또한 수출국을 위험에 빠뜨린 원자재의 위기를 가져왔다. 라틴 아메리카에서는 원자재의 가격이 1929~33년에 위기 전의 3분의 1 수준으로 폭락했다. 무거운 채무 부담으로부터 벗어나기 위해 대부분의 라틴 아메리카 국가들이 파산을 선언했다. 아르헨티나만이 이자 지불 중단 조치의 유혹에 굴복하지 않았으나 다른 국가들보다 더 심각한 불황을 대가로 치러야 했다. 돌이켜보면 그러한 조치는 아르헨티나에 과도한 부담을 안겼던 것으로 보인다.

그러나 핵심적 요인은 국제통화체제의 위기였다. 특히 1차 대전의 결과로 발생한 불균형으로 인해 미국 금융 체제의 위기는 유럽으로 빠르게 전파되었다. 독일 채무의 변제 일정을 조정하는 조치가 연속적으로 취해졌다. 1924년의 도스안 Dawes Plan과 1929년의 영안 Young Plan 이 바로 이러한 조치였다. 하지만 1932년에 열린 로잔 회의에서 연합국들은 독일로 하여금 "대가를 지불하게 하는 것"이 무용하다고 판단했다. 그리고 하인리히 브뤼닝 Heinrich Brüning 총리가 사임한 직후에야 독일은 마침내 이미 취해졌어야 할 채무 탕감 조치를 얻어냈다. 그러나 채무 탕감 조치는 너무 늦게 취해졌다.

국제적 자금 지원에 의존하고 있던 독일은 당장이라도 몰락할 처지였다. 자금조달 방안이 없었기 때문에 독일 정부는 위기에 대응하여 재정정책을 시행할 수 없었고(다른 한편으로는 당시의 교조적 금융이론 때문이기도 했다) 이로 인해 총리인 브뤼닝은 '배고픈 총리'라는 별명을 얻었다.

미국 금융 체제 내의 예금자처럼 국제 자본도 취약해 보이는 국가로부터 자본을 거두어들였다. 돈이 이곳저곳에서 미친 듯이 춤췄다. 1931년 5월에 오스트리아의 거대 은행인 크레디트 안슈탈트Kredit Anstalt가 파산하자 헝가리, 체코, 루마니아, 폴란드, 독일의 은행들이 잇달아 파산했다. 그다음은 영국 은행들 차례였다. 영국 은행의 금 보유고는 갑자기 부족한 것처럼 보였다. 1931년 9월 21일에 영국은 금본위제를 폐지했다. 이번에는 달러가 위협받게 되었고 미국 정책 당국은 신중한 입장을 취해야만 했다. 밀턴 프리드먼이 비판한 미국 중앙은행의 대응 부족은 부분적으로는 이러한 이유 때문이었다. 다음은 프랑화 차례였다. 인민전선의 집권은 프랑스에 투자되었던 자본을 떠나게 만들었다.

당시 각국의 통화 당국은 화폐의 금 태환을 가능한 한 유지하면서 예금자들과 투자자들을 안심시키고자 했다. 그러나 각국의 상황을 살펴보면 이러한 체제가 가진 부정적인 측면이 명확히 드러난다. 1931년에 영국이, 1933년에 미국이 그리고 1936년에 프랑스가 금본위제를 포기하자 경제성장이 다시 시작되었고 자본이 몰려왔다! 그러나 1차 대전 이후에 급격한 인플레이션으로 고통을 당한 기억이 생생했기 때문에 심각한 디플레이션에도 불구하고 각국의 중앙은행들은 금본위제에 대한 교조적 믿음을 쉽게 버리지 못했다. 이것은 시대의 역설이었다.

케인스의 일반이론

        어떤 정부도 1929년 위기의 본질을 제대로 이해하지 못했다. 대부분의 정부는 공공 재정 균형과 금 태환을 유지함으로써 우선 국민들의 신뢰를 회복해야 한다고 생각했다. 그러나 각국 정부의 이러한 정책은 대공황을 더욱 악화시켰다. 이는 마치 몰리에르(17세기 프랑스 극작가) 극에 나오는 의사들이 치료를 한답시고 환자의 피를 뽑음으로써 환자를 더욱 쇠약하게 만들고 심지어 죽음으로까지 몰아넣는 것과 같은 것이다. 경제학자들은 케인스의 『고용, 이자 및 화폐에 관한 일반이론』의 출간을 통해 마침내 거시경제 균형이라는 새로운 목적의 사고 틀을 갖게 되었다.[63]

        19세기 초 프랑스의 경제학자 세이 Jean Baptiste Say의 이름을 딴 '세이

---

[63] J. M. Keynes, *Théorie générale de l'emploi, de l'intérêt et de la monnaie*, 1936, trad. française, Paris, Payot, 1942.

의 법칙'은 "공급은 자기 스스로 수요를 창출한다"는 단순한 문구로 요약할 수 있는데, 케인스는 바로 이 경제 원리를 정면으로 반박하고 나섰다. 세이의 주장에 따르면 사람들이 재화를 판매하는 것은 다른 재화를 구입하기 위해서였다. 내가 나의 노동, 나의 닭, 나의 자동차를 판매한다면 그것은 나의 새로운 수요를 충족시키기 위한 것이었다. 따라서 수요와 공급은 서로 직접적으로 연결되어 있으며, 이 사이에는 어떠한 불균형도 지속될 수 없었다.

세이의 법칙에 대한 비판을 이해하기 위해서 무인도에 혼자 사는 로빈슨 크루소와 시장 경제에서 활동하는 기업 간의 차이를 생각해보자. 우선 로빈슨 크루소가 자신이 사용할 낚싯대의 수가 부족하다는 것을 알았다고 가정해보자. 그는 현재 가지고 있는 장비를 이용해 계속해서 낚시질을 할 것인가, 아니면 자신의 시간을 '투자해서' 새로운 낚싯대를 만들 것인가 하는 단순한 딜레마적 상황에 처하게 된다. 후자를 선택한다면 그는 낚시할 시간을 빼앗길 것이다. 그런 만큼 그의 소비는 줄어드는데, 이것이 바로 저축이라고 부르는 행위이다. 따라서 로빈슨의 경우 투자를 하는 것과 저축을 하는 것이 분리될 수 없다. 그는 오늘 소비를 줄이면 내일 소비가 증가한다는 것을 알고 있다.

그러나 이러한 동시성은 시장 경제의 틀에서는 사라진다. 개인들이 소비를 줄이고 저축을 늘릴 때, 그들은 로빈슨처럼 저축의 열매를 나중에 소비할 것으로 기대한다. 내일로 연기된 소비가 더욱 큰 소비로 돌아오기 위해서는 저축을 투자해야만 한다. 하지만 오늘 물고기의 수요가 줄어든 것을 본 어부는 수요가 내일 증가할 것인지를 놓고 고민한다. 물고기 판매가 줄었는데도 그는 새로운 낚싯대를 주문하는 투자를 할 것인가?

그가 내일 소비가 증가하지 않을 것이라고 보고 이를 걱정한다고 생각해보자. 이러한 걱정을 하게 되면 그는 틀림없이 애초에 계획했던 것 이하로 투자를 할 것이다. 이제 불균형이 발생하게 된다. 소비는 줄고 투자도 줄어든다. 이론적으로 거시경제 수준에서 이러한 불균형은 충분한 저축의 결과 이자율을 낮추고 기업들의 투자를 자극해야 한다. 케인스는 이러한 이론적 추론에 반대해서 다른 메커니즘의 작동을 주장했다. 소비와 투자가 줄어들면 기업은 고용을 줄이게 된다. 해고로 인해 가난해진 가계는 소비를 더 줄인다. 이러한 침체된 분위기는 기업들의 투자를 더 위축시킨다. 최의 불균형은 더 큰 규모로 확대된다. 새롭게 형성되는 균형은 저고용의 균형이 될 것이다.

세이의 법칙에 대한 케인스의 비판은 단순하게 공식화할 수 있다. 소득을 지출하는 것은 소득이 이미 있다는 것을 가정하고 있다. 그런데 실업자는 임금을 받지 못하므로 지출할 능력이 없다. 암묵적으로 세이의 법칙은 실업자가 계속 지출을 한다는 것을 가정하고 있다. 현대적 용어로 이야기해보면 다음과 같다. 만일 실업자가 자신의 실업

상태를 일시적이라고 기대할 경우에는 계속해서 지출을 할 것이다. 그러나 실업자가 자신의 지출을 실제적 소득에 맞추어 줄이기 시작하면 악순환이 발생한다. 소득 감소는 지출 감소를 유발하며 이것은 기업으로 하여금 생산한 재화의 판로를 줄이고 고용을 줄이도록 만든다. 이것이 바로 케인스의 승수이론이다.

케인스의 유산

"부자의 저축은 그를 천국으로 인도할 것이다. 도덕, 정치, 문학, 종교가 모두 저축의 찬양이라는 거대한 음모에 일조하고 있다."[64] 1920년대에 케인스가 쓴 글들을 보면 그가 당시의 불균형에 대해 어떤 시각을 가지고 있었는지 이해할 수 있다. 그가 보기에 모든 문제는 검약에 길들여진 인류가 자본주의가 제공한 부를 소비할 줄 몰랐기 때문에 발생했다. "저축의 원리는 극단으로 가면 생산의 동기를 파괴할 것이다. 만약 각자가 소박한 음식, 허름한 옷, 누추한 집에 만족한다면 다른 종류의 음식, 옷, 집은 존재하지 않게 될 것이다."[65]

---

[64] J. M. Keynes, *Essays in Persuasion*, essais publiés par Keynes dans les années vingt, et réunis en 1931. Réédités par Norton & Co, New York, 1963.
[65] 리카도와 이와 같은 논쟁을 벌였던 맬서스를 케인스는 여기서 부활시켰다. 맬서스의 논리는 다음과 같이 요약할 수 있다. 즉 노동자들은 먹는 데 급급하고 자본가들은 저축을 하며 토지소유자들은 돈을 쓴다. 따라서 토지소유자들이 사라지면 아무도 소비하는 사람이 없어 자본주의 기계는 무한대로 부를 축적하게 될 것이다. 그로 인해 판로가 끊기면 축적은 어느 날 멈추게 될 것이다. 그러나 리카도가 맬서스에게 한 대답은 매우 단호했다. "맬서스는 저축하는 것이 소비하는 것임을 모르는 듯하다." 리카도의 설명에 따르면, 경제 주체들이 저축을 하는 것은 증권을 사거나 금을 사는 것(쌓아두는 것)을 의미한다. 만약 증권을 산다면 그것은 재정지출 재원을 마련하기 위해 정부가 발행한 것이거나 혹은 투자 자금을 조달하기 위해서 기업이 발행한 것이다. 이 두 경우 모두 저축은 지출을 의미한다. 만약 금을 사서 금고에 쌓아둔다면 그것은 '보석'을 사는 것과 같으므로 세이의 법칙에 아무런 변화도 주지 않는다.

그러므로 저고용으로부터 탈출하기 위한 해결책은 간단하다. 무슨 수를 쓰더라도 소비를 늘리면 되는 것이다. 이를 위해서는 실업자를 고용해서 아침에 땅을 파게 하고 오후에 그것을 메우게 하는 일이라도 해야 한다. 위기의 승수효과를 막기 위해서 더 좋은 것은 경제 주체의 고용과 소득 간의 관계를 끊는 것이다. 만일 이 둘의 관계를 끊는다면 실업상태에 빠졌다고 해서 곧 소비가 감소하지는 않을 것이다. 즉 승수효과는 줄어들고 경제는 안정을 찾을 것이다.

이것이 케인스가 대공황으로부터 이끌어낸 교훈이다. 그가 설명한 승수이론이 1930년대의 위기를 진정으로 설명하는 이론인지는 확실하지 않다. 금융도 매우 중요한 요인이었다. 그러나 방치된 자본주의가 비록 매우 불안정하기는 하지만 적절한 경제 정책으로 이를 조절할 수 있다는 생각은 정책 당국을 흥분시켰다. 전쟁 후에 정치인들은 경제를 안정시키기 위해 케인스의 해결책을 지침서로 삼았다. 그가 제시했던 생각, 즉 저축보다 소비를 늘려야 한다는 것이 그의 주된 성공 요인은 아니었다. 그의 이론은 이후 복지국가의 수립을 위한 기초가 될 것이었다.

8장

황금시대와 그 위기

LA PROSPÉRITÉ
DU VICE

영광의 30년

1946년에 프랑스 서남부 케르시 지방의 작은 마을인 뒤엘Duelle에서 주민들은 1킬로그램의 빵, 1킬로그램의 설탕, 1킬로그램의 버터, 1킬로그램의 닭고기를 사기 위해서 각각 24분, 45분, 7시간, 8시간을 노동해야 했다. 당시 가계 전체 소비에서 식료품이 차지하는 비중은 4분의 3에 달했다. 식료품 중 반은 빵과 감자였다. 당시 사람들은 평균적으로 일주일에 한 번 고기를 먹을 수 있었다. 버터는 거의 구입할 수 없었다. 식료품 이외의 소비지출에서 반 이상은 옷을 구입하기 위한 것이었다. 한편 군복무를 제외하면 대부분의 주민들은 여행으로 신혼여행이나 몇몇 성지순례만을 할 수 있었다.

30년 후 뒤엘 마을의 농업 생산성은 12배 상승했다. 1킬로그램의 버터를 사려면 단지 1시간 25분의 노동으로 충분했다. 주민의 직업구성도 크게 변했다. 1946년에 마을 주민은 534명이었는데 그중 208명이 농민, 12명이 비농업 노동자, 27명이 장인, 32명이 서비스업에 종사하고 있었다. 1975년에 마을 전체 주민은 670명이었는데 그중 농민의 수는 53명으로 크게 줄었다. 그 외에 35명이 비농업 노동자, 25명이 장인, 102명이 서비스업에 종사했다. 한편 1946년에는 한 살 이하의 영아가 사망한 경우는 연간 2명이었는데, 1975년에는 2년에 1명(연간 0.5명)으로 감소했다. 20세 청년의 신장은 1946년에는 165센티미터였는데 1975년에는 172센티미터가 되었다. 또한 1946년 무렵에는 3채의 신규 주택을 건설하는 데 20년이 걸렸지만 1975년에는 한 해에만 50채의 신규 주택이 건설되었다. 자동차의 수도 1946년에는 마을 전체에 5대였는데 1975년에는 300대로 늘었다! 이러한 예는 수없이 많다. 텔레비전 수는 2대에서 200대로 늘어났다. 세탁기는 하나도 없었는데 200대로 늘어났고, 냉장고는 5대에서 210대로 늘어났다.

이제는 고전으로 여겨지는 장 푸라스티에Jean Fourastié의 『영광의 30년Les Trente Glorieuses』은 바로 이 유명한 예로 시작한다.[66] 이 마을뿐 아니라 프랑스 전역이 2차 대전 이후부터 1970년대 중반의 30년 동안 이러한 변화를 겪었다. 뒤엘의 경우와 같이 프랑스는 극도로 짧은

---

[66] Jean Fourastié, *Les Trente Glorieuses*, Paris, Fayard, 1979; nouv. éd. Hachette Littératures, coll. "Pluriel", 2004.

기간에 현대 경제 발전의 모든 단계를 경험했다. 즉 농업 경제에서 제조업 경제로, 제조업 경제에서 다시 서비스업 경제로 전환되었던 것이다.

20세기의 거대한 희망

뒤엘의 경우는 경제의 핵심적 자원이 주로 음식을 먹는 데 투입되던 사회에서 휴가를 떠나고 텔레비전을 시청하는 사회로 전환하는 모습을 잘 보여준다. 이러한 예를 통해 푸라스티에는 자신의 생각을 드러냈는데, 이는 영국의 경제학자 콜린 클라크 Colin Clark가 앵글로색슨 국가들에서 관찰한 것과도 같은 것이었다. 현대 세계는 농업 사회에서 제조업 사회로 전환한 것에 멈추지 않고 현재는 세 번째 단계인 서비스업 사회로 전환하고 있다. 1948년에 출간된 그의 첫 저작 『20세기의 거대한 희망 Grand Espoir du XXe siéle』에서 푸라스티에는 진보적 변화라고 여겨지는 현상을 이미 지적한 바 있다. 여기에서 그는 "인류의 노동이 육체노동에서 정신노동으로 전환하고 있다"고 말했다.

1820년에 서비스업은 전체 고용의 15퍼센트를 차지했다. 오늘날에는 그 비중이 전체의 4분의 3 수준에 이르고 있다. 이러한 변화를 어떻게 설명할 수 있을까? 알프레드 소비는 이러한 변화의 특징을 고용의 '배출'이라고 불렀다. 의사나 미용사의 노동보다 공장 노동자의 노동을 로봇으로 대체하는 것이 훨씬 쉽다. 따라서 그는 노동이 제조업을 떠나 기계화하기 어려운 인간 활동으로 이동하는 것은 자연스러운 일이라고 생각했다.

푸라스티에가 자신의 책 서문에서 자랑스럽게 이야기한 "전세계를 순회하는 미용사"의 예는 이러한 이론을 잘 설명하고 있다. 미용사는 구체제의 이발사와 거의 같은 일을 한다. 이 직업은 예컨대 직물 산업보다 더 낮은 속도로 생산성이 증가한다. 그러나 몇 세기가 지나도 미용사의 급여는 장인이나 노동자의 급여와 비슷한 수준을 유지해왔다. 기술 진보에 아무런 기여를 하지 않은 미용사들도 공장 노동자와 마찬가지로 생산성 증가의 혜택을 누려온 것이다. 또한 사람들이 미용 서비스를 계속해서 원하는 한 그들은 사람들의 부가 증가하는 것에 맞추어 요금을 올릴 수 있으며, 공장 노동자와는 달리 로봇이 자신들을 대체할 것을 우려하지 않아도 된다. 그들이 두려워하는 것은 다른 노동자들과의 경쟁이다. 하지만 미용 요금의 수준이 일반 노동자들의 평균 급여 수준에 맞추어지는 한 이 직업에 대한 경쟁은 그리 높지 않을 것이다. 이것이 장 푸라스티에가 이야기한 거대한 희망의 밑바탕이다. 그는 결국 사람들에게 없어서는 안 될 일자리만이 살아남을 것이라고 생각했다. 이것은 매우 훌륭한 소식이다.

미국의 경제학자 윌리엄 보몰 William Baumol [67]은 자신의 책에서 비슷

---

[67] W. Baumol and W. Bowen, *Performing Arts: the Economic Dilemma*, The Twentieth Century Fund, 1966.

한 추론을 통해 공연 예술의 몰락을 예언했지만 오히려 그 반대였다. 사실 공연 예술(연극, 실내악 등)은 미용실과 마찬가지로 기술 진보가 거의 일어나지 않는 분야이다. 보몰이 말했듯이 리처드 2세가 '왕들의 죽음에 관한 슬픈 이야기'를 하는 데는 어제나 오늘이나 동일한 시간이 걸린다. 그러나 미용사와는 달리 공연 예술의 배우는 영화, 텔레비전, DVD와 같이 기술 진보의 혜택을 누리는 매체들과 직접 경쟁해야 한다. 더욱 저렴한 대체 오락물을 즐기기 위해 소비자들은 공연장을 떠난다. 여기에서의 교훈은 간단하다. 살아남기 위해서 기술 진보를 이용하든가 기계화가 불가능한 분야에서 일하는 것이다. 그 중간에 위치한 공연 예술은 상황이 가장 나쁘다. 이와 같이 산업 구조에서 서비스업의 비중이 증가한다는 것은 기술집약적이거나 기술이 전혀 사용되지 않는 극단적인 부문들이 유리해진다는 것을 의미한다.

영광의 30년 이후

장 푸라스티에의 저서가 출간된 후 많은 세월이 흘렀다. 수치만으로 보면 100년 전에 고용이 농업에서 제조업으로 이동했던 것처럼 그동안 제조업에서 서비스업으로 산업구조가 변화했다는 것에는 의문의 여지가 없다. 『영광의 30년』이 출간된 지 30년이 지난 2006년에 미국의 전체 고용에서 제조업이 차지하는 비중은 10퍼센트라는 상징적 수준 이하로 떨어졌다.

그러나 오해해서는 안 될 점은 서비스업의 비중이 커진 경제라고 해서 재화가 완전히 사라진 세계는 아니라는 것이다. 물론 물건을 생산하는 데는 이전보다 비용이 더 적게 들고 생산을 위한 고용도 감소했다. 하지만 생산되는 재화 자체의 수는 이전과 같은 속도로 꾸준히 증가하고 있다. 재화는 서비스 사회에서조차도 귀찮을 정도로 많다. 계속해서 그것들을 이동시켜야 하고 수리해야만 한다. 서비스 중심의 세계에서 제조업 고용은 감소하지만 제품을 운반하거나 수선하는 데는 노동자들이 여전히 필요하다. 여성 노동자들은 주로 계산원이나 판매원으로 고용된다. 실제로 재화의 세계는 여전히 건재를 과시한다.

신체적 고통을 겪고 있거나 무거운 물건을 나르는 일에 불평을 하는 노동자들이 꾸준히 증가하는 데서 알 수 있듯이, 어쨌든 신체적 고단함에서 벗어난 노동이라는 거대한 희망은 확실히 실현되지 않았다.[68] 실제의 서비스 사회는 푸라스티에가 꿈꾸었던 천국과는 매우 거리가 멀다. 서비스 사회는 그 이름에서 드러나듯이 고객의 독재 아래 놓인 사회로서 때로는 고용주가 아니라 고객들이 진정한 명령자가 된다.[69] 인간화된 사회에 대한 희망은 하나의 미몽에 불과했던 것이다. 즉 서비스 사회란 지연된 서비스를 참지 못하는 고객들이 강요한 '늦지 않고 제때에juste à temps'의 독재 사회이다.

시대의 변화

영광의 30년 동안에 이러한 상황이 줄곧 지속될 것이라고 사람들이 믿었다는 사실은 다소 이해하기 어렵다. 장

---

[68] Philippe Askenazy, *Les Désordres du travail*, Paris, Le Seuil, coll. "La République des idées", 2004.
[69] Eric Maurin, *L'Égalité des possibles*, Paris, Le Seuil, coll. "La République des idées", 2002.

기적 추세에 관해 잘 아는 경제학자들조차 당시에는 경제가 오랫동안 같은 속도로 성장할 것이라고 믿었던 듯하다. 그러나 이전에 프랑스 경제가 영광의 30년 시기의 성장 속도에 근접했던 적은 한 번도 없었다. 1차 대전 직후의 어려웠던 시기를 제외해도 프랑스 경제의 성장률은 오늘날 사람들이 저조하다고 여기는 연간 2퍼센트 이하의 수준이었다. 어떻게 프랑스 경제가 그렇게 오랫동안 연간 5퍼센트의 속도로 성장할 수 있었을까?

푸라스티에는 그 시대가 닫힐 운명에 처한 괄호와 같다는 사실을 충분히 인식하고 있었다. 그의 설명에 따르면 경제는 이러한 속도로 계속해서 성장할 수 없었다. 왜냐하면 빠르게 증가하는 대량의 재화를 사람들이 모두 소비하는 것은 불가능했기 때문이다. 그러나 이 지점에서 푸라스티에는 자신이 자주 비난해왔던 실수를 하고 말았는데, 그것은 인간의 물질적 욕망에는 한계가 있다는 것이었다. 하지만 그의 생각과 달리 인간의 위는 영양분이 잘 공급된다면 얼마든지 늘어난다는 특징을 지니고 있다. 따라서 이 설명은 인정을 받지 못했다. 다만 푸라스티에가 제시한 또 다른 이유에 대한 설명은 오늘날 크게 부각되고 있다. 그것은 무한대의 성장, 특히 제3세계의 성장이 일어난다면 자원의 고갈, 지구의 생태적 위기라는 새로운 문제가 발생한다는 것이었다. 이로 인해 석유 가격은 급격히 상승할 수 있었다. 그의 예측은 로마 클럽이라는 유명한 예측 기관이 1973년에 출간한

제로 성장에 관한 보고서를 떠올리게 한다.

그 이후 경제학자들은 영광의 30년이 끝날 수밖에 없었던 이유를 푸라스티에와는 다르게 판단하고 있다. 그들은 유럽 국가들이 미국 경제를 충분히 추격했기 때문에 영광의 시기가 끝났다고 보았다. 즉 장기적 경제성장 시기는 유럽 국가들이 미국 경제를 추격하는 시기였다는 것이다. 1945년에 프랑스의 1인당 국민 소득은 미국의 3분의 1을 겨우 넘는 수준이었지만 1975년에 와서는 75퍼센트까지 추격했다. 이러한 추격이 당시 경제성장의 원동력이었다. 프랑스의 연간 5퍼센트 성장은 미국을 따라잡는 데 30년이 걸린다는 것을 의미했다. 만약 프랑스가 연간 10퍼센트로 성장했더라면 15년 만에 미국을 따라잡았을 것이다. 그러나 어느 누구도 프랑스의 장기적 성장 능력에 대해 미리 알 수는 없었을 것이다. 다만 선두 국가의 모방을 통한 성장은 영원히 지속될 수 없다. 일본은 이와 관련해 1990년대에 쓰라린 경험을 한 바 있다. 중국과 인도 역시 선진국들과의 큰 격차가 그들의 빠른 성장을 견인하고 있다. 하지만 그들이 선진국의 수준을 따라잡게 되면 성장은 필연적으로 힘들어질 것이다.[70]

높은 수준의 기술과 조직 운영 능력을 이미 축적하고 있는 국가를 따라잡는 것과 지식의 최전선에 이른 후에도 빠른 성장을 지속하는 것은 다른 일이다. 같은 기간에 미국의 성장은 자국의 과거 평균 수준과 비교했을 때 꾸준하다고 평가할 수 있지만 연평균 2.5퍼센트 수

---

[70] 성장의 도식을 모방하는 것은 그것을 창조하는 것보다 훨씬 쉽다. 그렇다고 해서 원하기만 하면 누구나 성장할 수 있는 것은 아니다. 분석가들은 오랫동안 중국이나 인도의 경우에는 급격한 경제성장이 불가능하다고 생각해왔다. 하지만 오늘날 이 두 국가는 선진국들을 매우 빠르게 추격하고 있다. 유럽의 경우 생산성 향상을 위해 수많은 대표단이 미국으로 파견되었다. 오늘날 중국에서는 투자자들이 직접 이런 큰 역할을 하고 있다.

준에 그치고 있다. 프랑스의 경제성장이 두 배 수준으로 지속될 수 있다고 믿는 것 자체가 매우 순진한 생각이다. 그러나 거의 모든 동시대인들이 이러한 환상을 품고 있었다. 환상은 프랑스가 정치적으로나 경제적으로 이와 같은 빠른 성장의 해악에서 벗어나는 데 왜 그토록 많은 시간이 필요했는지를 설명해준다.

9장

연대의 종말

LA PROSPÉRITÉ
DU VICE

:: 복지국가의 세기

영광의 30년이 끝나면서 복지국가 체제는 놀라운 변화를 겪게 되었다. 영국 수상 처칠은 2차 대전이 한창이던 1940년 11월에 대공황과 전쟁으로 인한 사회 문제에 영국이 어떻게 대처해야 할 것인지에 대해 방안을 마련하라고 지시했다. 그 결과 1942년에 베버리지 보고서가 발표되었다. 그 보고서에서 베버리지 William H. Beveridge는 인류를 괴롭히는 다섯 가지 재앙인 '질병, 무지, 나태, 불결, 곤궁'에 대해 국가가 사회에 책임을 져야 한다는 원칙을 세웠다. 이 원칙은 지금까지도 우리의 원칙이 되고 있다.

소비의 부족이 사회를 가난하게 만들 수 있다는 케인스의 생각에 크게 영향을 받은 베버리지는 이러한 사회적 지출을 국가가 책임져야 한다고 주장했다. 이러한 이유로 그는 보고서의 제목을 「자유로운 사회의 완전고용Full Employment in a Free Society」이라고 붙였다.

복지국가

복지국가는 엄밀하게 이야기해서 베버리지의 발명품이 아니었다. 복지국가 개념은 1930년대 이전에 이미 존재했다. 자세히 설명하지는 않겠지만 그 근본 원칙 중 하나는 비스마르크의 작품이었다. 비스마르크는 1883년부터 저임금 노동자들을 위한 의무 질병보험을 마련해 노동자들을 대상으로 하는 최초의 사회 법안을 통과시켰다. 그는 다음과 같은 유명한 말을 남겼다. "군주가 국민을 위해 열심히 일하고 있다는 사실을 국민이 깨달을 때 민주주의자들의 피리소리에는 누구도 귀를 기울이지 않을 것이다." 영국, 프랑스, 미국은 모두 1차 대전 직전에 이와 같이 사회 법안들을 통과시켰다.

20세기는 정부의 역할이 크게 확대된 시기였다. 두 번의 세계 전쟁이 중요한 역할을 했다. 우선 전쟁 당시 군비 지출의 확대로 인해 정부는 전 없이 높은 수준으로 증세를 해야만 했다. 그리고 1, 2차 대전이 끝난 후 사회 지출이 서서히 그러나 뚜렷이 군비 지출을 대체했다.

그러나 이와 같은 재정 지출의 확대가 어떤 계획에 따라 이루어진 것은 아니었다. 재정 지출은 정부에 의해 종종 확대되어왔다. 로베르 들로름Robert Delorme과 크리스틴 앙드레Christine André가 보여주었듯이[71] 사회는 점차 교육권, 건강권, 노후 대책 등을 국가에 요구하게 되었는데, 이것은 언제나 국가의 지출 계획 범위를 넘어서는 것이었다. 즉 처음부터 복지국가는 위기 상태에 있었다. 비록 케인스주의가 국가의 지출 확대를 이론적으로 수용할 만한 것으로 만드는 데 기여했지만 사회 지출의 증가는 케인스적인 조정 계획에 따른 것이라기보다 의료 보험, 노후 보험에 대한 국민들의 요구에 응해 이루어진 것이었다.

미국과 유럽의 보건 체제를 비교해보면 복지국가 발달에 있어 국민들의 요구가 훨씬 중요하다는 것을 알 수 있다. 미국 보건의료 지출의 대부분은 민간 보험이 담당한다. 그러나 이러한 지출이 GDP의 15퍼센트 이상을 차지하며, 이것은 유럽의 보건의료 지출보다 50퍼센트나 더 많은 액수이다. 따라서 사회 지출의 증가를 국가(그리고 국가의 지나친 포용주의) 탓으로 돌릴 수는 없다. 정부가 책임지지 않고 있을 때 미국의 민간 보험회사들은 치료와 노년의 수입 보장과 같은 국민들의 요구에 적극 대응하는데, 바로 이 과정에서 사회의 지출액이 결정되는 것이다. 보건의료에 대한 요구는 부유해지는 사회에서 자연스러운 것이다.[72] 민간보험이든 공공보험이든 문제의 핵심은 변하지 않는다. 그러나 지출액 자체는 조정될 필요가 있다. 복지국가를 경멸하는 사람들이 자주 잊어버리는 역설은 이 국가가 지출액 확대보다

:71 Robert Delorme et Christine André, *L'État et l'conomie*, Paris, Le Seuil, 1983.
:72 다음을 보라. Brigitte Dormont, *Les Dépenses de santé, une augmentation salutaire?*, Paris, Éditions Rue d'Ulm, coll. "Cepremap", 2009.

과다 지출 억제를 위한 경찰로서의 역할에 더 충실하다는 점이다.

이 점은 보건의료 지출의 경우 매우 명확히 드러난다. 노벨 경제학상 수상자인 케네스 애로Kenneth Arrow는 1963년부터 이를 분석해왔는데, 그는 의료비 지출이 야기하는 특별한 문제점을 다음과 같이 정리했다.:73 보건의료는 질병에 의한 수요가 서비스 공급자인 의사들의 진단에 전적으로 의존하는 희귀한 경제재이다. 이러한 점에서 장 밥티스트 세이가 이야기했듯이 공급이 수요를 결정한다. 그러나 그 수요는 수요자가 자신이 원하는 바를 알지 못한다는 왜곡된 이유에서 비롯된 것이다. 한 번이라도 자동차 정비사의 정직성을 의심해본 사람이라면 애로가 말하고 싶은 것을 이해할 것이다. 하지만 우리는 자동차를 바꾸듯이 우리의 신체를 바꿀 수는 없다. 일반적으로 어느 누구도 의사의 진단에 감히 반박하지 못하며 의사가 요구하는 대로 지출하게 된다. 미국의 계량 경제 연구들은 이러한 현상의 심각성을 수량화해서 보여주었다. 이 연구에 따르면 한 지역에서 진료를 하는 의사들의 숫자가 10퍼센트 증가하면 그 지역의 의료비 지출은 5.5퍼센트 증가했다. 공급이 자신의 수요를 창출하고 있는 것이다.:74

민간보험이든 공공보험이든 사람들이 일단 보험에 가입하게 되면(누가 돈이 없다고 보험에 가입하지 않고 맹장염으로 죽을 위험을 감수하겠는가?) 애로가 간파한 왜곡된 구조가 강화된다. 환자들은 의사의 진단을 별 반대 없이 수용할 뿐 아니라 보험에 의해 비용이 지불되므로

:73 Kenneth Arrow, "Uncertainty and the Welfare Economics of Medical Care", *The American Economic Review*, 1963.
:74 이 연구들은 아론Henry J. Aaron의 다음 연구에서 인용한 것이다. "Economic Aspects of the Role of Government in Health Care", in *Health, Economics, and Health Economics*, J. Van der Gaag et M. Perlman éd., Amsterdam, North Holland, 1981.

이를 반대할 이유도 없다. 간단히 말해 의료비 지출은 이중 구조에 의해 부풀려지게 된다. 하나는 공급자가 소비자에게 소비할 것을 명령하는 것이고, 또 하나는 그 비용을 제3자인 보험이 지불하는 것이다. 그러나 미국과 비교해보면 유럽의 보건의료가 더 평등하고 더 저렴하다. (미국에서는 4700만 명이 어떠한 사회보험도 갖고 있지 않은 데 비해 유럽의 모든 국가는 거의 모든 국민들에게 의료 보장을 제공한다). 그 이유는 간단하다. 유럽 국가는 방임주의로 일관하지 않으면서 과도한 지출에 제동을 걸고 있다.

:: 세대 간의 딜레마

영광의 30년을 되살릴 수 없다는 사실은 1980년대를 거치면서 점차 확실해졌다. 경제성장의 둔화와 함께 공공 재정의 위기가 찾아왔다. 이로 인해 2차 대전 이후의 황금시대를 통해 형성되었던 사회적 연대는 정작 그것이 진정으로 필요한 시기에 차츰 해체되기 시작했다. 미국의 중산층은 빈민 부조를 힘겨워했으며, 이탈리아에서는 밀라노가 로마를 위한 지원을 원치 않았다. 또한 네덜란드에서는 플랑드르 지역이 왈롱 지역을 돕는 것을 꺼렸다. 성장률의 하락이 복지국가에 끼친 위기의 본질을 이해하기 위해서는 롤레 벨롱Loleh Bellon의 희곡 『그토록 다정한 관계De si tendres liens』를 읽기 바란다.

그토록 다정한 관계

이 희곡에서는 엄마와 딸이 삶의 두 시대를 배경으로 무대에 선다. 첫 번째 시대는 엄마가 젊은 과부이고 딸이 아이일 때이다. 이 시대를 배경으로 하는 모든 대화는 실질적으로 동일한 내용을 담고 있다. 딸은 엄마가 밤에 남자를 만나러 밖으로 나가는 대신 집에서 자신을 돌봐달라고 요구한다. 두 번째 시대는 20년이 지난 후를 배경으로 한다. (그런데 작품은 관객이 어느 시대를 배경으로 대화가 진행되고 있는지 즉각 알 수 없게 구성되어 있다.) 딸은 이제 결혼을 했고 모든 관심이 남편, 자식, 직장을 향해 있다. 엄마는 노인이 되었다. 엄마는 혼자 살고 있으며 이 시대의 대화 역시 한 가지 내용만 담고 있다. 즉 엄마는 딸과 함께 있기를 바라면서 자신을 홀로 두지 않기를 바란다.

이 희곡의 묘미는 이 두 시대가 끊임없이 교체된다는 데 있다. 20년이라는 시간차를 두고 동일한 대화가 오가는데 단지 역할만 바뀐다. 두 여성은 다른 시대에 같은 것을 서로에게 요구한다. 즉 상대방으로부터 사랑받고 싶다는 것이다. 그녀들이 같은 나이였다면 서로에 대한 요구는 지금 이 자리에서 충족될 수 있었을 것이므로 문제는 간단해졌을 것이다. (경제학자들의 용어를 빌리자면) 한 세대가 다른 세대와 서로 사랑하기 어려운 것은 절대로 두 욕구가 동시에 일어나지 않기 때문이다.

벨롱의 희곡은 그녀들의 불만을 잘 보여준다. 각각의 시대에 엄마와 딸이 서로에게 시간을 조금만 더 내주었다면 문제는 쉽게 해결됐을 것이다. 실제로 시대의 차이가 가져온 이러한 굴레에서 벗어나 서로가 서로의 사랑을 확인하는 데는 어떤 대단한 것이 필요해 보이지 않는다. 이 모녀는 세대가 공존하면서 서로가 서로를 사랑하는 대부분의 가족, 다시 말하면 부부가 자신의 자녀와 부모를 사랑하며 세대 간에 유대가 끊어지지 않는 가족을 이루지 못했다. 만약 그렇게 했다면 문제는 발생하지 않았을 것이다.

그러나 이 모녀는 이중적 관계에 사로잡혀 있었기 때문에 그렇게 할 수 없었다. 엄마는 딸이 시간이 흘러 성인이 되면 자신에게서 멀어질 것을 알고(두려워하고) 있었으므로 딸에게 충분한 사랑을 주지 못했다. (그녀는 오히려 딸에 대한 사랑보다도 재혼하기 위해 노력했다.) 자녀가 부모로부터 받은 사랑을 다시 자녀들에게 전하고 부모에게 받은 사랑을 갚기 위해서는 영속적으로 보장된 제도, 즉 '가족'이라는 다리가 존재해야 한다. 이러한 세대 간의 유대가 없을 때에도 물론 사람은 타인을 사랑할 수 있다. 하지만 롤레 벨롱이 보여준 것처럼 지금 바로 여기에서 사랑하지 않는다면 서로에 대한 불만은 계속해서 커질 것이다.

경제적 해석

경제학자들의 차가운 언어로 표현하면 엄마와 딸은 '비효율적'인 사랑 교환에 빠져 있다고 할 수 있다. 각자는 서로를 더 사랑할 수도 있지만 차례로 불행을 겪기만 한다. 경제 분석에서 큰 공헌을 했던 폴 새뮤얼슨Paul Samuelson과 모리스 알래Maurice Allais의 모델은 이 드라마의 작동 기제를 완벽하게 설명해준다.[75]

여기에서 행해지고 있는 논리를 이해하기 위해 무인도에서 홀로 살고 있는 우리의 친구 로빈슨 크루소의 예를 들어보도록 하자. 로빈슨은 장차 나이가 들면 현재보다 물고기를 잡는 능력이 떨어질 것을 알고 있다. 그는 노후를 위해 낚싯대를 많이 만들 수 있지만 이를 맡길 곳이 없다. 피로에 지친 그는 젊을 때만큼 물고기를 잡지 못해 일찍 세상을 뜰 것이다. 그러나 새로운 로빈슨이 파도에 휩쓸려 평균 25년에 한 번씩 이 섬에 온다. 새로운 로빈슨은 이전에 무슨 일이 발생했는지 전혀 모른다. 두 사람은 서로에게 별 관심 없이 고독하게 산다. 젊은 로빈슨은 늙은 로빈슨이 기력이 쇠약해져 물고기를 잘 잡지 못하는 것을 본다. 그는 인간애를 발휘해 늙은 로빈슨을 돕는다. 하지만 롤레 벨롱의 희곡에 나오는 여주인공들처럼 그의 관대함에는 한계가 있다. 그는 자신의 노후를 준비하는 데 더욱 신경을 쓰게 된다. 늙은 로빈슨은 방치된다.

그런데 이 섬에 하나의 강제적인 생활 규칙이 있다고 가정해보자.

---

[75] Paul Samuelson, "An Exact Consumption Loan Model with or without the Social Contrivance of Money", *Journal of Political Economy*, 1958; Maurice Allais, Économie et Intérêt, Paris, Imprimerie nationale, 1947.

규칙에 따라 젊은 로빈슨들은 늙은 로빈슨들에게 자신이 잡은 물고기의 10퍼센트를 무조건 주어야 한다. 표면적으로는 젊은 로빈슨들이 자의적인 이 규칙 때문에 자신이 잡은 물고기의 10퍼센트를 빼앗기는 것처럼 보이지만, 실제로는 이들에게 미래세대와의 유대가 만들어지는 것이다. 이들이 나이가 들면 이번에는 다시 새롭게 무인도에 도착한 젊은 로빈슨들의 소득 10퍼센트를 갖게 될 것이다. 국가(이 법의 이름을 국가라고 하자)가 요구한 부담금은 새로운 세대 간 교환을 가능하게 해준다. 나이든 로빈슨과 젊은 로빈슨 모두 이 방식으로 이득을 얻는다. 가족이 만들어낸 세대 간의 사랑 모습 그대로 각 세대는 후속 세대에게 받을 것을 이전 세대에게 제공하는 것이다. 아쉽지만 『그토록 다정한 관계』에 등장하는 모녀는 이러한 연대감을 갖지 못했다.

이것이 바로 분배에 의한 연금 제도의 작동 방식이다. 은퇴자들은 경제 활동을 하는 사람들이 내는 부담금을 받는다. 성장하는 경제에서 이러한 운영은 매우 매력적이다. 왜냐하면 빠른 경제성장 덕택에 미래의 젊은 세대가 더 부유해진다면 미래 세대 소득의 10퍼센트를 받는다는 조건으로 현재 자기 소득의 10퍼센트를 부담하는 것은 나에게 더 이득이 될 것이기 때문이다. 분배에 의한 연금 제도의 이러한 특징은 왜 영광의 30년 동안 이 제도가 압도적 지지를 받았는지를 설명해준다. 경제성장이 빠를수록 사람들은 더욱 즐거운 마음으로 국가에 부담금을 내려고 한다.

공공 재정의 (새로운) 위기

그런데 기묘한 부조리가 나타났다. 빠른 경제성장으로 사람들은 세대 간의 지속적인 연대 관계가 가능할 것이란 믿음을 갖게 되었다. 복지국가는 연쇄적인 금융적 연대 관계를 만들었고, 이것은 가족을 대체하는 경향을 보이기 시작했다. 재정적인 독립은 자식들이 부모를 부양해야 할 필요성을 예전보다 줄여주었다. 그런데 안타깝게도 복지국가에 의해 창출된 연대 관계는 경제성장이 느려짐에 따라 약해질 수밖에 없었다. 따라서 사람들은 모든 것을 잃게 되었다. 가족 간의 유대는 해체되었고, 복지국가는 재정적 부담에 짓눌리게 되었다.

이러한 추론은 노령 보험뿐만 아니라 1970년대부터 나타난 경제성장의 둔화 추세 속에서 선진국들이 겪어야 했던 공공 재정의 위기를 설명해준다. 케인스 학파의 일반적인 추론과 달리 빠른 성장이 정부의 지출 확대를 가능하게 만들었던 것이지 정부의 지출 확대가 성장을 이끈 것은 아니었다. 빠른 경제성장이 끝나자 복지국가는 지출 프로그램들을 재검토해야만 했다. 정부는 보건, 교육, 군대, 노후보장과 같은 여러 지출 프로그램들을 조정하면서 우선순위를 결정해야 했다. 왜냐하면 경제성장이 둔화될수록 세금과 사회보장 분담금을 거두어들이기가 그만큼 어려워지기 때문이다. 정부는 과거의 도취감에 싸여 세대 간의 영속적 연대가 가능하리라 믿었으나 이제 재정 제약이라는 고통스러운 현실에 눈을 떠야만 했다.

불가능한 행복의 추구

황금시대의 종말과 함께 프랑스 사회가 겪은 절망은 현대 사회의 근본적인 특징을 드러내주었다. 그것은 현대 사회가 성장에 대해 지나치게 집착하고 있다는 것이다. 이러한 집착은 공공 재정의 확대 의지보다 훨씬 강하다. 성장은 개개인의 내밀한 행복에 영향을 미친다. 1975년의 프랑스인들은 1945년과는 비교할 수 없을 정도로 부유했다. 그러나 그만큼 더 행복해지지는 않았다. 현대인들의 행복은 그들이 이룩한 부와 비례하지 않았다. 행복은 어디에서 출발했는가와 상관없이 현재의 성장률이 얼마인가에 의해 결정되었다.

1974년에 경제학자 리처드 이스털린이 이 문제에 관한 논문을 발표했다. 이 글은 큰 반향을 불러일으키면서 경제학자들의 관심을 끌었다.[76] "당신은 행복합니까?"라는 질문에 대한 사람들의 답을 30년에 걸쳐 추적한 그는 이 기간에 놀라운 부의 축적이 이루어졌음에도 불구하고 사람들의 대답이 변하지 않았음을 발견했다. 이러한 역설을 어떻게 이해할 수 있을까?

우선 "행복이란 무엇인가"라는 기본적인 질문을 다시 제기해보자. 이 질문을 받은 사람들은 그 조건으로 언제나 금전적 여유를 먼저 들고 그다음으로 행복한 가족관계, 양호한 건강상태 등을 든다. 1960년에 질문을 받은 미국인 중 65퍼센트가 금전적 여유를, 48퍼센트가 양호한 건강을, 47퍼센트가 행복한 가족관계를 제일의 행복 조건으로 꼽았다. 30년이 지난 후에도 이 수치들은 거의 변하지 않았다. 금전적 여유가 75퍼센트를 차지했고, 행복한 가족관계가 50퍼센트, 건강이라는 대답이 약간 줄어 33퍼센트 정도를 차지했다. 전쟁, 자유, 평등이라는 대답은 10퍼센트 미만으로 더욱 적게 언급되었다. 그 수치는 놀랍게도 국가와 체제를 막론하고 매우 비슷했다. 예를 들어 1960년에 쿠바에서는 동일한 질문에 대한 응답이 각각 73퍼센트, 52퍼센트, 47퍼센트를 차지했고, 유고슬라비아에서는 83퍼센트, 60퍼센트, 40퍼센트를 차지했다.

만일 부가 그와 같이 중요한 행복의 조건이라면 왜 점점 부유해지는 국가의 국민들은 더 행복해지지 않고 있는 것일까?

---

[76] Richard A. Easterlin, "Does Economic Growth Improve the Human Lot?", in Paul A. David and Melvin W. Reder, ed., *Nations and Households in Economic Growth: Essays in Honor of Moses Abramovitz*, New York, Academic Press Inc., 1974.

가장 단순한 설명은 다음과 같다. 소비는 마치 마약과 같다. 10년 전에는 존재하는지조차 몰랐던 재화이지만 이제는 그것 없이는 살 수 없게 된 것들이 많다. 휴대폰, 인터넷은 한번 사용하기 시작하면 살아가는 데 없어서는 안 될 물건이 된다. 소비가 사람들의 종속을 유발하는 것이다. 소비가 가져다주는 즐거움은 순간이지만 그것이 사라질 때 느끼는 좌절감은 매우 크다. 최근에는 이에 대한 실증적 연구도 많이 제시되고 있다. 미국의 대니얼 카너먼Daniel Kahneman과 아모스 트버스키Amos Tversky의 연구, 혹은 앤드루 클라크Andrew Clark의 연구는 소득이 증가할수록 사람들이 행복해지지만, 이러한 증가가 주는 행복은 빠르게 증발한다는 것을 보여주었다. 이 연구들에 따르면, 소득이 증가하면 행복해지지만 2년 후에는 그 행복감의 60퍼센트가 벌써 사라진다는 것이디! 유권자들의 행동을 분석한 결과는 더욱 심각하다. 투표할 때 유권자들은 단지 지난 6개월 정도의 경제적 상황만을 고려한다는 것이다.

그러나 이러한 첫 번째 설명만으로 이 질문이 완벽히 해결되는 것은 아니다. 왜냐하면 같은 사회라 해도 일반적으로 부자들이 더 행복하기 때문이다. 만일 성장에 대한 집착이 행복의 유일한 원인이라면 부자들도 빈민들과 마찬가지로 그다지 행복하지 않다고 느껴야 할 것이다. 하지만 부유한 사람들은 90퍼센트가 매우 혹은 충분히 행복하다고 대답한 반면, 가난한 사람들은 65퍼센트만이 그렇다고 대답했다. 이러한 결과는 많은 연구들에서 재확인되고 있다. 금전적으로 여유가 있는 사람들은 대부분 매우 행복하다. 부의 성장에만 집착한다면 결과는 그와 같지 않을 것이다.

지극히 당연한 이러한 결과는 단순하면서도 영속적인 현상, 즉 질투심이나 부러움에 기인한다고 설명할 수 있다. 사람들은 타인과의 비교 속에서 행복을 느낀다. 마르크스는 이에 대해 이미 언급한 바 있다. "집이 크든 작든 이웃집이 자신의 집과 동일하다면 집의 규모는 중요하지 않다. 그러나 이웃이 대궐 같은 집을 짓기 시작하는 순간 내 집은 코딱지만 하게 느껴진다." 사람들은 동료나 친구들, 즉 자신이 비교 대상으로 삼는 '준거 그룹'을 앞지르고자 노력한다. 실험에 따르면 사람들은 같은 게임을 하고 있는 다른 참가자들의 이익을 줄이기 위해 자신의 이익 중 일부를 포기하기도 한다. 앤드루 클라크는 사람들의 직장 만족도가 동료의 월급과 자주 반비례 한다는 것을 보여주었다![77]

이스털린은 더 최근의 논문에서 왜 부자가 빈민보다 행복한지에 대해서 앞서의 설명을 보완하는 다른 이유를 제시했다. 그에 따르면 모든 것은 학교에서 시작된다. 젊은이들은 그들의 사회적 배경과는 상관없이 서로 비슷한 열망을 지닌 채 성인으로서의 삶을 시작한다.

:77 그러나 질투심이 사람들이 자신과 타인을 비교하는 유일한 요소는 아니다. 앨버트 허시먼은 소비자를 교통체증에 처해 있는 운전자에 비교했다. 옆 차선의 차들이 체증에서 풀려 서서히 앞으로 나아가게 되면 사람들은 자신도 곧 빠져나갈 수 있다는 생각에 우선 안도하게 된다. 하지만 자신의 차선이 조금도 움직이지 않으면 그들은 화가 나게 되고 위험을 아랑곳하지 않고 차선을 바꾸려 한다. 이와 같이 다른 사람과의 비교가 내가 가질 수 있는 것들에 관한 정보를 추측하게 해주는 것을 '터널 효과'라고 한다. 만일 내 이웃이 컬러 TV를 구입하면 그것이 존재한다는 것을 알게 되므로 그것을 원하게 된다. 그런데 만일 그것을 살 돈이 없으면 다른 사람에 대한 증오가 발생할 수 있다. 두 명의 전문가 앤드루 클라크와 클로디아 세닉Claudia Senik이 *27 Questions d' économie contemporaine*, Albin Michel, 2008에서 이와 관련해 조사한 결과를 참고할 것.

무엇을 갖고 싶은지를 그들에게 물으면 그들은 자동차, 집, 정원, 하이파이 스테레오의 순서로 대답할 것이다. 그들이 원하는 것과 그들 부모의 재력은 아무런 관계가 없다. 그러나 성인이 되면 각자는 가난하든 부유하든 원하는 것을 자신이 처한 현실에 맞추게 된다. 시간이 흐르면서 사람들은 자신의 처지에 따라 각기 다른 소망을 가지게 된다. 부자들은 어려서 가졌던 꿈을 실현하는 데 반해 빈민들은 좌절감을 느낀다. 결국 부자들은 더 행복해진다.

이 해석을 받아들인다면 냉소적이지만 다음과 같은 이야기를 할 수도 있다. 즉 부유한 집 아이들은 가난한 집 아이들과 시간을 많이 보내면 보낼수록 더 행복해지므로 그렇게 두는 것이 그들에게 좋다는 것이다. 어릴 때부터 부유층만 사는 곳에 틀어박혀 있으면 이 아이들은 더 행복해질 수 있는 기회를 빼앗기는 것이다. 이 경우 그들의 삶은 빈곤한 아이들처럼 불행해질 것이다.

전체적으로 질투심에 의해서든 꿈에 의해서든 우리들 각자는 우리가 모방하고 싶은 준거 집단에 원하는 것을 맞춘다. 이러한 준거 집단은 어릴 때에는 사촌들, 같은 반 친구들과 같이 사회적 조건이 매우 다양한 집단일 수 있다. 그러나 시간이 흐름에 따라 준거 집단은 사회적 운명을 공유하는 몇몇 친구들로 매우 한정된다. 두 친구의 인생 이력이 달라지면 그 둘이 만나서 같은 활동을 하기가 어려워진다. 한 친구가 부유하고 다른 한 친구가 가난하다면 같은 곳으로 휴가를 가고 같은 식당에서 식사를 하는 것이 쉽지 않다. 이렇게 물질적 운명의 분산은 감정적인 생활을 분할한다.

이러한 결과를 어떻게 평가하든 단순하면서도 명쾌한 결론이 가능하다. 경제성장은 사람들에게 자신의 현 처지에서 벗어나 다른 사람들을 따라잡으며 자신이 원하는 바를 이룰 수 있다는 희망, 덧없는 그런 희망을 준다. 자신의 상황 개선이 행복한 사회를 만드는 것이다. 현대 사회는 부유함보다는 성장을 갈망한다. 가난하지만 성장하는 국가에서 사는 것이 (이미) 부유하지만 정체된 국가에서 사는 것보다 낫다. 프랑스인들이 영광의 30년을 광적으로 환영했던 것도 모든 것이 새로웠기 때문이다. 그러나 다시 생각해보면 행복이란 언제나 새롭게 채워야 할 흰 종이와 같다. 어떤 순간에 경제적 성장이 매우 빠르더라도 성장이 느려지면 그 사회는 다시 좌절감에 빠질 것이다.

에피메테우스, 그리스 신화

자신과 타인의 비교라는 채워지지 않는 욕구는 애덤 스미스의 『도덕 감정론』을 읽어본 경제학자에게는 그리 놀랄 만한 것이 아니다. 그 책의 중요한 결론은 다음과 같다. "우리가 바라는 것은 단지 남들에게 주목받고 존경받는 것, 그리고 관심과 동정심과 인정의 시선을 받는 것이다. 이것은 기쁨이나 만족이 아니라 허영심 때문이다." 그리스 신화의 전문가들도 마찬가지의 생각을 가지고 있었다. 절대 만족시킬 수 없는 이러한 욕구는 인간이 신들에게서 훔쳐간 프로메테우스의 힘을 중화시키기 위해 신들이 인간에게 내린 벌이다. 장피에르 베르낭Jean-Pierre Vernant은 그의 훌륭한 책 『우주, 신, 인간L'Univers, les dieux, les hommes』에서 이러한 신의 복수에 대해 인상적인 이야기를 하고 있다. "프로메테우스가 인간들을 돕기 전에 그들은 동굴 안의 개미처럼 살았다. 프로메테우스 덕분에 인간은 동물과 다르게, 신들과 다르게 문명화한 존재가 되었다. 제우스는 불을 숨겼지만 프로메테우스가 그것을 훔쳤다. 복수를 위해 제우스는 인간에게 치명적인 덫을 놓았다. 즉 제우스는 판도라라는 첫 번째 여성을 만들었다. 물론 여신들이 존재했기 때문에 여자들은 이미 존재했었다. 그러나 판도라는 불멸의 여신들과 같은 아름다움을 갖고 있어서 외모로만 보면 여신들과 같았다. 아프로디테와 같이 빛났으며 밤의 여신 닉스의 딸과 닮았다. 사람들과 신들 모두 그녀의 매력에 빠졌다."

"프로메테우스도 그의 아름다움에 넘어갔다. 그는 즉각 그가 돕고 싶어하던 불쌍한 인간들에게 불행이 닥칠 것을 예감했다. 일이 발생하기 전에 생각하는 자Pro-metheus라는 그의 이름대로, 그는 누구보다 먼저 사태를 파악하고 미래를 내다볼 줄 알았다. 반면에 그의 형제 에피메테우스Epimetheus는 그 이름처럼 일이 발생한 후에야epi 느리게 이해하고 언제나 남에게 설득당하며 무슨 일이 발생할지 전혀 예측하지 못했다."

현대 세계의 비극은 그렇게 해서 시작되었다. 베르낭의 이야기는 계속된다. "따라서 프로메테우스는 무슨 일이 발생할 줄 미리 알고 그의 형제에게 알려주었다. '잘 들어, 에피메테우스. 만일 신들이 너에게 어떤 선물을 보내면 절대 받지 말고 돌려보내.' 에피메테우스는 그러겠다고 굳게 약속했다. 그리고 프로메테우스의 예언과 같이 신들은 가장 매력적인 여성을 선물로 보냈다. 에피메테우스 앞에 신이 인간에게 보낸 선물인 판도라가 서 있었다. 그녀가 문을 두드렸을 때 막 잠에서 깬 에피메테우스는 그녀에게 현혹돼 문을 열어주었고, 자신의 거처로 그녀를 들어오게 했다. 다음날 그들은 결혼했고, 부인이 된 판도라는 인간들 사이에 머무르게 되었다. 그렇게 해서 모든 불행이 시작되었다."

"판도라는 제우스가 사람들의 집에 들여놓은 불이다. 판도라는 어떤 불꽃을 일으키지도 않지만 남자들을 태워버린다. 훔친 불에 대한 복수의 불로 판도라는 남자들에게 불행을 가져왔다. 판도라는 배부르고 싶고 만족하기를 원했다. 그러나 그녀는 현재의 상태에 절대 만족하지 않았다. 여성이 있는 모든 집에는 만족시킬 수 없는 허기, 모든 것을 먹어치우는 허기가 자리 잡았다. 남자들은 밭에서 땀을 흘리지만 여성은 수확한 것을 기생충처럼 먹어치웠다."

그리스인들이 이와 같은 일로 큰 대가를 치른 것 같지는 않다. 이러한 신화에 대해 베르낭은 다음과 같이 평했다. "여성들은 이중적이다. 판도라는 비옥함과 동시에 파괴의 탐욕을 나타낸다. 그녀는 남편이 땀 흘려 노동해서 수확한 것을 다 먹어치우는 배를 가졌다. 그러나 오직 그 배만이 인간의 삶을 연장시킬 수 있는 아이를 낳을 수 있다."

여성에 대한 증오를 제외한다면 이 신화에서 주목해야 할 것은 처음부터 인류의 모험에는 놀라운 진실이 담겨 있었다는 점이다. 현대 세계가 프로메테우스를 사슬에서 해방시켰지만 인류는 여전히 에피메테우스적인 삶을 살고 있다. 즉 인류는 비옥함과 탐욕 간의 팽팽한 긴장 속에서 그 충돌이 가져오는 운명을 너무 늦게야 알게 된다. 실제로 자신에게 가장 유리하도록 철저하게 계산적으로 살고 있다고 믿고 있는 문명도 이러한 운명에서 벗어날 수 없다. 문명은 어떤 일이 발생한 후에야 이를 알게 된다. 서양은 경제의 성장, 위기의 30년대, 영광의 30년을 그 시대에는 이해하지 못했다. 맬서스의 법칙이 그러하듯이, 서양은 매우 자주 법칙들이 소멸한 후에야 자신들을 인도하던 그 법칙들을 이해할 수 있었다. 서양은 우선 행동했고 나중에 이해했다.

10장
전쟁과 평화

LA PROSPÉRITÉ
DU VICE

경기순환 :: 콘드라티예프

사람들의 소망과 그들이 장차 겪게 될 현실 간의 괴리가 평온과 불행을 결정한다. 이를 지정하적 질서의 차원에 적용해보면 다음과 같은 문제가 발생한다. 전쟁은 불행에 의해서 발생하는가, 권태에 의해서 발생하는가, 위기에 의해서 발생하는가, 아니면 번영에 의해서 발생하는가? 20세기의 두 차례의 세계대전은 각기 다른 이유로 벌어졌다. 즉 1차 대전은 번영의 분위기에서 발발했지만 2차 대전은 1929년 위기의 상황에서 발발했다. 각각은 문제의 한 측면을 나름대로 설명하고 있다. 그 성격을 이해하기 위해 60년 전 러시아 경제학자 니콜라이 콘드라티예프Nikolai Kondratiev가 정립한 오묘하면서도 다소 기이한 장기 순환론을 살펴보자. 그는 그러한 장기 순환 현상을 자신의 이름을 따서 '콘드라티예프 순환'이라고 불렀다.[78] 콘드라티예프는 1920년대 말에 스탈린에 의해 강제수용소에 수용되었다. 그 이유는 그의 이론이 자본주의가 점차 멸망해간다는 마르크스주의 이론에 배치된다고 당시 소련 사회가 판단했기 때문이다. 이로 인해 그의 장기 순환 연구는 1차 대전 직후 중단되고 말았다. 그러나 그가 제시한 이론은 매력적이었으며 그것을 미래로 확대 적용해보는 것은 매우 의미 있다고 할 수 있다.

콘드라티예프는 다음과 같은 관찰 결과를 제시했다. 경기는 50년 주기의 순환법칙을 따르는 것 같다. 평균적으로 25년간 성장하고 25년간 침체한 후 다시 25년간 성장하는 방식으로 이 순환은 계속된다. 그는 이렇게 해서 18세기 말의 산업혁명 이후에 세 번의 큰 순환을 거쳤음을 발견했는데 그 시기는 대략 다음과 같다. 1789~1813년의 성장, 1814~48년의 위기와 첫 번째 순환의 마감, 1848~73년의 성장, 1874~98년의 위기와 두 번째 순환의 마감, 그리고 1899~1923년의 성장, 1924~48년의 위기와 세 번째 성장의 마감.

콘드라티예프의 법칙을 연장해보면 1949~73년의 성장, 1974~98년의 위기와 네 번째 순환의 마감, 1999~2023년의 성장, 2024~48년의 위기와 다섯 번째 순환의 마감으로 정리할 수 있다. 이러한 장기 순환에 따르면 우리는 현재 다섯 번째 순환기에 들어선 셈이다. 1998~2023년의 시기는 성장이 이루어지는 전반기이므로 2023년에

---

[78] N. D. Kondratiev, "The Long Waves in Economic Life"는 1925년에 러시아어로 쓴 논문을 영어로 번역한 것이며, 이후 *The Long Wave Cycle*, Julian MK, Snyder éd., Richardson and Snyder, 1984로 출간되었다.

가서야 침체로 돌아선다. 따라서 서브프라임 위기는 이러한 순환법칙에 따르면 착란 현상에 불과하다.

콘드라티예프가 제안한 이런 시기 구분을 진지하게 받아들이는 경제학자는 오늘날 거의 없을 것이다. 그의 장기 순환론은 국가에 따라 잘 들어맞기도 하고 그렇지 않기도 하다. 어쨌든 25년씩 좋았다 나빴다 하는 이유를 과학적으로 이해하기는 쉽지 않다. 그러나 장기 순환론은 그것이 야기하는 지적인 신기함에 관계없이 그 착상 자체가 대단히 매력적이다. 썩 들어맞는 것은 아니지만(1923년으로 예견되었지만 1929년에 발생한 위기, 1998년으로 예견되었지만 현재 벌어지고 있는 위기로부터의 탈출) 장기 순환론은 사회가 숨을 쉬고 있다는 것을 보여주며 이러한 사실 자체는 논의의 여지가 없다. 어떤 사회도 규칙적인 성장이라는 팽팽하게 당겨진 선 위를 따라 움직이지 않는다. 경기의 확장과 침체는 경기 순환과 정치군사적 순환 간의 연관성을 이해하고 싶어하는 사람들에게 매우 중요한 상관관계를 보여준다.

콘드라티예프도 몇몇 우연한 일치에 주목했다. 경기가 호황일 때 전쟁 발발 건수가 많았으며 반대로 경기가 침체될 때에는 평화로운 시기가 많았다. 그는 위기가 성장으로 바뀌는 전환기에 혁명이 발생한다고 생각했다. 2차 대전 후에 가스통 앵베르Gaston Imbert는 그와 같은 콘드라티예프의 이론을 추종했으며, 경기 순환과 정치사회적 과정의 일치를 보임으로써 이 주장을 확증해주었다.[79] 여기에서는 혁명전

---

[79] Gaston Imbert, *Des mouvements de longue durée Kondratieff*, Aix-en-Provence, La Pensée universitaire, 1959.

쟁부터 1차 대전 시기까지를 대상으로 그가 제시한 이야기들을 살펴보자.

첫 번째 순환의 정점인 19세기 초에 유럽인들의 삶은 나폴레옹의 원정에 의해 결정되었다. 그러나 나폴레옹이 워털루 전쟁에서 패배하면서 첫 번째 순환은 성장에서 침체로 전환하기 시작했다. 유럽 내에 평화를 모색하기 위해 메테르니히가 주도했던 빈 회의는 프랑스에서 샤를 10세의 지배로 상징되는 정치적 반동을 가져왔다. 유럽 경제는 물가가 하락하는 장기 디플레이션 상태에 빠져들었다. 디플레이션으로 인해 역사의 추는 금리생활자에게 유리한 방향으로 기울었으며, 그 속에서 채무자들은 고통을 받았다. 국가도 이러한 상황에서 벗어날 수 없었다. 그들의 유일한 정책 목표는 나폴레옹 전쟁 동안 누적된 정부의 채무를 갚는 것이 되어버렸다. 19세기 중반까지 재정과 정치에서 보수주의가 지배했고, 서로가 서로를 강화하는 가운데 국가 간에 평화가 찾아왔다.

1848년에 상황은 역전되었다. 사회 호흡의 박자가 바뀐 것이다. 루이-필립이 쫓겨났고 메테르니히는 도망쳤다. 캘리포니아와 오스트레일리아에서는 금이 발견되었다. 물가는 상승곡선을 그렸고 인플레이션은 마침내 부채를 진 투자자들에게 유리한 환경을 조성해주었다. 동시에 정치도 그 기조가 바뀌어 도덕적 보수주의자들은 야유의 대상이 되었다. 1848~73년에는 마르크스주의가 탄생했으며, 프랑스 혁명에 관한 신화들은 재조명되었다. 사회는 동요했으며 빈 회의의 여세를 몰아 자리를 차지했던 교조주의자들은 물러나야 했다. 그리고 새로운 세대가 등장하게 되었는데, 이들은 1810년에 열 살에 불과했으며 군사적 충돌에 대해 아무런 혐오감도 가지고 있지 않았다. 이 속에서 새로운 전쟁들이 계속해서 벌어졌다. 크림 전쟁, 이탈리아 전쟁, 미국 남북전쟁, 프러시아-덴마크 전쟁, 오스트리아-프랑스 전쟁, 오스트리아-이탈리아 전쟁, 마지막으로 1870년의 프러시아-프랑스 전쟁이 이어졌다.

이러한 상황은 역사의 추가 방향을 바꿀 때까지 지속되었다. 1873년은 콘드라티예프 순환이 침체로 돌아서는 전환점이었다. 위기의 시기가 다시 25년간 지속되었다. 1873~97년의 시기는 종종 역사가들이 '대불황'이라고 부르는 시기이다.[80] 가치 체계가 다시 전환되었다. 전반적으로 유럽에 평화의 바람이 불었다. 전쟁이 계속 발발하기는 했지만 이전보다 빈도가 줄어들었으며 그것도 주로 주변부에서 일어났다. 위기는 소규모 예금자들의 보수주의적 경향을 되살려놓았다. 가스통 엥베르를 다시 인용해보자. "경기 침체의 시기는 이상하리만치 평화로운 시기로 정치적으로나 사회적으로도 너무 평온하다. 경제의 후퇴는 이윤을 줄이고 풍속을 순화한다. 사람들은 덜 이혼하고 아이들을 더 많이 낳으며 더 잘 보살핀다. 낙태도 줄어든다. 물가 하락과 함께 범죄의 발생 건수도 줄고 사회라는 유기체는 안정을 찾

---

[80] Yves Breton, Albert Broder et Michel Lutfalla éd., *La Longue Stagnation en France, l'autre grande dépression, 1873~1897*, Paris, Economica, 1997을 볼 것.

는다."

그러나 새로운 콘드라티예프 순환의 시작과 함께 모든 것이 다시 들썩거리기 시작했다. 1898년에 에밀 졸라와 조르주 클레망소는 드레퓌스 사건을 다시 살펴보기 시작했다. 알래스카와 남아프리카에서는 다시 금이 발견되었다. 증기 기관과 철도의 시대는 자동차와 전기의 시대로 대체되었다. 마치 건망증에 걸린 사람처럼 역사는 다시 선회하게 된 것이다. 사람들은 성장을 찬양하고 전쟁은 다시 시작되었다. 청일전쟁(1894~95), 스페인-미국 전쟁(1898), 보어전쟁(1899), 그리스-터키 전쟁(1897), 러일전쟁(1903~04), 이탈리아-터키 전쟁(1911), 발칸 전쟁(1912), 그리고 1차 세계대전이 발발했다. 1차 대전은 나폴레옹 전쟁에 비견될 만큼 대규모 전쟁이었으며 성장의 정점에서 발생했다.

이와 같이 연속적으로 벌어진 전쟁들은 우리에게 하나의 교훈을 주고 있다. 경제적 순환과 군사적 순환이 긴밀하게 연결되어 있다는 것이다. 1차 대전 때까지 군사적 충돌들은 콘드라티예프 순환의 정점에서 집중적으로 발생했다. 그와는 반대로 위기의 시기에는 국가가 움츠러드는 경향이 있었다. 전쟁과 경제적 번영 간의 이러한 상관관계의 근원은 무엇인가? 그리고 과거와는 다르게 왜 2차 세계대전은 위기의 국면에서 발발했는가?

경제와 정치

전쟁과 경제성장 간의 상관관계에 대해 케인스 학파는 다음과 같은 추론을 내놓을 것이다. 군비 지출의 증가가 기업을 위한 새로운 시장을 창조한다. 따라서 전쟁은 경제적 성장을 가져온다. 이와 반대로 평화는 경기후퇴를 가져온다. 왜냐하면 평화는 군비지출을 줄이기 때문이다. 최초의 미국 케인스 학파 학자인 앨빈 한센Alvin Hansen은 이러한 현상에 주목했고 이로부터 경기의 확장과 침체라는 경기 변동을 없애기 위해서는 두 번째 국면(국가가 전쟁으로 인해 진 빚을 갚기 위해 전쟁 후에 지출을 줄이는 것)을 피하면 된다는 실용적인 정책을 제안했다.

그러나 이 해석은 충분치 않다. 왜냐하면 성장이 전쟁을 야기하는 것이지 케인스 학파의 논리처럼 전쟁이 성장을 가져오는 것은 아닌 듯했기 때문이다. 실제로 가스통 앵베르가 보여준 것처럼, 전쟁은 일반적으로 성장 국면의 초기보다는 말기에 시작되었다.:81 이를 관찰했던 다른 영국인도 이에 대해 "불꽃은 팽창의 두 번째 단계에서 타올랐다"고 말했다. 이것은 전쟁이라는 불꽃이 성장 국면의 후반부에 발생했다는 것을 의미한다.:82 결국 성장이 전쟁을 야기한 것이다.

몇몇 이론들이 이러한 성장과 전쟁 간의 상관관계를 설명해준다. 제국주의 이론도 그중 하나이다. 레닌은 점차 국가 정책을 지배하게 된 부르주아가 원자재 공급을 장악하고 식민지 시장을 개척하기 위해 전쟁을 추동했다고 보았는데, 이 이론은 후에 한나 아렌트Hannah Arendt에 의해 다시 채택되었다. 그러나 후에 슘페터가 강조했듯이 부르주아가 전쟁으로부터 상업적 이득을 취한 것은 사실이지만 부르주아들의 명령에 따라 국가가 전쟁을 벌인 것은 아니었다.:83 국가는 자신을 위해서 전쟁을 벌였고, 그 목적은 더 강한 힘을 획득하는 것이었다. 더구나 경제적 이득이 전쟁의 동기가 된 경우는 경기 팽창기보다는 경기 후퇴기에 더 많았다. 실제로 시장을 보호하는 것이 더욱 절박한 때는 경기 후퇴기이기 때문이다. 보호주의처럼 경제 전쟁은 종종 경기 후퇴 국면에 나타났다.

경제성장이 어떻게 국가의 전쟁 욕망을 키우는지를 잘 설명한 다른 이론도 있다. 이 이론은 『강대국의 흥망』을 써서 큰 성공을 거둔

:81 Gaston Imbert, 앞의 책.
:82 Alec L. Macfie, "The Outbreak of War and the Trade Cycle", *Economic History*, supplément de *Economic Journal*, février 1958.
:83 Joseph Schumpeter, *Imperialism and Social Classes*, New York, Kelley, 1951.

폴 케네디Paul Kennedy의 추론을 따른 것이다.:84 케네디는 경제적 부가 군사적 힘을 과시할 수 있게 해준다고 보았다. 여기에 기초해서 그는 '제국의 과도한 팽창imperial overstretch' 이론을 발전시켰는데, 이에 따르면 강대국이 자신의 지위를 지키기 위해 부를 탕진하게 된다는 것이다. 이 이론은 유럽 국가들의 재정의 역사와 일치한다. 이미 보았듯이 유럽 국가들의 재정은 고가의 새로운 군사 기술이 등장함으로써 발생한 전쟁 비용 때문에 줄곧 어려움을 겪었다. 레닌이 19세기 부르주아들은 국가를 이용해 자신의 시장을 보호하려 했다고 보았다면, 반대로 케네디는 국가가 힘에 대한 열망이라는 자신의 목표를 달성하기 위해 부르주아들을 이용했다고 보았다.

이러한 추론에 따르면 성장의 역할은 분명하다. 성장으로 인해 국가는 예산의 제약에서 벗어나 스스로의 목표를 달성할 능력을 갖게 된다. 국제 교역이 전쟁에 미치는 영향도 같은 이론으로 설명할 수 있다. 다른 국가와 전쟁을 벌일 가능성을 가진 한 국가가 교역을 통해 자원의 공급처를 확대할 수 있게 되면 새로운 전쟁이 발발할 가능성은 더욱 높아진다. 필립 마르탱과 그의 공저자들은 연구 끝에 이러한 결론에 도달했는데, 이것은 몽테스키외의 낙관적인 생각과는 다른 것이다.:85

:84 Paul Kennedy, *The Rise and Fall of the Great Powers*, trad. française, *Naissance et déclin des grandes puissances*, Paris, Payot, 1989.
:85 Philippe Martin, Thierry Mayer et Mathias Thoenig, *La mondialisation est-elle un facteur de paix?*, Éditions Rue d'Ulm, coll. du Cepremap, 2006.

개인의 행복, 공공의 행복

조지프 슘페터는 자본주의가 유럽 국가들의 전쟁에 책임에 있다는 레닌의 주장을 다음과 같이 비판했다. 그가 보기에 식민지 확장과 호전주의는 일반적으로 자본주의 체제로 인해 나타난 불가피한 결과가 아니다. 그보다는 유럽의 주요 강대국 지도층에 강하게 각인된 자본주의 이전 시기의 심성 중 일부가 여전히 살아남아 작동한 결과이다. 슘페터는 자본주의의 본질을 '합리성과 이익추구'로 보면서 자본주의 자체가 정복과 전쟁을 야기한다고는 생각하지 않았다.

전쟁이 서로 다른 형태의 심성이 충돌하면서 발발한다는 생각은 매우 그럴듯하다. 그러나 슘페터가 무시하고 있는 것은 이러한 심성이 자주 같은 개인 안에서도 모순적인 형태로 공존한다는 점이다. 열정이 없는 냉철하고 합리적인 호모 에코노미쿠스Homo economicus는 애덤 스미스조차 받아들이지 않았던 하나의 픽션에 불과하다. 앨버트 허시먼은 자신의 책 『열정과 이해관계』의 결론에서, 사람들의 행동을 판단하기 위해서는 "이해관계에 따르는 것이 마땅한 일일지라도 열정을 고려해야 한다"는 17세기 프랑스의 레츠 추기경cardinal de Retz의 말을 참고하라고 슘페터에게 냉소적으로 말했다.

다른 책 『개인의 행복, 공공의 행동』에서 허시먼은 경제적 상황에 따라 사람들이 가치체계를 어떻게 바꾸는지 설명하는 이론을 제시했다. 그의 이론은 행복에 관한 이스털린의 이론과 일맥상통한다.[86] 허시먼에 따르면 개인들은 두 종류의 재화를 소비한다. 관습적인 개인적 소비재는 주거, 의복, 식료품, 여가 등이다. 그리고 공공의 재화는 개인들이 다른 사람과 공동으로 소비하는 재화이다. 모든 대규모 집단 프로젝트가 이러한 범주에 들어가는데, 여기에는 빈곤에 대한 투쟁, 달 여행, 전쟁 등이 포함된다. 허시먼은 이스털린과 마찬가지로 사람들이 집단적 재화보다 개인적 재화를 더 좋아하는지 여부는 부의 수준에 의해 결정되지 않는다고 생각했다. 그는 개인의 기대와 그 실현 간의 간극이 이를 결정한다고 보았다. 알프레드 소비의 수치를 사용하자면 가처분 소득이 3분의 1만큼 갑작스럽게 줄면 사람들은 매우 불행해질 수 있으며 마찬가지로 가처분 소득이 예상치 못하게 3분의 1만큼 상승하면 사람들은 극도로 행복감을 느낀다. 만일 부가 사람들의 기대 수준 이하로 떨어지면 사람들은 좌절감을 느끼면서 가난해졌다고 생각하며 개인주의적이게 된다. 이와 반대로 기대했던 것보다 부가 더 많아지면 사람들은 우연히 굴러든 그 잉여분을 다른 사람들과 쉽게 공유한다. 공공재가 더욱 매력적이게 되는 것이다.

따라서 사람들은 사적인 소비재가 충분하고 개인적인 행복이 일시적이라도 충족되는 성장의 시기를 원하며, 그 속에서 집단적 행복감을 느낀다. 이와 반대로 경제성장이 느려지고 개인적으로 소비할 수 있는 재화가 희소해지면 사람들은 집단적 재화를 사치품으로 생각한

---

[86] Albert Hirschman, *Shifting Involvements. Private Interest and Public Action*, Princeton University Press, 1982; trad. franaise, *Bonheur privé, action publique*, Paris Fayard, 1983.

다. 그리고 개인의 가치와 가족 내에서의 간소한 즐거움을 찬양한다. 따라서 성경에 나오는 것처럼 살찐 암소 몇 년에서 마른 암소 몇 년이라는 식으로 분위기가 바뀐다. 1960년대가 전자에 속한다면 80년대는 후자에 속한다고 말할 수 있다. 전자의 시기는 집단적인 것을 찬양하며 후자의 시기는 개인적인 것을 찬양한다.

그러나 빠른 성장으로 인해 집단적 행위를 할 수 있는 '사회적 잉여'가 만들어지더라도 그것을 어디에 사용하는가는 각국의 정치사에 따라 달라진다. 황제Kaiser 치하의 독일은 영국에 대항할 수 있는 해군력을 키우는 데 이 잉여를 사용했다. 케네디와 존슨의 미국은 (베트남과 달에서) 소련을 따돌리고 사회적 기본권을 획기적으로 신장시키는 데 이 잉여를 사용하려고 했다.

경제가 침체로 돌아선 시기에는 이와 정반대의 결과가 발생한다. 예상보다 훨씬 미약한 성장을 하는 사회, 더 나아가 심각한 침체를 겪는 사회는 빈곤하다고 느낀다. 잉여는 사라지고 각자는 자신을 먼저 생각하게 된다. 따라서 사회적 연대가 절실한 시기에 그것이 더욱 어려워지는 모순적인 상황이 발생한다. 영광의 30년 이후 나타난 성장률 하락은 정확히 이러한 과정을 보여준다. 사회가 30년 전보다 더 부유해졌음에도 불구하고 지역 간, 세대 간 연대는 사람들에게 더 부담스럽게 느껴진다.

경제의 성장과 침체가 이와 같이 계속 전환하는 가운데 산업 사회의 내적인 취약성이 작동한다. 성장기에 국가와 국민들은 지정학적 염원들을 실현할 수단을 갖게 되는데, 이때 그들은 평화에 대해 조금도 고려하지 않는다. 1차 대전은 이러한 배경에서 발발했다. 위기는 이와 반대로 사회의 응집력을 약화시킨다. 성장 시기에 누적되었던 부에 기대는 것은 경제적으로나 정신적으로 불가능하다. 역사학자였던 어니스트 겔너Ernest Gellner는 이러한 상황을 다음과 같이 완벽하게 정리했다. "지속적으로 성장하는 사회는 물질적 개선을 통해 사회적 고통을 잠재울 수 있다. 그러나 이러한 모델의 가장 큰 약점은 부패한 사회 체제를 유지시키는 자금줄이 마르게 될 때는 더 이상 버틸 수 없을 것이라는 점, 또한 풍요로움이 일시적으로라도 흔들리고 흐름이 끊기게 될 때 찾아오는 정통성 상실을 극복하지 못할 것이라는 점이다."[87]

2차 대전은 완전히 비정형적인 방식으로 이러한 추론을 증명하고 있다. 경제 위기로 침체 상태에 있던 영국과 프랑스는 히틀러가 권력을 차지했을 때에도 전쟁을 원하지 않았다(이러한 모습은 1938년 뮌헨 회담에 참석한 이들 국가의 태도에서 잘 나타난다). 위기는 영국과 프랑스 모두에게서 전쟁을 벌일 의욕을 사라지게 만들었다. 평화와 경기침체는 죽이 잘 맞는 동료인 셈이다. 그러나 히틀러가 남들보다 먼저 이를 이해한 후 독일의 내부 문제 해결을 위해 외부적인 방책을 제시했다는 사실은 인류 역사의 비극이 아닐 수 없다.

---

[87] Ernest Gellner, *Nations et nationalismes*, 1982, trad. française, Paris, Payot, 1989.

2차 대전은 분명히 사람들이 제시할 수 있는 모든 기계적 해석을 뛰어넘는다. 독일인들의 도덕성 상실은 베르사유 조약과 1929년의 위기라는 연속적 사건들에서는 그 객관적 이유를 찾을 수 없다. 그것은 '합리성과 계산'을 벗어난다. 독일의 철학자 에른스트 카시러Ernst Cassirer가 1945년 4월에 말했듯이, "매 순간 과거의 신화적 사고의 부활에 저항하는 사회 비판력, 즉 합리성은 힘을 잃는다. 어떤 이유로든 사회의 응집을 유지시켜주는 다른 힘들이 약해지고 악마의 힘에 맞서 싸울 능력을 상실하게 되면 부활의 나팔소리가 울려 퍼진다."[88] 이미 봉쇄되어버린 역사의 묘비명이었으면 좋을 이러한 언급은 그러나 20세기가 그 문을 닫기 직전에 비극적이게도 현실이 되고 말았다.

:88 Heinrich Winkler, 앞의 책에서 인용함.

3부

세계화의 시간

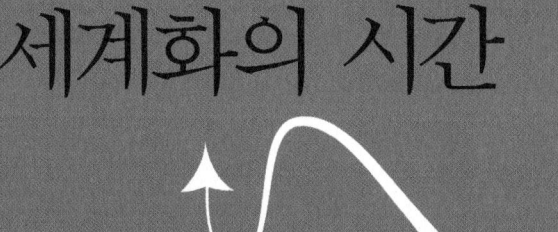

세계를 자신만을 위해 행동하는 개인들에게 맡겨서는 안 된다. 금융 혁명이 일어난 지 25년이 지난 현재 자본주의는 상처를 치유해야 하고 기준을 다시 생각해보아야 한다. 케인스의 교훈을 다시 귀담아 들어야 한다. 그리고 국가의 역할을 신뢰해야 한다.

11장

인도와 중국의 귀환

LA PROSPÉRITÉ
DU VICE

:: 거대한 분기

역사는 다시 움직이기 시작했다. 마오쩌둥의 죽음에서 베를린 장벽 붕괴에 이르는 기간에 세계화라는 새로운 현상이 발생해 인류 역사의 시계를 다시 '원점'으로 돌려놓았다. 세계화를 규정하는 핵심적 현상은 인도와 중국이 세계 자본주의로 귀환한 일이다. 사람들이 생각했던 것과 달리 중국과 인도 역시 자신의 문화적 특수성에도 불구하고 시장의 절대적 영향력에서 벗어날 수 없었다. 이들의 세계 자본주의로의 귀환이 어떤 특별한 결과를 낳았는지를 이해하기 위해 우선 이 두 거대 문명이 왜 과거 300년 동안 유럽 문명에 지배당했는지를 살펴보자. 그다음에 이들이 어떻게 세계 자본주의의 무대에 귀환하게 되었는지 알아볼 것이다.

동양과 서양

헤겔 그리고 마르크스는 아시아가 '동양적 전제군주'의 지배하에 억압받아왔다는 생각을 대중화시켰다. 이러한 사고에 따르면 전제군주 체제로 인해 아시아는 서양처럼 개인의 발의와 대의적 정치기구에 의해 지배되는 근대 사회로 나아가지 못했다는 것이다. 막스 베버 역시 부분적으로 이를 환기시켰다. 그는 서양의 근대화를 경제적 세계와 사회적 삶의 '합리화' 과정이라고 특징지었다. 이 과정에서 공적 영역과 사적 영역이 분리되고 법과 합리성에 기반을 둔 관료주의가 들어선다. 베버는 중국인과 인도인이 활발한 상업 활동을 벌였다는 사실을 잘 알고 있었다. 그러나 그는 서양만이 상업적 관계를 합리적으로 통제하는 방식을 알고 있었다고 주장하면서 그 예로 복식 부기를 들었다.

그렇지만 아시아의 높은 인구 밀도는 이 대륙이 실제로는 유럽에 비해 뒤처지지 않았다는 것을 보여준다. 왜냐하면 맬서스의 논리에 따르면 어떤 사회의 인구가 많다는 것은 그 사회가 인구 증가를 가로막는 농업 문제를 잘 해결했다는 것을 의미하기 때문이다. 산업적 관점에서도 인도의 면직물, 중국의 비단과 도자기는 아시아가 영국보다 공장제 생산에서 앞서가고 있었다는 것을 보여준다. 아시아의 상인들이 인도양을 누비고 다닌 지 한참이나 지난 후에야 영국의 동인도회사가 그들과 경쟁하기 위해 나설 수 있었다. 그러나 영국인들은 초기에는 그다지 큰 성공을 거두지 못했다. 경제사가인 케네스 포머란츠 Kenneth Pomeranz가 저서 『거대한 분기The Great Divergence』에서 강조했듯이[89] 이 지역은 진정한 자유방임의 천국이었다. 인도 코지코드(캘리컷)와 말라카는 유럽의 비슷한 항구도시들보다 훨씬 자유로웠다. 복잡한 다민족 제국이었던 인도의 무굴 제국이나 중국의 청 왕조는 서양인들이 생각하듯이 무능하지 않았으며, 오스트리아의 합스부르크 왕조보다도 더 발전한 문화를 가지고 있었다.

이 두 문명은 유럽을 뛰어넘는 심오함과 풍요로움을 이미 오래전부터 누리고 있었다. 1000년경에 인도와 중국은 전세계의 절반 이상의 인구와 부를 차지하고 있었다. 유럽은 당시 인도나 중국의 10퍼센트 정도를 차지했다. 중국은 거의 모든 영역에서 유럽을 앞섰다. 중국은 이미 철로 된 쟁기와 강철 활을 다루었고 옻칠과 연(사람을 들어 올릴 정도의 것을 포함), 나침반, 종이, 강철, 석유와 천연가스를 연료로 사용하는 법, 마구, 외바퀴 손수레, 내륙 운송을 위한 운하 등을 알고 있었다. 그들이 연금술을 통해 화약을 발명한 것은 유명하다. 또한 그들의 자기학에 대한 높은 지식은 나침반의 발명을 가능케 했으며, 이는 정화鄭和의 아프리카 원정과 같은 위대한 탐험에 기여했다.

조지프 니덤Joseph Needham은 자신의 대표작 『중국의 과학과 문명』[90] 전 7권을 썼는데, 그는 이 모두를 정리해 다음과 같이 질문했다. 왜 갈릴레이와 뉴턴과 같은 근대 과학은 중국이 아닌 서양에서 발전했는

---

[89] Kenneth Pomeranz, *The Great Divergence. China, Europe, and the Making of the Modern World Economy*, Princeton, Princeton University Press, 2000.
[90] 요약판은 *La Science chinoise et l'Occident*, Paris, Le Seuil, 1977.

가? 중국의 과학 발전을 가로막은 방해물은 무엇인가? 중국인은 물시계를 이미 오래전에 발명했지만 기계식 시계의 발명으로는 나아가지 못했다. 그렇다고 그것에 관심이 없었던 것은 아니다. 왜냐하면 유럽인들이 기계식 시계를 보여주었을 때 중국인들은 열광했기 때문이다. 중국인들은 화약을 발명했지만 군사적 목적이 아니라 불꽃놀이에만 사용했다. 그 자체로는 별 쓸모가 없던 화약은 유럽에서 수많은 시행착오를 거친 실험 끝에 매우 유용한 것이 되었다. 대포알 역시 수많은 실험을 거쳐 공격을 하는 사람보다 공격을 당하는 사람에게 더욱 치명적인 무기로 탄생했다.

왜 중국인들은 유럽인들보다 초기 조건이 더 좋았음에도 불구하고 유럽인들과 동일한 성장 과정을 경험하지 못했을까? 다음의 몇몇 설명이 이와 같은 어려운 질문에 답을 하고 있다.

시장과 국가의 모호한 역할

17세기부터 시작된 영국의 경제적 성공을 설명하기 위해 더글러스 노스 등의 연구자들은 제도의 차이를 부각시켰다. 사적 재산의 보호, 빚이 과도하지 않은 국가, 효율적인 시장 등이 영국이 성공한 요인이라는 것이다. 그러나 만일 포머란츠가 제시한 엄격한 논거를 따른다면 이러한 제도는 18세기에 중국에도 존재했음을 인정해야 할 것이다. 따라서 국가나 시장의 발전이라는 요인 중 어느 것도 중국의 지체를 설명하지는 못한다.

자주 제기되는 다음의 주장을 먼저 살펴보자. 즉 아시아와 이슬람 세계에서는 국가가 너무 강력했기 때문에 (부유한) 상인들이 안심하고 상업에 전념할 수 없었다는 주장이다.[91] 그러나 입수 가능한 자료에 따르면 상인들의 부를 국가가 강제로 몰수하는 일이 유럽보다 아시아에서 더 자주 있었다고 볼 수는 없다. 오히려 문서에는 유럽 국가가 상인들에게 진 빚을 갚지 않는 전통을 오래 유지하고 있었다는 것이 잘 나타난다. 실제로 중국에서 국가는 상인들로부터 거의 돈을 빌리지 않았다! 그 이유는 국가가 농업에서 벌어들인 소득이 지출을 감당하기에 충분했기 때문이다.[92] 돈이 덜 필요했으므로 중국 정부는 소금, 담배, 술을 판매하는 것에 대한 일련의 독점권을 상인들에게 별로 부여하지 않았다. 반대로 유럽의 경우 독점권 판매는 흔한 일이었다.

토지와 노동의 사유화에 있어서 아시아가 지체되었다는 주장도 그다지 확실하지 않다. 중국에서 대부분의 토지는 유럽에서처럼 사고

:91 한 기업의 사회적 자본, 법인을 그 기업을 소유한 개인으로부터 분리한다는 생각이 중국에서는 형성되지 않았다. 중국에서의 상업 자본은 가족과 연계되어 있었다. 그러나 이와 같은 '아시아적' 유형의 가족 자본주의는 몇몇 분야를 제외한다면 유럽에서도 오랫동안 지배적인 것이었다. 실제로 유럽인들이 기업법인과 소유주를 구분한 주식회사 형태를 이용한 것은 해외교역을 하기 위해서였다. 어쨌든 영국의 경우 직물업과 철강업 부문은 금융시장으로부터 자금을 조달받지 못했다. 그다지 많지 않은 비용은 가족이 쉽게 감당해주었다. 이 점에 관해서는 Jack Goody, *L'Orient en Occident*, trad. française, Paris, Le Seuil, 1999를 참고할 것.
:92 흔히들 생각하듯이 유럽의 정치적 분열이 국가들 간의 '조세 인하 경쟁'을 야기해 조세수입 감소를 가져온 것은 아니었다. 연구에 따르면 1688년에서 1800년 사이에 영국의 조세율은 15~20퍼센트로 유럽 국가들 중 가장 높은 편에 속했다. 인도의 무굴 제국이 영국과 비교할 만한 조세를 징수했지만 이것은 예외적인 경우였다. 중국은 세금을 두 배 정도 덜 걷었다. 그러나 영국 정부가 많이 징수한 만큼 지출에 있어 다른 국가보다 더 '책임감'이 강했다고 말하기는 어렵다. 유럽 대륙의 두 절대주의 국가인 스페인과 프랑스도 영국보다 조세를 더 적게 거두었다. 어쨌든 영국 정부의 지출 가운데 83퍼센트는 군사비가 차지했다.

팔 수 있는 것이었다. 몇몇 토지 특히 중국 북부 지방의 토지는 이론적으로 국가에 속했고 세습적으로 임대되었다. 그러나 이러한 토지는 전체의 3퍼센트에 지나지 않았다. 또한 이 토지들 역시 실제로는 그곳 농민들의 사유물로 간주되었다.[93]

노동시장의 사정도 마찬가지였다. 중국에서 주인에게 속하는 노예노동은 빠르게 사라졌다. 시기적으로는 서유럽에서 노예노동이 사라진 때와 거의 일치한다. 아들이 아버지와 동일한 직업에 종사해야 하는 세습제 역시 15세기부터 무너지기 시작했다. 청은 이 제도를 1695년에 공식적으로 폐지했다. 명과 청의 전환기(1620년경)에 노예 상태에 있던 노동자들은 전쟁과 혼란, 그리고 이로 인한 노동력 부족을 틈타 자유민이 되었다. 중국 농민들은 실제로 유럽의 농민들보다 더 쉽게 수공업자로 직업을 바꿀 수 있었다. 직물업의 경우 중국의 동업조합들은 힘이 미약했다. 청 왕조는 농촌 여성들이 산업 활동에 나설 것을 적극 장려했다. 프랑스에서는 "프랑스 혁명이 발발하고 나서야 동업조합이 약화되기 시작했다".[94]

'소비 사회'의 영역에서도 유럽이 중국보다 앞섰다고 볼 수 없다. 1400년에서 1800년 사이에 개인의 사회적 지위를 나타내는 고급 소비재는 그 수에 있어서 유럽과 중국이 동일한 수준을 보였다. 명 왕조 시기(1368~1644)에 고위 계층의 중국인 가옥 내부에는 진귀한 그림과 가구가 가득 차 있었다. 사회적 지위가 혈통보다 고급 소비재 구

---

[93] 실제로 유럽의 대부분의 토지는 중국에서보다 사고팔기가 더 어려웠다. 단지 네덜란드, 롬바르디아, 스웨덴 등 일부 지역에서만 매매가 자유로웠다. 포머란츠는 19세기까지도 영국 토지의 58퍼센트는 가계 단위로 소유 구조가 짜여 있어 매매에 어려움이 있었다고 지적했다.
[94] 가장 비옥하고 인구가 가장 적은 토지로의 인구 이동은 유럽의 경우 중국보다 나중에 나타났다. 영국인 청년이 북미의 뉴잉글랜드 지방으로 이주했을 경우 막대한 이득(1700년경에 이주시 12년 정도의 평균 수명 연장)을 얻을 수 있었지만 이러한 이주는 오랫동안 활발히 일어나지 않았다.

입에 의해 결정 에 따라 유럽처럼 중국에서도 '훌륭한 취향'에 관한 책들이 봇물처럼 출간되었다. 이것을 소유하는 것이야말로 귀족들이 자신의 지위를 유지하는 유일한 방법이었다. 귀족들은 이를 위해 파산을 무릅쓰기도 했다. 이 시기에 '사치품에 관한 책'이 출간되었고, 귀족들은 이 책을 보면서 당시에 유행하던 풍조를 따라갔다. 그들은 이런 방식으로 천박한 '벼락부자'들과 자신들을 구분 지으려 했다.

역사와 지리

중국은 14세기에 이미 영국이 400년 후에야 경험하게 되는 것과 매우 유사한 산업혁명을 겪었다. 생산성이 높은 베트남 쌀 재배와 같은 농업혁명 덕분에 중국은 매우 빠른 속도로 도시화되었다. 직물업과 철강업도 발전했다.[95] 중국은 당시 산업혁명이라는 문턱에 서 있었던 셈이다. 또한 중국인들은 오래전부터 공기 압력의 원리를 알고 있었다. 따라서 순전히 기술적인 관점에서 보자면 그들은 증기기관을 만들 능력을 충분히 가지고 있었다. 그런데 중국인들은 왜 이것을 발명하지 못했을까?

포머란츠는 지리적 차이가 유럽과 중국의 운명을 갈라놓았다고 보았다. 중국의 북부와 북서부에는 거대한 양의 석탄이 매장되어 있었고, 중국인은 이미 오래전부터 석탄을 코크스(불순물이 제거된 석탄)

---

[95] 중국은 매우 일찍부터 야금업을 발전시켜 11세기부터는 12만5000톤의 주철鑄鐵을 생산할 수 있었다. 영국은 700년 후에야 이 정도의 수준에 도달할 수 있었다.

로 전환할 줄 알았다. 즉 유럽(러시아 제외)이 야금을 위해 1700년에 생산한 것보다 더 많은 양의 석탄을 중국은 이미 1000년경에 생산하고 있었다. 그러나 14세기 초에 몽고가 침입하면서 석탄 생산 활동은 혼란에 빠지게 되었다. 1420년 이후에는 어느 정도 안정을 되찾았지만 중국에서 인구와 경제의 중심지는 남부로 이동했다. 석탄의 채굴은 북부에서 다시 시작되었지만 이것은 더 이상 사회 혁신을 선도하는 부문이 되지 못했다. 남부의 잠재적인 석탄 사용자들과 북부의 생산자들은 전격적으로 만나지 못했다.

랜디스는 문화적 차원에서 이에 대한 설명을 했다.[96] 그에 따르면 중국은 점차 정치 및 철학의 차원에서 정체주의에 빠졌고 이러한 분위기는 대외교역을 금지시킨 명대에 최고조에 달했다. 몽고의 침입으로 인한 혼란기가 끝나자 명 왕조는 내적 안정성의 유지를 최우선 과제로 삼았고 외부 세계로의 탐험은 부차적인 것이 되었다. 정화가 아프리카로부터 기린과 얼룩말을 들여왔지만, 황제는 이러한 탐험이 비용만 많이 들고 그다지 유용하지 않다고 생각했다.

이러한 정책은 교역과 산업을 위축시켰고 부패와 족벌주의를 조장했다. 에티엔 발라즈Étienne Balazs는 이와 같은 정체적 분위기는 제국을 통제해야 한다는 강박관념에서 비롯되었다고 설명했다.[97] 전체주의 국가처럼 국가는 교역과 교육 등 모든 것을 지배했다. "타성, 전통숭배, 정체적 분위기가 모든 혁신을 의심스러운 것으로 보게 만들었다."

:96 David Landes, "Why Europe and the West? Why not China?", *Journal of Economic Perspectives*, 20(2), 2006, p. 3–22.
:97 Étienne Balazs, *La Bureaucratie céleste*, Paris, Gallimard, 1968.

유럽에서는 강대국 간의 경쟁이 혁신을 자극했던 데 반해 중국에서는 이러한 일이 발생하지 않았다. 내적 안정성에 집착했던 중국은 유럽보다 먼저 시작했던 역동적 혁신을 그만두었던 것이다. 콜럼버스가 아메리카 대륙에 도착하기 수십 년 전에 중국은 안정을 선택했고 안으로 침잠했다. 반면에 유럽은 그 반대의 길을 걷기 시작했다.

중국의 귀환

페르낭 브로델Fernand Braudel은 저서 『문명의 문법』에서 한 영국 여행자가 18세기에 중국을 여행하다가 본 놀라운 일을 말한다. 이 여행자가 놀란 이유는 "순전히 사람의 손으로 배를 운하의 한 수문에서 다른 수문으로 옮기는 것"을 보았기 때문이다. 많은 것을 요약하고 있는 이 일화에 대해 브로델은 다음과 같이 이야기했다. "인간이 중국에서는 그다지 큰 가치가 없다." 바로 이런 이유로 사람들은 오늘날 중국이 국제무대에 (재)등장한 것에 두려움을 느낀다. 별 보수 없이도 일하고자 하는 13억 명의 중국인들을 상상해보라. 이들은 마르크스조차도 상상하지 못했을 거대한 산업 예비군을 형성하고 있다.

중국이 세계와 동떨어진 경제에서 가장 개방된 교역 국가 중 하나로 얼마나 빠르게 전환했는지를 생각해보라. 중국은 미국과 일본에는 아직 미치지 못하지만 독일을 제치고 세계 3위의 거대 수출국이 되었다. 중국은 최대한의 지적 에너지를 발휘해 수출 분야를 발전시켰다(이것은 경쟁자들에게는 파산을 의미한다). 수출품에는 직물, 장난감, 텔레비전, 그 밖에 생각지도 못했던 많은 제품들이 포함되어 있다. 에릭 이즈라엘르비츠Erik Izraelewicz는 큰 성공을 거두었던 책『중국이 세계를 바꿀 때』에서 중국이 수출하는 특이한 상품들의 목록을 제시한 바 있는데, 거기에는 프랑스 페리고르 지방의 송로버섯, 브르타뉴 지방의 화강암 등도 포함되어 있었다.[98]

상품 수출 흑자를 통해 중국은 막대한 외환 보유고를 확보할 수 있었으며 그 보유량은 다른 선진국들을 한참 앞서 석유 수출국들과 비슷한 수준에 이르고 있다. 중국은 프랑스의 GDP에 해당하는 현금을 가지고 있다! 이러한 외환 보유고는 중국을 새로운 강대국으로 만들었다. 중국은 아프리카를 지원하고 국제기구에 분담금을 지불함으로써 자신의 지위를 확보해가고 있다.

중국이 얼마나 빠른 속도로 세계에서 가장 부유한 나라가 될 것인지를 생각해보면 놀랍기만 하다. 2005년에 중국의 GDP는 미국, 일본에 이어 이미 세계 3위이다. 그리고 현재의 속도가 지속된다면 중국은 2030년에서 2050년 사이에 가장 부유한 국가가 될 것이다. 금융 그룹인 골드만 삭스

---

[98] Erik Izraelewicz, *Quand la Chine change le monde*, Paris, Grasset, 2005.

의 예측에 따르면 중국은 그 지위에 2030년이면 도달할 것이다. 프랑스의 국제경제 연구소인 CEPII는 좀 더 신중한 예측을 하고 있다. 부의 크기에 비례해 증가 속도가 감소한다고 가정하면 중국이 세계 1위의 부국에 도달하는 것은 2050년경일 것이다.

이와 같은 대역전극은 명백히 인구의 규모에 기인한다. 1인당 소득의 관점에서 보면 중국은 여전히 가난한 국가이다. 국제 분류에 따르면 중국은 이집트 정도의 수준에 위치해 있다. 다르게 표현하면 미국의 1913년 수준에 불과하다. 말하자면 2050년에 중국은 세계에서 가장 부유한 국가가 되겠지만 1인당 GDP는 미국의 2000년 수준일 것이다. 이것은 햇수로 나타내면 1990년에 미국에 150년 정도 뒤처졌던 중국이 2050년에는 50년 정도 뒤처지게 된다는 것을 의미한다.

새로운 세계의 공장

마오쩌둥이 죽고 난 이후 중국 정부는 경제 체제의 전환을 추진하기 시작했다. 마오쩌둥의 미망인인 장칭江靑의 '4인방' 체제가 끝나자 덩샤오핑鄧小平은 시장 경제를 위한 개혁을 추진하였다. 그는 몇 단계를 거쳐서 시장 경제를 도입했는데, 그 과정은 정치적 관점에서는 매우 신중했지만 경제적 관점에서는 종종 비판의 대상이 되었다. 첫 번째 단계는 농산품 가격을 자유화하는 것으로,

오랫동안 낮은 수준에서 억제되어왔던 농산품 가격을 올려 농민들의 소득을 급속히 증가시켰다. 초기 단계의 개혁에서 사람들은 농업이 번창해야 지속 가능한 부의 창출이 가능하다는 중농주의자들의 주장을 받아들였으며 이제 농민에게 유리한 경제체제가 들어설 것이라고 생각했다. 그러나 실제 개혁은 그렇게 진행되지 않았다. 경제정책은 곧 정반대 방향으로 선회하고 말았다. 농민들의 희생을 바탕으로 산업 부문의 급격한 발전을 도모하는 전략이 추진되었던 것이다.

    토지 민영화는 보통 자유화 과정의 논리적 단계로 인식된다. 그러나 중국에서는 개혁 초기에 토지 민영화가 시행되지 않았다. 토지의 민간 소유권에 대한 논쟁은 2008년에 가서야 나타났다. 즉 경제와 정치가 이 분야에서는 정반대의 길을 걸은 셈이다. 토지 재편성이 이루어졌다면 농업 생산성은 아마도 크게 상승했을 것이다. 그러나 정부는 민영화 이후 소농들이 토지를 팔고 통제할 수 없을 정도로 도시로 밀려들 것을 우려했다.[99] 농지에 대한 소유권 제한은 일본이 19세기 초에 시행했던 정책과 동일하다. 이렇게 함으로써 농업 생산성은 낮은 상태에 머물러 있었다. 따라서 농산물 가격 자유화가 농민들의 수입을 빠르게 상승시켰던 시기가 지나자 농민들의 수입은 정체되었다.

    중국의 경제 전략이 일본의 경제 전략과 비슷한 점은 농업 부문 이외에도 존재한다. 중국의 경제 전략은 일본을 모방했는데, 그것은

:99 농지에 있어 회색 지대가 존재하는 이유 중 하나는 부패 때문이다.

다음의 세 가지 축을 중심으로 정리할 수 있다. 첫 번째 축은 수출 장려를 위해 지속적으로 위안화를 저평가 상태로 유지하는 것이다. 수출의 장려는 대부분의 아시아 국가들이 공통적으로 채택한 정책이다. 우선 일본이 이 정책이 효과가 있음을 보였고 이후 '네 마리의 용'들도 같은 길을 걸었다. 네 마리의 용이란 타이완, 한국, 홍콩, 싱가포르를 가리킨다. 애덤 스미스가 지적한 바와 같이 지속적인 성장을 위해서는 시장의 발전이 중요한데, 저개발 국가들의 경우 시장이 발전하지 않아 성장이 지체되었다. 그런데 19세기에 영국의 발전이 보여준 것처럼 저개발국들은 수출을 통한 시장 공략에 의해 이러한 장애물을 극복할 수 있었다.

중국이 일본의 발전 전략을 모방한 두 번째 축은 집중적 교육의 도입이다. 마오쩌둥의 교육 정책은 여기에서 결실을 맺었다. 1950년대 중반에 시작된 교육 정책 덕분에 80년대 초에 중국의 문맹률은 3분의 1 수준으로 낮아졌다. 이러한 의무 교육 정책은 1986년에 마련된 법을 통해 더욱 강화되었다. 이 법은 아이들이 여섯 살이 되면 의무적으로 최소한 9년간 학교교육을 받아야 한다고 규정하고 있다. 이로 인해 2025년이 되면 모국어가 영어인 사람들보다도 더 많은 중국인이 영어를 말하게 될 것이다.

세 번째 축은 50퍼센트에 가까운 매우 높은 저축률이다. 높은 저축률은 지속적인 투자를 가능하게 하며 대량의 외환보유고를 확보하게 만든다. 그리고 과다한 저축은 특히 라틴 아메리카와 같은 개도국들의 성장을 방해하는 장애물, 즉 외국통화의 부족 문제를 없애준다.

일본의 경우도 그러했지만 중국인들의 과다한 저축은 경제학자들을 매우 당혹스럽게 하는 주제이다. 왜 중국인들은 많이 버는 만큼 소비를 늘리지 않을까? 중국인들이 검소하기 때문만은 아닐 것이다. 중국인들은 소비 행태 면에서 서양을 빠르게 따라잡고 있다. 이미 중국의 소비자들은 100가구 당 94대의 컬러 TV와 46대의 냉장고를 소유하고 있다. 그들의 식품 소비 습관도 매우 빠르게 서양에 근접하고 있다. 맥도널드는 해마다 중국에 100개 정도의 새로운 점포를 내고 있다! 또한 중국인들은 외국의 유명 상품을 상당히 선호하는 것으로 알려져 있다. 세계적 회계법인인 언스트 앤 영Ernst & Young의 2005년도 보고서에 따르면 중국은 2015년에 전세게 사치품 시장의 3분의 1을 차지할 것이라고 예측되고 있다. 이는 중국이 다른 나라들을 한참 앞서게 되고 일본과 동일한 수준에 이르게 된다는 것을 의미한다. 일본인들과 마찬가지로 중국인들도 무리 지어 세계 여행에 나서고 있으며 에펠 탑과 피사의 탑 앞에서 사진을 찍으려 할 것이다. 2015년에는 약 1억 명의 중국 여행객들이 세계 여행에 나설 것으로 예측되고 있다(현재는 300만 명이다)![100]

따라서 중국인들의 높은 저축률은 그들이 서양의 소비 행태를 받아들이지 않기 때문이 아니다. 모순적인 것은 아마도 그 반대일 것이

:100 Jacqueline Tsai, *La Chine et le luxe*, Paris, Odile Jacob, 2008을 볼 것.

다. 중국이 서양의 소비 행태라는 틀에 놀라울 정도로 빠르게 빠져들고 있는 것이다. 그런데 어떻게 새로 생산되는 부가가치의 50퍼센트가 저축되는 것일까? 이에 대한 설명은 두 가지로 할 수 있다. 우선 중국인들이 저축을 많이 하고 있지만 예컨대 인도인들보다 더 많이 하는 것은 아니다. 빠르게 성장하는 경제는 저축도 빠르게 증가시키기 마련이다. 해마다 경제성장률이 10퍼센트에 이른다면 소비 행태가 그토록 빠른 성장에 적응하는 데는 시간이 걸릴 수밖에 없다.

다른 설명은 이윤율이 투자 여력을 뛰어넘을 정도로 매우 높다는 것이다. 이와 같이 높은 이윤율은 만성적 저임금을 반영한다. 이제 이에 대해 설명해보자.

새로운 산업예비군

중국은 하루 1달러 이하를 버는 빈민 수가 놀라운 속도로 줄어들고 있지만, 이와 동시에 불평등이 급격히 심화되고 있다.[101] 빈민 수의 감소는 농산물 생산을 자유화했던 개혁 초기의 정책에 기인한다. 그러나 이후의 산업화 과정을 통해 상위 10퍼센트 고소득층과 하위 10퍼센트 저소득층의 소득 격차는 4배로 벌어졌는데, 이는 하위 10퍼센트의 소득 수준이 정체되었기 때문이다. 가장 빈곤한 10퍼센트 인구 중 4분의 3은 농민들이 차지하고 있다.

---

[101] 빈민 수의 감소는 대부분 1980년대에 이루어졌다. 1980년에 9억 8100만 명이던 중국의 전체 인구는 1992년에 11억 6200만 명이 되었다. 이 가운데 빈민 수는 1980년에 3억 6000만~5억 3000만 명에서 1992년에는 1억 5800만~1억 9200만 명으로 감소했다.

중국에서 도시와 농촌 간의 균형은 노동자들의 끊임없는 이동으로 유지되었는데 이는 사회 전체를 왜곡시켰다. 예전에 특히 유럽에서 볼 수 있었던 농촌에서 도시로의 이주에 관한 전통적인 도식에서 농민들은 보통 농촌을 떠나 도시로 이주한 후 그곳에 완전히 정착했다. 이주 첫 세대는 어려움을 겪었지만 그들의 자녀는 도시 문명에 완전히 통합되었다. 중국의 경우에는 이주 노동자가 가정을 꾸리기 위해서는 대체로 '고향으로 돌아가야' 한다. 중국에서 노동자들은 그들의 어머니가 사는 곳으로 돌아가야 하는 소위 후커우户口(일종의 호적 제도) 정책을 따라야만 한다. 이 후커우라는 견고한 규율은 공공 서비스에 접근할 수 있는 권리를 규정한다. 예를 들어 아이들은 부모의 공식적인 후커우 내에서만 공립학교와 보건 체제의 혜택을 누릴 수 있다. 따라서 '이주 노동자'들, 즉 그에게 지정되어 있는 지역을 벗어나 살고 있는 노동자들이 현재 자신이 살고 있는 곳에서 가정을 꾸리기란 거의 불가능하다.[102]

오늘날 중국에는 약 1억 3000만 명의 이주 노동자들이 있으며, 이는 도시 노동력의 거의 4분의 1에 해당한다. 그런데 이주 노동자들의 자녀는 8명 중의 1명만이 학교를 다닌다. 우리는 이들 이주 노동자와 마르크스가 이야기한 '산업예비군'이 매우 유사하다는 것을 금방 알 수 있다. 마르크스에 따르면 산업예비군이란 적은 임금을 받으며 혹독한 노동을 감내해야만 하는 프롤레타리아로 구성된다. 후커우 제

---

[102] Thomas Vendryes, "Land Rights and Rural-Urban Migration in China", École d'Économie de Paris, résumé paru dans *China perspectives*, n° 2008/2, 2008.

도는 이주 노동자들을 자신의 나라에서 외국인 노동자와 같은 취급을 받도록 만드는 거의 불법에 가까운 수단이다. 이 제도는 중국인에 대해 이중구조를 만들어냈다. 후커우는 경제적 관점에서 볼 때 비정상적인 것이며 정치적 영역에서 볼 때 수치스러운 것이다.

경제적 관점에서 이 체제는 매우 비효율적이다. 무엇보다 이주 노동자들의 직업 경력이 단절된다. 가정을 꾸리기 위해 고향에 돌아온 사람들은 더 이상 일을 할 수 없게 되는데, 이것은 그 자체로 중국에 큰 손해이다. 마치 프랑스가 55세 이상의 사람들을 일하지 못하게 함으로써 겪고 있는 손해와 동일한 것이다. 그들의 자녀는 도시에서의 삶을 다시 배워야 하고 매우 힘들게 사회에 편입된다. 또한 농민들의 도시 중산층으로의 상승도 단절된다.

그러나 정치적 관점에서 볼 때 이 체제의 이점이 2008년 위기 때에 나타났다. 경기 침체의 첫 번째 희생자는 침체와 함께 바로 자신의 고향으로 돌아가야 했던 이주 노동자들이었다. 이들은 노동권의 보장을 받지 못한 채 가장 먼저 해고를 당해야 했던 임시적인 노동자 계급이었다. 이처럼 후커우 제도는 매우 비정상적이고 잔인하며 장기적으로 보면 성장에 부정적 효과를 미칠 것이 분명하다. 하지만 사회적 긴장이 고조되는 기간에 위험한 사람들을 중심으로부터 먼 곳으로 보낼 수 있다는 점에서는 효율적인 제도이기도 하다.

우려스러운 중국

중국에서 각 지역 간에 벌어지고 있는 치열한 경쟁은 이 나라의 경제성장을 이끄는 요인인 동시에 약점이기도 하다. 랜더스는 만일 중국이 한 제국 성립 전인 전국 7웅(기원전 3세기경)으로 남아 있었더라면 아마 더 큰 성공을 거두었을 것이라고 반어적으로 설명한 바 있다. 왜냐하면 이 경우 유럽 국가들이 서로 경쟁함으로써 누렸던 이득을 중국 역시 누렸을 것이기 때문이다. 오늘날 7개의 왕국은 새로운 모습으로 다시 살아나고 있다. 즉 중국의 각 지역이 새롭게 자치를 누리고 있는 것이다. 중국학자인 장뤽 도메나크Jean-Luc Domenach는 자저서 『우려스러운 중국Chine m'inquiéte』에서 새로운 금권 정치가 중국의 각 지역에서 나타나고 있다고 지적했다. 이것은 부의 축적을 위해 노력하는 새로운 성치인 집단이 그 지역을 다스리는 것을 의미한다. 그런데 보통 부패한 엘리트 집단이 경제성장을 가로막는 국가들과 달리 중국의 부패한 지방 정치는 오히려 중국 경제성장의 한 요인이 되고 있다. 지방 정부들은 사회간접자본 시설에서의 장점을 무기로 외국인 투자자를 끌어들이기 위해 경쟁하고 그렇게 함으로써 전반적인 투자 활동을 장려하고 있다. 중국의 각 지방 간에 벌어지고 있는 경쟁은 16세기 유럽 국가들의 경쟁과 비슷한 역할을 하고 있는 것이다.

그러나 중앙 정부와 지방 정부 간에 형성된 복잡한 균형은 경제발전의 지속 여부에 불확실함을 가져온다. 가끔은 미묘하고 가끔은 매우 거친 게임이 중앙 정부와 지방 정부 사이에 벌어지고 있다. 베이징에 있는 중앙 정부는 지방을 통제하고자 한다. 중앙 정부는 가끔 지방 정부의 파행에 대해 질서를 회복하라고 요구한다. 특히 부패와의 전쟁은 중앙 권력이 지방에 개입하는 단골 메뉴 중 하나이다. 이러한 과정에서 매우 느리지만 인간의 권리라는 사상을 중국 사회에 침투시키고, 그러다가 자신들의 자유를 빼앗기는 '맨발의 변호사'라는 사람들이 등장했다. 다른 한편으로 중앙 정부는 중국인들의 민족주의적 성향을 자극하는 매우 위험한 수단도 동시에 사용한다. 장뤽 도메나크는 여러 차례 중국 정부가 중국인들의 반일 감정을 동원하는 방식에 대해 언급했다. 그는 덧붙이기를 중국이 그렇게 하는 것은 "수행하는 정책들이 실패했을 때" 이를 만회하기 위해서는 희생양이 필요하기 때문이라는 것이다. 현재 중국에서는 과거의 유럽과 같이 민족주의가 전환기 사회를 통합하는 하나의 수단이 되고 있다. 이러한 점에서 현재의 중국을 1, 2차 대전 이전의 독일과 비교해보는 것도 매우 흥미로운 일이라 할 수 있다. 당시의 독일이 프러시아 정부와 신흥 부르주아로 분열되어 있었던 것처럼 현재 중국은 공산당과 이에 저항하는 기업인들과 금권 정치가들로 분열되어 있는 것이다.

올림픽은 중국 민족주의를 고양시키기 위한 정책의 일환이었다. 그러나 중국의 정치 지도자들은 1980년에 소련이 모스크바 올림픽을 개최했을 때 저질렀던 실수를 다시 반복할 뻔했다. 티베트 문제에서처럼 서양 언론들이 카메라를 마구 들이대게 되자 내부에서 정치적 표현의 자유를 요구하는 목소리가 거세지게 된 것이다. 올림픽은 문제의 핵심이 무엇인지를 잘 보여주었다. 민주화, 언론 자유의 요구는 부유함 그 자체에서 나오는 것이 아니라 세계로의 개방, 이미지와 사상의 개방으로부터 오는 것이다. 이것은 아마도 세계화에서 가장 중요한 부분을 차지하는 영역일 것이다. 중국 정부가 이를 받아들이는 과정은 고통스러울 수밖에 없을 것이다.

:: 잠에서 깨어난 인도

　　　　　　　　　니덤을 괴롭혔던 질문, 즉 중국은 왜 갈릴레이나 뉴턴을 탄생시키지 못했는가 하는 질문은 인도의 경우에는 제기되지 않는다. 수학의 발전(음수의 발명)에도 불구하고 기술 측면에서 인도의 성과는 중국의 경우만큼 놀라운 것은 아니었다. 확실히 인도의 농업은 다양화되어 있었다. 인도는 쌀, 밀, 기장, 사탕수수, 기름, 면화, 비단, 황마 등을 생산했다. 그러나 인도가 특별히 앞선 기술을 보유하고 있었기 때문에 이처럼 농업이 발전한 것은 아니었다. 인도인들은 세련된 기술보다는 대단히 노동집약적인 기술을 사용해 왔다. 무굴 제국(1526~1858)이 외적으로 화려할 수 있었던 것은 제국의 번영보다는 사회 상층부와 하층부 간에 존재했던 극단적인 불평등 때문이었다. 유럽과 비교한다면 인도는 노동이 오랫동안 극도로 불평등하게 행해졌던 엘베 강 동부의 동유럽과 유사했다고 말할 수 있다.

영국으로부터의 독립도 인도 사회의 근본적인 특징을 하루아침에 변화시키지는 못했다. 자와할랄 네루Jawaharlal Nehru는 인간의 자유가 얼마나 소중한지에 대해 매우 감동적인 이야기를 한 적이 있다. 문제는 그가 이 말을 식민 종주국의 언어이자 극소수의 인도인만이 사용하는 언어인 영어로 말했다는 것이다. 이 일화는 새로 독립한 국가가 식민지 시대의 규범과 불평등에 기반을 둔 자신의 유산을 한꺼번에 청산한다는 것이 얼마나 어려운지를 잘 말해준다. 네루는 1964년에 사망했다. 그 후 2년이 지나 네루의 딸 인디라 간디Indira Gandhi가 그를 대신했다. 인디라는 1966년에서 1977년에 걸쳐 집권했다. 즉 네루와 간디의 시대가 30년 정도 지속된 것인데, 그동안 1인당 평균 소득은 정확히 연간 0.7퍼센트 상승했다. 독립 이전에 평균 소득 증가율이 마이너스였던 것을 생각해보면 이는 좋은 성적이라 할 수 있다. 1946년에 인도의 1인당 국민 소득은 1913년 수준보다도 낮았다. 그러나 독립 이후에 얻어진 결과는 일본이나 한국에 비하면 여전히 빈약한 것이었다. 인구의 55퍼센트가 빈곤에 처해 있는 등 심각한 빈곤 상황은 변하지 않았다.

이 시기 전체를 통틀어 인도는 모든 것에 관여하던 행정 체제로 인해 경제성장을 이룰 수 없었다. 인도 정부는 생산 연쇄과정의 거의 모든 단계에서 허가를 받을 것을 요구했다. 이 체제는 '인허가 통치Licence-Raj'로 불렸다. 대체로 독립 직후에 네루에 의해 채택된 이 체제는 경제적 측면에서 인도를 다른 세계와 분리시켰다. 그러나 이 체제의 가장 뚜렷한 문제점은 정치적 측면에 있었다. 관료 조직은 부패가 번성하는 체제를 선호했다. 허가에 대해 책임을 맡고 있던 관리는 뒷돈을 받을 수 있었다. 2005년에 국제 투명성 기구Transparency International는 부패와의 전쟁에 있어 인도가 88위라고 보고했다.

그러나 이러한 전략은 오늘날 역설적인 결과를 낳았다. 세계로의 개방을 미루었던 인도는 확실히 경제 발전에서 뒤처졌지만 이러한 지체는 오히려 오늘날 성장의 기반이 되고 있다. 즉 개방의 새로운 시기에 인도는 '원시적 상태로 그대로 축적'되어 있던 잠재력을 사용할 수 있었고, 이것은 현재 인도 경제 발전의 동력이 되고 있다. 정보 산업이나 제약 산업의 경우 인도 정부가 세계 시장과의 단절 속에서 발전시키려 했던 원래의 정책은 실패했지만, 바로 이 실패의 기반 위에서 최근의 성공이 가능할 수 있었다. 개방 전에 인도 정부는 제약 산업 종사자들이나 엔지니어들로 하여금 모든 것을 창조하라고 요구했다. 그것은 당시에는 불가능한 일이었지만 이러한 정책을 통해 인도는 개방에 맞설 수 있는 놀라운 기술을 가지게 되었다.

무역 개방에서도 인도 지도자들의 태도는 급격히 변할 것이다.

1980년 1월의 재선에서 압승을 거둔 인디라 간디는 중국에서 벌어지던 변화에 자극을 받아 그때까지 시행했던 정책과는 다른 길을 모색했다. 인디라는 소규모 기업에 대한 생산 쿼터제의 규제를 완화시켰으며 자본재의 수입 제한도 다소 철폐했다. 집권 첫 해에는 자본재에 대한 관세도 절반으로 감소시켰다.

한편 시장에 호의적이지는 않았지만 인디라 간디는 미국의 대니 로드릭Dani Rodrik이 제안한 유용한 구분을 따르자면 서서히 '친비즈니스적'인 정책을 추진했다. 인도에는 19세기 후반기에 암바니Ambani, 미탈Mittal, 타타Tata와 같은 몇몇 거대 기업 그룹이 생겨났다. 이 기업들은 인도 GDP의 3퍼센트 정도를 차지한다. 타타 그룹의 창립자는 1903년에 타지마할 호텔을 왓슨 호텔 바로 앞에 세우기도 했는데, 그 이유는 그가 인도인이라는 이유로 이 호텔에 들어가지 못한 것에 모욕을 느꼈기 때문이다. 이 거대 기업들은 기업 운영에 대한 정치권력의 개입을 두려워했기 때문에 오랫동안 그룹의 성장에 매우 신중한 태도를 유지해왔다. 그러나 이제 경제 정책 기조의 변화로 그들은 공격적인 경영에 나서고 있다.

인디라 간디가 1984년에 자신의 경호원인 시크 교도에게 암살되자 그의 아들인 라지브 간디Rajiv Gandhi가 그 뒤를 이었다. 그러나 그 역시 1991년에 암살되자 경제는 다시 매우 불안정한 상태에 빠져들었다. 경상 수지 적자, 재정 수지 적자, 나아가 인플레이션이 발생해 경제성장을 위협했다. 결국 나라시마 라오Narasimha Rao와 만모한 싱Manmohan Singh이 지도하는 새로운 팀이 정권을 잡게 되자 과거 정책과의 단절은 되돌릴 수 없게 되었다.

데이비드 스미스David Smith 기자는 나라시마 라오와 만모한 싱을 중국의 덩샤오핑과 비교한 바 있다.:103 나라시마 라오는 간디 당인 국민회의당Congress의 노련한 정치가였다. 만모한 싱은 영국 케임브리지 대학에서 교육받은 경제학자이자 중앙은행의 전 총재였다. 그들은 집권 몇 달 만에 거의 평균 100퍼센트(어떤 물품은 355퍼센트이기도 했다)였던 관세율을 25~30퍼센트까지 내렸다. 루피화는 수출을 장려하기 위해 달러 대비 22퍼센트로 평가 절하되었다. 또한 외국인 투자에 관한 새로운 정책도 시행되었다.:104 1991년 7월 24일에 만모한 싱은 국회 연설에서 '적절한 시기가 왔다는 사상보다 이 세상에 더 강력한 것은 없다'는 빅토르 위고의 말을 인용하면서 국회를 열광시켰다. 그가 추진한 산업 정책은 레닌이 소비에트 경제를 부흥시키기 위해 실시한 신경제정책NEP과 비교할 만하다(두 정책 모두 성공적이었다).

집권 세력의 압도적인 재선을 기대하게 할 만큼 경제적 성과가 좋았음에도 불구하고 선거에서는 야당인 인도인민당Bharatiya Jana Party이 승리했다. 경제 자유화와 세계화에 대해 매우 비판적이었던 인도인민당은 힌두 민족주의적 감정을 활용하고 이슬람과의 긴장을 조장하여 선거에서 승리했다. 파키스탄과의 국경 지역인 구자라트에서 인도인

:103 David Smith, *Growling Tiger, Roaring Dragon*, Vancouver, Douglas & McIntyre, 2007.
:104 외국인 투자자에게 지분 비중을 40퍼센트로 제한하던 규제가 완화되었다. 외국인 소유는 처음에는 단지 34개 산업에서 51퍼센트까지 허용되는 등 신중히 확대되었다. 그러나 수출을 목적으로 하는 투자인 경우에는 외국인에게도 100퍼센트 지분 소유를 허가해주었다(중국에서 채택했던 정책과 같다).

민당은 1992년에 이슬람 사원 파괴를 선동하여 두 공동체 사이에 지울 수 없는 상처를 남기기도 했다. 인도인민당이 국회의원 선거에서 승리하자 그간 시도했던 개혁 정책도 마침표를 찍을 것이라는 기대가 만연했다. 그러나 일단 집권하게 되자 인도인민당은 놀랍게도 기존 정책을 계속해서 추진했다. 라지브 간디의 부인이자 이탈리아 태생인 소냐가 지도하는 국민회의당이 5년 후 다시 집권하자 라오 밑에서 재무부 장관직을 수행했던 만모한 싱이 총리가 되었다. 이후 인도는 연간 경제성장률이 10퍼센트에 달했다. 인도의 아시아 호랑이로의 변신은 성공적이었다고 할 수 있다.

불안정한 인도

그러나 높은 경제성장률에도 불구하고 인도는 빈곤과 불평등 문제가 심각한 나라이다. 또한 과거의 전통은 하층 계급의 사회적 상승을 여전히 가로막고 있다. 세계적인 컨설팅사인 맥킨지사는 인도 사람들을 4개의 그룹으로 나누었다. 가장 상층에는 매우 부유한 가계로 구성된 120만 명의 소수 엘리트 그룹이 있고, 그 밑에는 서양의 소비 패턴을 추구하는 4000만 명의 중산층 가계가 있다. 그다음에는 연간 1500~4000달러의 수입으로 살아가며 가까스로 비참한 상황에서 벗어난 1억 1000만 명의 가계가 있다. 아동의 40퍼센트가 영양부족 상태에 있는데, 이는 아프리카보다 더 높은 수치이다. 전세계에서 가장 거대한 민주주의 국가라는 인도가 어떻게 이처럼 심각한 불평등 상태에 처해 있는 것일까? 크리스토프 자프를로Christophe Jaffrelot의 연구를 통해 이 당혹스러운 문제를 이해해보자.[105]

우선 인도는 '전세계에서 가장 거대한 민주국가'라는 평을 들을 만큼 민주주의 국가로서의 기준을 대부분 따르고 있다. 1977~79년에 인디라 간디가 공표했던 비상사태를 제외하고는(이 비상사태 시행 이후 그녀는 선거에서 패했다) 민주적 과정은 언제나 철저하게 지켜졌다. 언론은 자유로우며 결코 현 정부의 비위를 맞추지 않는다. 한편 1980년대 이후로 정권 교체는 하나의 규칙이 되었다. 네루 당인 국민회의당은 사회주의적 지향을 가진 자나타달Janata Dal 당, 즉 인민당 주도하의 연합정부에 정권을 넘겨주었다. 2004년에는 인도인민당, 즉 반이슬람 보수당이 다시 인도 국민회의당에 정권을 넘겨주었다. 2009년 현재는 국민회의당이 집권한 상태이다.

그러나 이와 같은 민주적 원칙의 준수에도 불구하고 인도는 형식적 민주주의에서 실질적인 불평등 감소를 목표로 하는 사회적 민주주의로 전환하는 데는 큰 어려움을 겪고 있다. 처음부터 카스트 제도는 인도 사회의 신분 이동을 가로막는 보이지 않는 장애물로 작용해왔다. 국민회의당 역시 본질적으로는 상층 카스트의 당이고 그 핵

---

[105] Christophe Jaffrelot, *La Démocratie en Inde*, Paris, Fayard, 1998.

심층인 브라만에 의해 대표된다. 이는 프랑스의 명사 당parti de notables과 비교할 수 있다. 다만 프랑스에서는 몇몇 세대에서 명사가 될 수 있지만 인도에서는 어느 누구도 절대 브라만이 될 수 없다. 불가촉천민이었던 빔라오 암베드카르Bhimrao Ambedkar는 카스트 제도를 기괴한 것이라고 말하면서 '위로 올라갈수록 숭배의 대상이 되고 아래로 내려올수록 경멸의 대상이 되는 사다리'라고 말했다. 그는 사다리에 오른 사람들이 사다리 자체에 대한 비판은 하지 않은 채 자기 밑에 있는 사람에게는 경멸을 퍼붓고 더 높은 곳으로만 올라가고 싶어한다고 지적했다.

카스트 제도는 사람들의 직업을 결정하며 부모의 직업은 자녀에게 세습된다. 실제로 이 제도를 존중했던 간디는 카스트를 '태어나면서부터 결정되는 신성한 노동 분업'이라고 규정했다. 그는 또 덧붙이기를 "나는 개인들이 자신의 신체적 외모를 그 부모에게 물려받듯이 그 부모로부터 성격과 자질도 물려받는다고 생각한다. 따라서 그것을 받아들이는 것이 자신의 에너지를 유지하는 길이다"라고 말했다.

국민회의당은 전국 단위에서는 카스트 제도에 비판적인 진보주의자들에 의해 운영되지만 자신의 이익과 지위를 지키기 위해 안간힘을 쓰는 지방의 명사들도 포괄하고 있는, 말하자면 '폭넓은 정책 강령을 가진 당'이다. 이 당은 분명히 '불가촉천민'의 지도자들도 끌어들임으로써 '양극단의 연합'을 조직하려고 애써왔다. 그러나 농업 개혁이나 교육 혜택 확대 같은 분야에서 실제로 이 당의 정책은 명사들의 압력 때문에 그들이 선전하는 것보다 더 보수적이다. 카스트가 아닌 계급에 대해 말했던 공산주의자들도 해방을 갈구하는 하위 카스트들의 지지를 끌어내지 못해 결국 설 자리를 잃고 말았다.

그러나 시간이 흐름에 따라 변화가 나타나고 있다. 그 계기가 된 것은 사회경제적 기준만이 아니라 카스트 기준에 따라 결정되는 긍정적 차별제도positive discrimination의 도입이었다. 1978년 12월 20일은 이와 관련이 있는 매우 중요한 날이다. 당시 총리였던 모라르지 데사이Morarji Desai는 하위 카스트 계층의 문제를 분석하기 위한 위원회를 결성했다. 이 하위 카스트들은 카스트 밖에 존재하는 불가촉천민과 구분하기 위해 그때부터 기타 하위 카스트OBC: other backward castes라고 불렸다. 당시 만달Mandal 위원회는 "불평등으로 고통당하고 있는 사람들을 동일하게 취급하는 것은 불평등을 영속시키는 것이다"라고 하면서 긍정적 차별제도의 도입을 결정했다. 하위 카스트들의 신분 상승은 이때부터 실제로 시작되었다. V. P. 싱이 이끄는 사회주의 정당이었던 자나타 달 당은 1989년에 집권한 후 그해 12월 20일에 '정부는 만달 위원회의 권고를 실행에 옮기기 위한 모든 조치를 실시할 것이다'라는 결정을 내렸다.

상층 카스트들이 이끌던 국민회의당과 인도인민당은 하위 카스트들과 불가촉천민들을 우대함으로써 만달 보고서의 권고를 수용하려고 했다. 또한 인도인민당은 반이슬람 선동으로 하위 카스트들을 끌어들이려고 노력했다. 이를 통해 인도인민당은 선거에서 이길 수 있었다. 그러나 이러한 전략은 오래가지 못했고 그들은 다음 선거에서 패하고 말았다. 정치권력의 지형에도 변화가 있었다. 불가촉천민들은 자신들과 같은 처지에 있던 나라야난K. R. Narayanan을 인도의 대통령으로 만듦으로써 국민회의당의 테두리를 벗어났다.

간디가 두려워했던 폭력 사태는 발생하지 않았다. 브라만들은 만달 보고서가 발표된 후에 단식투쟁을 전개했다. 그러나 긴장은 곧 누그러졌다. 자프를로는 이런 상대적인 평화가 가능했던 것은 몇몇 공직에 하위 카스트들이 임용되는 시기에 경제성장으로 더욱 매력을 끈 민간 부문으로 고위 카스트들이 진출할 수 있었기 때문이라고 본다. 새로운 노동 분업이 조용히 진행되었다. 엘리트들은 정치권력을 하위 계층에게 넘겨주고 경제 방면으로 진출하기 시작했다. 서양 엘리트들이 '정치적 열정에서 경제적 이익'의 추구로 돌아섰던 현상이 오늘날 인도에서 똑같이 나타나고 있는 것이다. 그러나 이러한 정책은 당장은 효과를 발휘할지 몰라도 근본적인 해결책은 아니다. 카스트 제도를 그대로 놔둔 채 긍정적 차별 정책을 추진하는 것은 단기적으로는 좋은 정책인 듯이 보이지만 사람들을 출신이라는 틀에 가두어둘 위험이 있다.

12장

역사의 종언과 서양

LA PROSPERITE
DU VICE

:: 힘없는 국가들의 비극

인도와 중국의 세계 자본주의로의 진입과 소련의 붕괴라는 또 다른 거대한 사건은 서로 긴밀하게 연결되어 있다. 소련의 위기가 분명해짐에 따라 국가 사회주의라는 '다른 길'의 사상에 동조하던 국가들이 점차 전략을 바꾸기 시작했다. 헤겔이 먼저 사용했고 프랜시스 후쿠야마 Francis Fukuyama 가 다시 사용한 용어로 표현한다면 베를린 장벽의 붕괴를 보면서 일부 사람들은 세계가 마침내 '역사의 종언'에 이르렀다고 생각했다.:106 이 이론에 따르면 이제 모든 사람들은 시장 경제와 대의적 민주주의라는 방향으로 함께 나아갈 것이었다. 칸트가 꿈꾸었던 영구 평화가 마침내 실제의 가능성이 된 것이다.

:106 Francis Fukuyama, *La Fin de l'histoire et le dernier homme*, trad. française, Paris, Flammarion, 1992.

그러나 몇 년이 지난 2001년 9월 11일에 뉴욕의 세계무역센터 쌍둥이 빌딩에 대한 테러가 21세기의 문을 열었다. 그것은 20세기를 닫았던 1989년 11월 9일의 베를린 장벽 붕괴만큼이나 소란스러운 것이었다. 후쿠야마의 낙관적 주장과는 반대로 새뮤얼 헌팅턴Samuel Huntington이 자신의 저서 『문명의 충돌』에서 한 말이 더 들어맞는 듯했다.:107 헌팅턴이 보기에 서양과 동양은 절대 서로 수렴하지 않을 것이었다. 동양의 거대 문명들은 민주적이고 평화로운 세계를 건설하기보다 잃어버린 힘을 되찾기 위해 더욱 노력할 것이다. 헌팅턴이 이로부터 추론한 '현실 정치'는 만약 전세계가 제3차 세계대전을 피하고자 한다면 각자가 자기의 정원을 가꾸게 내버려두어야 한다는 것이다.

후쿠야마나 헌팅턴 중 누구의 주장을 택할 것인가? 문명들은 '시장 민주주의'라는 단일한 모델로 수렴할 것인가? 아니면 각자는 자신만의 고유한 길을 찾아갈 것인가? 아마도 답은 이것도 저것도 아닐 것이다. 오늘날의 개발도상국들이 지난 500여 년 동안 유럽이 걸었던 길을 걷는다면 다음과 같은 세 번째 가정을 할 수 있다. 즉 유럽이 직면해야 했던 위험이 재현될 수 있으며 이에 대한 평화로운 해결은 오직 하나의 가능성일 뿐이라는 것이다. 이 경우 일련의 전쟁과 고통이 되풀이될 수 있다.:108

:107 Samuel Huntington, *Le Choc des civilisations*, trad. française, Paris, Odile Jacob, 2000.
:108 후쿠야마는 자주 비판자들에게 현대 세계의 위험요소를 모르지 않지만 자신이 연구한 문제는 이용 가능한 정치적 모델의 문제라고 답했다. 중요한 것은 그 모델이 미래에 대한 예언 능력을 가지고 있는가에 있다.

시장과 민주주의

후쿠야마의 사상에서 시작해보자. 유고슬라비아, 르완다에서의 살육과 인도 구자라트 주에서 나타난 반이슬람 정책은 베를린 장벽 붕괴 이후 기대했던 영구 평화라는 소망에 바로 찬물을 끼얹었다. 미국의 인류학자 아르준 아파두라이Arjun Appadurai가 말했듯이 이러한 폭력은 "희생자의 신체와 영혼을 지금까지 볼 수 없었던 파괴와 강간과 같은 잔인한 방법으로 훼손시키는 극단적인 분노와 증오의 과잉을 나타낸다. 예컨대 희생자의 육체는 고문당하거나 잘려나갔고, 불태워지거나 강간당했다. 여성의 내장이 들어내졌고, 어린이들이 난도질당했으며 모든 종류의 성적 학대가 자행되었다".[109]

미국에서 큰 성공을 거둔 『불타는 세계World on Fire』라는 저서에서 중국계 필리핀 출신 법학자 에이미 추아Amy Chua는 친척인 레오나가 1994년에 자신이 고용한 필리핀 운전기사에 의해 살해당했던 일에 대해 말했다.[110] 이 사건에 대해 경찰이 내린 결론은 범행 이유가 '복수'에 있다는 것이었다. 에이미 추아의 가족은 필리핀으로 이민 온 소수의 부유한 중국인 집단에 속했다. 이들은 필리핀 전체 인구의 3퍼센트 정도이지만 부의 60퍼센트를 차지하고 있다. 인도네시아에서도 그 수치는 비슷하다. 필리핀과 마찬가지로 인도네시아에서도 중국인들은 상업과 제조업을 지배하고 있다. 1998년에 자카르타에서는 흥분한 군중들이 수백 채의 중국인 가옥과 상점을 불태우고 약탈했으

:109 Arjun Appadurai, Géographie de la colère, trad. française, Paris, Payot, 2007.
:110 Amy Chua, Le Monde en feu, trad. française, Paris, Le Seuil, 2007.

며 이로 인해 2000명 이상이 사망했다. "생존자 중 한 사람이었던 열네 살의 젊은 중국인 소녀는 쥐약을 먹고 자살했다. 그녀는 이 폭동의 와중에 부모가 지켜보는 앞에서 집단 강간과 신체 절단을 당했다."

에이미 추아의 책 내용은 이와 같은 충격적인 경험에서 나온 것이다. 그녀는 소수가 경제를 지배하는 곳에서 시장 경제와 민주주의가 함께 섞인다면 이는 언제 터질지 모르는 화염병이 된다고 말했다. "그 나라의 진정한 주인이라고 생각하는 대다수의 사람들은 선거를 거치면서 소수인 사람들을 증오의 대상으로 보게 된다."

에이미 추아는 부유한 소수가 가지는 문제점을 강조했다. 그러나 소수가 빈곤할 때도 동일한 문제가 발생한다. 아르준 아파두라이가 잘 정리했듯이 소수가 범죄자 집단으로 세상에 알려지면 그들은 항상 죄인 취급을 받으며 살아야 한다. "소수가 부유하면 그들은 엘리트 집단의 세계화라는 공포를 불러일으키며, 소수가 빈곤하면 그들은 국가 정책의 실패 사례로 여겨진다." 빈곤한 소수는 문화적 배제가 경제적 배제와 겹치기 때문에 이중으로 고통을 겪는다. 예를 들어 멕시코에서는 전체 인구의 18퍼센트가 빈곤선 이하의 소득에 머무르고 있는데 토착주민은 그 수치가 더 높아 81퍼센트에 이른다. 네팔에서는 다섯 살 이하 영아사망률이 네와르나 브라만의 경우 7퍼센트에 머물지만 하층 카스트에서는 17퍼센트에 이른다. 세르비아-몬테네그로에 사는 집시 아이들 중 30퍼센트는 초등학교에 가본 적이 없다.

브라질 상파울루의 흑인들은 어른과 아이 모두 백인들 수입의 절반밖에 벌지 못한다. 이 밖에도 수없이 많은 사례가 있다. 이러한 사례들은 낙인찍기와 경제적 배제가 어떻게 서로 악순환 구조로서 고착되는지를 잘 보여준다.

유엔개발계획이 발표한 「다양화된 세계에서의 문화적 자유」라는 보고서에 따르면 10억 명의 사람들이 다양한 형태의 인종적, 종교적 혹은 더 일반적으로 '문화적' 배제를 당하고 있다. 전체 인구의 적어도 10퍼센트가 소수 집단인 나라는 150개가 넘는다. 소수 집단이 인구의 25퍼센트 이상을 차지하는 나라도 100개에 달한다. 보고서는 문화적 자유를 보호하라고 이들 나라에 강력히 요구하고 있다. "개인들은 그들이 선택한 문화로 인해 모욕을 당하거나 벌을 받거나 혹은 기회를 박탈당하지 않아야 한다. 그들은 사회에 자유롭게 참여하고 싶어한다."

그러나 그들의 권리에 대한 이 같은 열망은 아쉽게도 1990년대에 벌어진 비극적 사건들의 원인 가운데 하나가 되었다. 아르준 아파두라이도 말했듯이 베를린 장벽 붕괴에 뒤이은 민주주의에 대한 약속 이후 핍박받는 소수자들은 자신들의 문화적 권리를 보호해달라고 요구하기 시작했다. 다른 한편 시장 경제의 성장으로 인해 어떤 집단은 국제 무역의 거대한 흐름 속에서 큰 피해를 입었고 이제까지 없었던 배제를 겪게 되었다. 그에 따르면 바로 이러한 시한폭탄이 90년대에

터진 것이다. 그의 추론은 사회의 반대 측면을 통해 에이미 추아의 생각과 연결된다. 민주주의와 시장 경제의 결합이 언제나 성공적인 것은 아니다. 성공하기 위해서는 이 두 요소가 우선 서로 잘 이해해야 하고 잘 맞아야 한다. 이것이 바로 우리가 '민족' 형성의 문제라고 부르는 것이다.

민족

한나 아렌트가 오랜 기간에 걸쳐 연구한 것을 담은 『전체주의의 기원』이라는 책에서 정리했듯이 민족은 현대 사회의 아킬레스건이다.[111] 이상적으로 볼 때 민족은 구성원들에게 동일한 권리와 의무를 부여해 구성원 간의 차이를 없애려고 하는 정치 공동체를 지칭한다.[112] 그러나 국가가 위기에 빠지거나 혹은 아주 단순하게 어려움에 처하게 되면 민족은 민족적 순수함이라는 허구로 축소되고 만다. 그렇게 되면 모든 극적인 드라마들이 가능해진다. 영국의 역사학자 이언 커쇼Ian Kershaw도 보여주었듯이[113] 나치즘은 "'진정한 독일적 가치'에 기초한 새로운 민족적 실체를 창조해 정치적·종교적 차이와 계급을 극복하자는 '민족공동체Volksgemeinschaft' 사상을 구현한 것이다. 나치즘은 민족 부흥이라는 사이비 종교적이고 천년왕국적인 전망 속에서 성장했다".[114]

:111 Rééd. Le Seuil, coll. "Points", 2005.
:112 이것은 프랑스 혁명이 제시한 해석이다. 프랑스 혁명은 1688년의 영국 혁명과 다르게 모든 시민의 권리와 의무가 동일하다는 사고를 정립했다. 영국의 경우 이러한 권리는 오랫동안 왕과 대등하게 교섭을 하던 엘리트들로 한정되어 있었다.
:113 Ian Kershaw, 앞의 책.

한나 아렌트와 이언 커쇼의 책들은 나치즘의 기원을 설명하는 것이지만 그들의 분석은 보편적으로도 적용될 수 있다. 르네 지라르René Girard가 잘 설명했듯이 한 사회가 더 이상 스스로를 이해하지 못하게 되면 사회는 '달갑지 않은' 소수에게 폭력을 행사해 그들을 제거한다. 그리고 이를 통해 그 사회의 다수는 자신들이 누구인지를 알게 된다. 지라르가 희생양의 비유를 통해 보여주었듯이 소수가 폭력을 유발시키는 것은 아니다. 실상은 정반대로서 폭력을 통해 소수가 만들어지는 것이다.

전세계에서 가장 가난한 지역, 특히 아프리카에서는 국가가 폭력을 독점하는 경우가 아직은 그다지 많지 않다. 영국의 경제학자 폴 콜리어Paul Collier가 지적했듯이 그들의 운명은 14세기의 유럽과 닮아 있다. 즉 전쟁, 기아 그리고 현대의 에이즈라 할 수 있는 페스트는 당시 유럽의 일상적 특징이었다.[115] 내전에 의해 파괴된 국가에서는 콜리어가 '반대 방향으로의 발전'이라고 특징지었던 현상, 즉 봉건제도를 뒷걸음치게 만들고 내부 공간을 평화롭게 만들었던 근대 국가의 형성이라는 현상이 아직 시작되지도 않았다. 유럽에서도 몇 세기에 걸쳐 폭력 행위가 있었고 그것을 근절하는 데 매우 오랜 시간이 필요했는데, 이 국가들에서는 여전히 시간이 더 필요했다.

유럽 열강들로부터 해방된 후 나타난 독립 신생국들의 운명이 서로 달라진 것도 이러한 질문과 관련이 있다. 멕시코와 미국, 남아프리

:114 이언 커쇼는 정권을 장악한 나치는 사회의 게임 규칙을 거의 바꾸지 않았다고 덧붙이고 있다. "대기업, 공공기관, 군대는 자신들의 관리자 집단 대부분을 1933년 이전과 마찬가지로 같은 사회계층에서 모집했다. 이것은 소수 집단에 대한 폭력이 증가한 이유를 설명해준다. "히틀러의 제3제국하에서 사회적 욕구의 좌절감은 사회적 혹은 인종적인 이유로 민족 공동체에서 배제된 자들과 약하고 지위가 낮은 소수 집단에 대한 공격을 통해 어느 정도 보상받았다", "Qu'est-ce que le nazisme?", 앞의 책.
:115 Paul Collier, *The Bottom Billion*, Oxford and New York, Oxford University Press, 2007.

카공화국과 뉴질랜드 사이에는 어떤 차이가 있었던 것일까? 왜 한 쪽은 빈곤하고 민주화가 지체되었으며 다른 쪽은 부유하고 민주화를 일찍 달성했는가? 이러한 질문에 대해 미국의 대런 에이스모글루Daron Acemoglu와 그의 공저자들은 놀라운 이론을 제기했는데 아마 르네 지라르도 이 이론을 받아들일 것이다.[116] 그들의 분석에 따르면 이유는 매우 간단했다. 유럽인들이 '토착민'들을 제거한 나라들은 현재 부유하다. 반대로 식민자들이 소수로 남아 있는 나라들은 빈곤하다! 에이스모글루와 그의 공저자들은 식민자의 불건전함과 현재의 부 사이에 매우 의미심장한 통계적 관련성이 있음을 보여주었다. 이러한 놀라운 결과를 어떻게 이해해야 할까?

토착민들보다 유럽인들이 더 우월했다는 것을 그들이 주장하는 것은 아니다. 그와는 다른 기제가 작용했다. 유럽인들이 소수 집단으로 남아 있던 곳에서 그들은 자신들의 안전과 사적 소유를 보장해주는 근대 국가를 만들려고 노력하지 않았다. 흥미로운 것은 그런 곳에서 유럽인들은 권리의 보장을 완전히 무시한 채 토착민들을 착취하기에 여념이 없었다는 점이다. 반면에 백인들이 많아 "자신들 간의 관계가 중요했던" 곳에서는 그들은 고국인 영국의 제도를 수입하여 일찍이 근대 국가를 건설했다.

이러한 분석은 그 밑에 깔려 있는 더욱 근본적인 현상과 관련된다. 근대의 경제 발전은 국민국가라는 근대적 틀에 기반하고 있다. 부를

---

[116] Daron Acemoglu, Simon Johnson and James A. Robinson, "The Colonial Origins of Comparative Development: An Empirical Investigation", *American Economic Review*, 91(5), 2001, p. 1369–1401.

창출하기 위해서는 자본(기계), 인적 자본(교육, 공중 보건) 그리고 효율적 제도(조직화된 시장, 공정한 사법 체제) 등이 갖춰져 있어야 한다. 그런데 그중 두 가지(인적 자본과 제도)가 국가에 의해 창출된다. 경제학자들은 이를 사회 기반 시설이라고 부른다. 사회 기반 시설은 국가가 '공공재'의 제공자라는 사실, 그리고 '공공재'가 없으면 개인의 성공은 불가능하다는 사실과 관련된다. 아시아 전역이 모방하고 있는 일본의 성공은 학교, 공중 보건, 사법 체제, 영토와 같은 근본적인 공공재를 국가가 제공했기 때문에 가능했다. 콜리어가 '밑바닥에 있는 10억 명의 사람들'이라고 지칭한 주변부 국가들에는 아쉽지만 이러한 요소들이 부재하다. 이 국가들은 과다한 인구라는 함정에 빠져 있는데, 그들의 인구는 2050년이면 20억 명에 달할 것이다.

폴 콜리어는 가장 빈곤한 국가들의 상황을 특징짓기 위해 빈곤의 함정을 이야기했다. 허약한 국가는 경제 발전을 지체시킨다. 그리고 경제 발전의 지체로 인해 빈곤이 지속되면 강력한 국가는 나타날 수 없다. 이와 같은 정치경제적 함정은 좀 더 일반적인 원칙을 이야기해 주고 있다. 경제와 정치가 진정한 조화를 통해서가 아니라 서로 간의 요에 의해 연결되어 있다는 것이다. 추락하는 경제는 그 경제가 지지하는 정치 체제의 몰락과 연결된다. 왜냐하면 몰락하는 정치 체제, 즉 정치적으로 미약한 국가에서는 경제 발전이 지체되기 때문이다. 마찬가지로 반대의 의미에서 성장하는 경제는 국가가 추진하던 계획을 완수할 수 있게 돕는다. 물론 그 계획은 팽창주의적일 수도 있고 사회적일 수도 있다. 강력한 국가는 너무 위협적이지만 않다면 하나의 중요한 성장 요소이다.

그러나 세상에 고정불변인 것은 없다. 21세기에 나타난 가장 눈에 띄는 현상인 인도와 중국의 세계 자본주의 체제로의 귀환은 어떤 주목할 만한 제도적 단절 없이도 발생했다. 어떤 개혁을 했기에 오랫동안 억압되어왔던 이 두 국가의 역동성이 살아나 이처럼 빠르게 경제 성장을 이룩할 수 있었을까?(서브프라임 위기가 이들을 위협하지 않을 때까지겠지만 말이다.)[117] 그러나 어떤 것도 이러한 전환의 지속 가능성을 보장하지 않는다. 이러한 변형에는 신중함이 필요하다. 앨버트 허시먼이 잘 말했듯이 경제 발전이 필연적으로 정치 발전을 가져온다고 믿기보다는 "경제 발전이 정치에 미치는 영향은 본래 불확실하다. 그 영향은 두 방향으로 동시에 작동한다"는 것을 인정할 필요가 있다. 경제의 확장과 침체가 반복되는 경우 그 영향은 더욱 불확실하다.

:117 이러한 언급은 Edward Glaeser, Rafael La Porta, Florencio Lopez de Silanes and Andrei Shleifer, "Do Institutions Cause Growth?", *Journal of Economic Growth*, 2004, v. 9(3), p. 271-303에서 찾아볼 수 있다. Acemoglu의 분석에 대한 응답으로 쓰인 이 논문은 제도적 유산이 기대한 것보다 훨씬 불안정함을 보여주었다. 한편 지도자들의 정치적 기회주의 역시 핵심적 역할을 했다.

:: 서양에 대한 비판

다시 헌팅턴의 주장으로 돌아가보자. 그에 따르면 오래된 문명들은 서로 수렴하지 않는다. 각자는 자신의 존재를 그대로 고집한다. 따라서 소비 사회라는 특징을 모두가 공유하고 있지만 서로 다른 가치 체계들이 충돌할 가능성은 매우 높다. 이 이론에 대한 수많은 비판 중 가장 설득력 있는 것은 서양의 가치에 대한 동양의 거부가 이미 서양 내부에 형성되어 있던 것의 반복에 지나지 는다는 것이다. 이안 부루마Ian Buruma와 아비샤이 마갈릿Avishai Margalit이 『옥시덴탈리즘』에서 잘 지적했듯이 이 같은 서양에 대한 비판은 실제로 19세기 내내 그리고 20세기 전반기에 유럽에서 행해진 것들이었다.:118 인류의 역사에 대한 계몽주의적 전망은 거의 처음부터 독일

:118 Ian Buruma et Avishai Margalit, *L'Occidentalisme*, trad. française, Paris, Climats, 2006.

낭만주의자들의 비판을 받았다. 계몽주의자들이 인류의 역사는 더 개선되고 합리적인 세계로 직선적으로 나아간다고 낙관적으로 생각했던 반면, 독일 낭만주의자들은 '순수, 타락, 구원'이라는 과정에 의해 인도되는 새로운 역사를 제시했다. 19세기부터 서양의 몰락은 서양 문학의 중요한 주제였다.

근대 세계에 대한 낭만주의적 비판은 인간 영혼의 고통을 이해하지 못하면서 사람을 지배하려는 과학의 자만에 관한 것이었다. 과학은 현명함이 없는 사상으로 비난의 대상이 되었다. 과학은 종교를 미신의 자리로 떨어뜨려 사라지게 함으로써 비인간적인 세계를 창조했다. 이반 투르게네프는 『아버지와 아들』에서 영웅인 바자로프를 과학주의에 대한 광신자, 신념에 찬 공리주의자로 풍자적으로 묘사했다. 귀스타브 플로베르도 약사인 오메를 동일하게 묘사했다.

근대 세계에 대해 비판은 마르크스에게서도 찾을 수 있는데, 그는 부르주아들이 "이기적 계산이라는 얼어붙은 강에 영웅주의를 익사시켜버렸다"고 이야기했다. 베르너 좀바르트Werner Sombart, 오스발트 슈펭글러Oswald Spengler와 같은 20세기 초의 독일 지식인들이 가장 철저히 경멸했던 것은 삶에 집착해서 이상을 위해 죽기를 거부하는 부르주아들의 비겁함이었다. 좀바르트는 부르주아들의 정신세계를 묘사하기 위해 안일주의konfortismus라는 용어를 사용했다. 마르틴 하이데거Martin Heidegger는 유럽의 정신을 말살시킨다고 보았던 미국주의

Amerikanismus를 맹렬히 비난했다. 평화로운 부르주아에 대한 이미지는 자신의 생명을 희생할 준비가 되어 있는 영웅과 정반대에 있는 겁쟁이의 이미지가 되었다. 독일의 민족주의적 작가인 아르투어 묄러 판 덴 브루크Arthur Moeller van den Bruch는 서양은 개인에게 시시해지고 무능해질 수 있는 가능성을 주었기 때문에 시시해지고 무능해졌다고 말했다. 서양은 모든 유토피아에 대한 가치를 위축시켰기 때문에 위협이 되었다.

독일은 프랑스에 대해 매우 신랄한 반감을 가지고 있다. 이사야 벌린Isaiah Berlin에 따르면 독일에서의 낭만주의적 운동은 부분적으로는 반프랑스적인 대응이었다. 나폴레옹의 군대에 의해 독일이 심각하게 모욕을 당했다는 믿음 탓에 독일 민족은 큰 상처를 입었다. 18세기 프리드리히 대왕의 프랑스 문화에 대한 애정과 프랑스로부터 모든 것을 수입하려 했던 그의 태도는 독일인의 감정을 악화시키기만 했다.

프리드리히 2세의 경우도 예외적인 것은 아니었다. 종종 개혁자들은 서양의 모델을 수입해오기를 원하지만 곧 국민들이 이를 따르지 않는다는 것을 알게 되었다. 러시아의 표트르 대제는 보야르boyar, 즉 토지 귀족들에게 턱수염을 자르라고 명령했으며, 성직자들에게는 이성의 가치를 바탕으로 설교하라고 요구했다. 1923년에 대통령에 오른 터키의 케말 아타튀르크Kemal Atatürk는 서양의 기술과 의복 및 머리모양을 받아들이고 싶어했다. 그는 이란의 샤Shah가 그렇게 했듯이 베일을 금지했다. 이란의 리자 샤 팔레비Reza Shah Pahlavi(그의 아들이 호메이니에 의해 축출되었다)는 도시에 사는 여성들에게 베일을 벗으라고 명령했고 이를 감시하기 위해 군인들은 순찰을 돌았다. 군인들은 때로는 베일을 벗기기 위해 무기로 위협을 가하기도 했다. 그는 또한 성직자들에게 터번을 벗으라고 명령했다.:119

정치적 이슬람주의의 재생은 전체주의적 체제들에 의한 강압적인 근대화의 결과라 할 수 있다. 리자 샤 팔레비의 가혹한 세속화가 없었거나 이집트, 시리아, 알제리에서의 국가 사회주의가 실패하지 않았더라면 이슬람 혁명 운동은 절대 일어나지 않았을 것이다. 알베르 메미Albert Memmi는 1957년에 쓴 예언적 책에서 이러한 미래의 변화를 완벽하게 예측했다. 즉 중동 국가에서의 독재는 이곳 국민들로 하여금 종교라는 공간에서 체제 비판의 근거지를 찾게 만들었다는 것이다.:120

정치적 이슬람주의는 '문명의 충돌'이 아닌 거부의 표현이다. 모든 문명은 서양을 선두로 한 근대화에 대해 반대 논리를 만들어왔으며 향후에도 그럴 것이다. 19세기 말 메이지 시대의 일본에서 사무라이들은 검은 양복을 입었으며 높은 모자를 썼다. 그들은 진보, 과학, 계몽주의의 이름 아래 불교사원을 파괴했으며 자신들의 국가를 변화시켜야 한다는 의무감에 시달렸다. 그러는 동안 도시에 정착해야 했던 농민들은 찰스 디킨스가 묘사했던 비참한 상태에 처하고 말았다. 부루마와 마갈릿에 따르면 "일본의 농민들은 자신의 누이들을 도시

:119 1930~40년대를 통해 정교하게 만들어진 시리아와 이라크 정부의 바트 당 이데올로기는 그 자체가 유기적인 아랍 공동체를 위한 파시즘과 낭만적 향수의 종합이었다. 이러한 운동의 선구자 중 한 사람인 사티 후스리Sati Husri는 피히테나 헤르더와 같은 독일 낭만주의 철학자들을 심도 있게 연구했다. 피히테와 헤르더는 프랑스의 계몽주의적 정신에 반대해 "혈통과 토양에 뿌리를 둔 유기적이고 대중적인 국가"라는 개념을 제시했다.
:120 Albert Memmi, *Portrait du colonisé*, préface de Jean-Paul Sartre, Paris, Gallimard, 1957.

의 창녀촌에 팔아야 할" 정도로 가난했다. 독일과 마찬가지로 일본에서도 근대 세계로의 진입에 대한 반감은 커져갔다. 그리고 이러한 반감은 이후 2차 대전의 한 원인이 되었다.

폭력의 영원한 회귀

유럽과 일본의 역사는 농촌 세계에서 산업 세계로의 전환이 민주화와 시장경제라는 포근한 안락함 속에서 진행되기 위해서는 극심한 치통이나 사춘기의 혼란과 같이 '그것이 지나가기를' 바라고만 있어서는 안 된다는 사실을 우리에게 알려준다. 폭력이 그 정점에 도달하게 되면 폭력 자체가 자주 이러한 전환을 발생시키는 매개체가 된다.

유럽에서는 16세기와 17세기의 종교 전쟁이라는 살육이 있은 후에야 폭력이 수그러들기 시작했다. 1648년에 30년전쟁이라는 잔악한 행위가 끝나자 이제 국가만이 합법적인 폭력을 행할 수 있다는 인식이 확립되기 시작했다. 그러나 이 순간은 단지 하나의 단계에 불과했다. 유럽의 예는 폭력이 접어들었던 구불구불한 길들을 보여준다. 폭력이 하나의 전선에서 물러섰다면 그것은 단지 다른 전선으로 이동하기 위해서였다. 19세기 전체를 통해 사람이나 사물에 대한 폭력은 크게 줄었지만 부부 간의 폭력과 같은 사적 영역에서의 폭력은 오히려 증가했다. 남자들 사이의 폭력이 줄게 되면서 더 자주 여성이나 아이들을 공격하게 된 것으로 보인다. 미성년자들에 대한 신체적 폭력은 일반적인 범죄가 줄어드는 추세와는 정반대로 지속적으로 증가했다. 공공 영역에서 사라진 폭력은 가정으로 이동했다. 프랑스의 법정은 오랫동안 '사랑, 질투 혹은 정신착란'으로 인한 살인자들에 대해 관대한 태도를 보였다. 1880년대가 되어서야 어린 소녀에 대한 강간, 근친상간, 미성년자 학대에 대한 고발이 증가하기 시작했다.

당시 사회에서 유일하게 합법적인 폭력은 전쟁이었다. 따라서 뮈샹블레가 결론 내렸듯이 "20세기 초에 모순이 발생했다. 즉 문명화된 사람들에게 폭력은 받아들일 수 없는 것이었음에도 불구하고 1914~18년의 섬뜩한 살육이 준비되고 있었던 것이다. 이것은 억압되었던 폭력이 귀환했기 때문인가?":121

뮈샹블레에 따르면 사적 폭력과 공적 폭력의 사이에는 폭력이 몰래 숨어들 수 있는 세 번째 영역이 존재한다고 한다. 그것은 상상계의 폭력이다. 도시에서의 범죄는 감소했지만 유럽의 거대한 도시들은 여전히 '위험한 계급'에 대한 공포로 괴로워하고 있다. 폭력이 줄어듦에 따라 폭력은 더욱더 공포의 대상이 된다. 폭력과 범죄를 다루는 엽기 소설을 읽는 것은 이러한 고통을 떨쳐버리기 위한 수단이 되었다. 18세기 중엽부터 살인자와 도둑들은 '잔인한 어둠의 무리들'이 되어 새로운 도시 대중의 악몽과 책 속에서 나타났다. 피가 낭자한 소

:121 Robert Muchembled, 앞의 책.

설들이 많이 팔리기 시작했다. 악과 죽음을 체화한 영웅들은 테네브라스Tenebras 혹은 지고마르Zigomar라고 불렸다. 그들은 셜록 홈스나 조셉 룰르타비유와 같은 탐정들의 추격을 받았다. '악의 천재'라는 팡토마Fantômas 연재물(범죄소설)은 1911년에 시작되어 1963년의 『무도회를 이끄는 팡토마』로 출간을 멈추었다. 이 연재물에는 폭력과 상해, 복수나 오만과 같은 저속한 이유로 자행된 납치와 감금, 살인이 자세히 묘사되었다. 통틀어 552개의 범죄가 이 연재물에서 다루어졌다.

오늘날 전세계에서 동시에 벌어지고 있는 폭력은 그 수준에서 차이가 있다. 투치족, 보스니아인, 구자라트의 이슬람 교도에 대한 폭력은 불안에 떠는 민족들이 겪고 있는 병적 상태를 보여준다. 이 사례들은 르네 지라르가 묘사한 바로 그 기제를 떠올리게 한다. 유럽의 종교 전쟁 기간에 발생했던 폭력과 같이 자신의 생명을 위해 또는 극단적인 경우에는 공동체의 일원으로 존재하기 위해 이들은 다른 사람을 죽여야만 했다.

증오에 의한 범죄가 국가들 간의 합법적인 폭력으로 확대될 위험성도 있다. 이러한 위험이 뚜렷이 나타나는 지역들은 잘 알려져 있다. 예를 들어 인도와 파키스탄, 동중국해를 둘러싼 중국과 일본, 러시아와 그루지야 공화국 그리고 그 이웃국가들 사이에 이러한 긴장감이 팽배하다. 지구 전역에서 보통은 위협적인 옛 제국과 이로부터 독립하려는 이웃국가들 간의 충돌이 재현되고 있다.

폭력의 세 번째 단계는 상상계에서의 폭력인데, 이것은 오늘날 포스트모던한 폭력의 단계를 의미한다. 이 폭력은 공포 영화나 비디오 게임과 같은 가상의 영역에 존재한다. 오늘날 세계 전역에 존재하지만 특히 부유한 국가에서 쉽게 찾아볼 수 있다. 이것이 21세기의 폭력이다. 미국의 쌍둥이 빌딩에 대한 테러는 이에 대한 완벽한 사례이다. 카메라를 통해 전세계에 전파된 이 테러는 미국의 물질적인 세력이나 재산보다 집단적 상상력을 그 대상으로 삼고 있다. 테네브라스와 지고마르가 이름과 매개체를 바꾸었지만 노리는 효과는 동일한 것이다.

13장

생태계의 붕괴

LA PROSPÉRITÉ
DU VICE

위험에 빠진 지구

산업화가 서양의 몇몇 국가와 일본에 국한되었을 무렵에 지배적이었던 법칙들은 전세계가 산업화하면서 크게 변화했다. 새로운 위협이 국가들에 드리워졌다. 인류의 공동 자산인 지구는 위험에 처하게 되었고 사람들은 이 사실을 점차 인식하기 시작했다. 앞으로 집단적인 자기 파멸의 위험은 바로 이 영역에서 발생할 것이다.

현재 신흥국가들은 근대적 경제성장의 약속을 자신들이 누릴 때가 되었다고 생각하면서 서양이 걸었던 길을 뒤따라가고 있다. 평균적으로 이러한 수렴 과정은 특히 아시아에서 두드러지게 진행되고 있다. 현재의 추세가 계속된다고 가정하면 신흥국들은 2050년경에는

1인당 평균 4만 달러 정도의 발전 수준, 즉 미국이 2005년에 달성했던 수준에 이를 것이다. 이러한 경제성장은 신흥국 국민들의 생활수준이 4배로 높아진다는 것을 의미한다. 부유한 국가들의 소득이 현재 속도로 증가한다고 가정하면, 가난한 국가들은 이들 국가와의 격차를 1대 5에서 1대 2.5로 줄일 수 있을 것이다. 전세계 인구가 60억에서 90억으로 증가할 것을 고려해보면 인류가 지구로부터 끌어낼 부는 6배 증가할 것이다. 즉 2005년에 70조 달러였던 것이 2050년에는 420조 달러가 된다는 것이다. 이것은 또한 인류가 지구에 가할 생태학적 지문의 증가를 의미한다.[122]

그러나 아무도 지구가 이런 급격한 변화에 적응할 수 있도록 준비하고 있지 않다. 18세기까지 인류는 주로 태양 에너지에 의존했고 수력 및 풍력 에너지의 역할은 아직 미약했다. 하지만 이후 모든 것이 변했다. 노벨 화학상 수상자인 파울 크뤼천 Paul Crutzen 은 현재 벌어지고 있는 변화를 '인류세 anthropocéne'의 등장이라고 정리했다. 이 말은 자연이 지배하는 세계에서 인간이 지배하는 세계로의 전환을 의미한다. 아래의 수치는 이 용어가 얼마나 중요한지를 잘 보여준다. 농업이 발전하던 시대에 인간과 그들이 사육하던 동물들은 척추동물 전체의 0.1퍼센트 미만이었지만 오늘날은 98퍼센트를 차지하고 있다.

세계화는 인류가 그동안 야기해온 문제들과는 차원이 다른 문제를 발생시킨다. 중국의 성장은 천연 자원의 공급과 수요 사이에 불균

---

[122] 여기서 사용한 수치와 근거는 Jeffery Sachs, *Commonwealth*, New York, Penguin, 2008에서 인용한 것이다.

형을 초래하고 있다. 곡물, 고기, 석유, 석탄, 철이라는 기본적인 다섯 가지 1차 자원에 대해 중국은 석유만 제외하고 전세계 소비의 선두를 달리고 있다. 석유에서만 미국이 중국을 앞서고 있다. 2005년에 미국이 2억 6000만 톤의 곡물을 소비한 데 비해 중국은 3억 8000만 톤을 소비했다. 중국은 밀과 쌀 소비에서 미국을 앞섰고, 단지 옥수수에서만 미국보다 적다. 중국의 철 소비량은 미국보다 거의 2배 정도로 많다(미국이 1억 400만 톤을 소비한 데 비해 중국은 2억 5800만 톤을 소비했다). 휴대폰, 텔레비전, 냉장고와 같은 현대적 소비재의 영역에서도 중국은 첫 번째 자리를 차지하고 있다. 미국은 자동차, 컴퓨터에서 첫 번째 자리를 차지하고 있지만 그렇게 오래가지는 못할 것이다.

만일 중국이 미국인들의 소비 습관을 따라가게 된다면 2030년부터는 현재 생산되는 전세계 곡물의 3분의 2를 소비하게 될 것이다. 또한 중국의 종이 소비가 미국 수준에 도달한다면 중국은 3억 500만 톤을 소비하게 될 것이다. 이로 인해 전세계 산림은 빠르게 줄어들 것이다! 레스터 브라운Lester Brown이 정리했듯이 "서양의 경제 모델은 14억 5000만 명의 중국인들(2030년 기준)에게는 적용될 수 없다". 또한 이 모델은 2030년에 중국보다 더 많은 인구를 가지게 될 인도에도 적용될 수 없다."[123]

만일 중국인들이 미국인들처럼 인구 4명당 3대의 자동차를 보유

:123 Lester Brown, *Le Plan B*, trad. française, Paris, Hachette Littératures, coll. "Pluriel", 2007.

하게 된다면, 그에 필요한 도로나 주차 공간은 오늘날 벼농사에 사용되는 농지 면적을 초과하게 될 것이며,[124] 석유 소비량은 매일 9900만 배럴에 달할 것이다. 그런데 전세계 석유 생산량은 현재 매일 8400만 배럴이며 이것도 머지않아 줄어들 것으로 예측되고 있다. 석유는 확인된 매장량이 1980년에서 2000년 사이에 두 배가 되었지만 점차 줄어드는 추세를 보이고 있으며, 새롭게 발견되는 매장량도 현재의 연간 생산량보다 적다.[125] 23개 석유 생산국 중 15개국이 이미 '생산 정점'을 찍었으며, 이것은 그들의 연간 생산량이 이미 줄어들기 시작했음을 의미한다.

지구 온난화

이 문제는 산업화가 지구의 운명에 어떤 영향을 미쳤는지를 가장 잘 보여주는 사례인 동시에 가장 우려할 만한 사례이기도 하다. 이제까지 연도별로 조사된 가장 뜨거웠던 12개 해 중에서 11개가 1995년에서 2006년 사이에 존재했다. 이러한 온난화는 일련의 가뭄 증가, 뉴올리언스를 강타한 카트리나와 같은 강력한 태풍, 2003년에 유럽에서 3만8000명을 죽음으로 몰아넣은 폭염 등으로 나타나고 있다. 온난화가 어떠한 영향을 미치는지에 대해서는 더 많은 사례를 들 수 있다. 예를 들어 해수면의 상승, 북극곰과 같

:124 세계 식량문제의 원인 중 하나는 식량과 연료가 향후 경작 가능한 토지를 두고 경쟁을 벌일 것이라는 데 있다. 2000년에서 2005년 사이에 전세계 에탄올 생산량은 1400만 톤에서 3700만 톤으로 증가했다. 브라질은 에탄올 수요의 40퍼센트를 사탕수수에서 추출해 사용하고 있다. 이러한 산업이 정부로부터 보조금을 받는다는 것은 확실히 어처구니없는 일이다.
:125 2005년에 전세계 생산량은 305억 배럴이었다. 새로 발견된 매장량은 75억 배럴에 그치고 있다.

은 몇몇 종의 감소, 아프리카 고원 지역으로의 질병 전파, 사막화의 확산, 빙하의 빠른 융해, 새로운 대홍수, 식수의 고갈 등이 바로 그것이다. 이 모든 혼란은 온난화의 결과이며, 온난화는 온실 효과를 유발하는 가스들의 배출과 관련된다.

태양으로부터 나오는 파장이 짧은 자외선은 온실효과를 낳는 가스들(이산화탄소, 수증기, 메탄)을 통과한다. 자외선은 대기를 관통해 지구를 덥게 만든다.[126] 그러나 이 가스들은 파장이 긴 적외선이 지구에서 우주로 방출되는 것을 가로막는다. 결국 이 가스들은 마치 온실처럼 태양 광선을 들어오게는 하지만 거기서 나오는 열기는 빠져나가지 못하게 한다.

화석연료의 사용과 산림파괴로 대기 중 이산화탄소의 농도가 증가하여 산업화 시대 초기에 280ppm이었던 수치가 오늘날 388ppm이 되었다. 1850년부터 지금까지 기온은 평균해서 섭씨 0.8도 상승했다. 오늘날 이산화탄소의 배출을 완전히 막는다 해도 해양의 온난화는 천천히 진행되기 때문에 0.5도는 상승한다.

영국 정부의 요청에 따라 작성된 스턴 보고서Stern Report와 기후변화에 관한 정부 간 협의체IPCC의 보고서는 온난화의 영향에 대해 자세히 설명하고 있다.[127] 이 보고서들에 따르면 지금까지의 추세가 지속되면 이산화탄소의 농도는 21세기 말에는 560ppm이 될 것이라고

:126 온난화의 화학 방정식은 상대적으로 보면 간단하다. 화석연료는 다양한 비율의 탄소와 수소로 구성되어 있다. 석탄은 주로 탄소로 구성되어 있고 수소는 소량 들어 있다. 이 때문에 지구 온난화의 관점에서 보면 가장 위험한 것은 화석연료이다. 석유는 주로 두 개의 수소분자에 한 개의 탄소분자가 결합된 CH_2로 구성되어 있다. 천연 가스는 CH_4로 이루어져 있다. 화석연료가 탈 때 탄소는 산소와 결합해서 탄산가스인 CO_2가 된다. 한편 수소는 산소와 결합해서 H_2O 즉 물이 된다. 나무를 태우는 것도 거의 비슷한 결과를 낳는다.
:127 세계기상기구WMO와 유엔환경계획UNEP은 1988년에 세계기상기구와 유엔의 모든 회원국이 가입할 수 있는 기후변화에 관한 정부 간 협의체IPCC를 설립했다. 이 협의체가 2007년에 발간한 네 번째 보고서는 지구 온난화의 원인과 해결 방안을 심도 있게 다루고 있다.

한다. 지구가 견뎌낼 수 있는 이산화탄소의 농도는 현재보다 두 배 정도 많은 수준이다. 그 수준을 넘게 되면 어떤 심각한 결과가 초래될지 예측할 수 없다. 그런데 실제의 진행 속도는 지금까지의 추세보다 더욱 빠른 것처럼 보인다. 중국과 인도가 산업화에 본격적으로 뛰어들었기 때문에 지구는 21세기 말이 아니라 2050년부터 560ppm이라는 위험한 한계수준에 도달할 수도 있다. 더구나 다양한 요인들로 인해 이산화탄소의 배출량은 더욱 많아질 수 있다. 예를 들어 툰드라 지역의 빙하가 녹게 되면 많은 양의 이산화탄소가 이로부터 방출될 수 있다. 해양의 온난화도 현재까지 바다 속에 갇혀 있던 이산화탄소와 메탄을 방출시킬 것이다. 또한 빙하의 용해는 태양의 반사를 줄여 온난화의 직접적인 요인이 될 것이다.

다른 재앙들

종의 소멸은 인류세의 다른 측면이다. 환경주의자들은 여섯 번째의 대규모 종의 소멸이라 불리는 현상에 주의해야 한다고 경고하고 있다. 지금까지 있었던 다섯 번의 대규모 종의 소멸은 행성 궤도의 변경, 화산 폭발 혹은 최근의 소행성 충돌에 의한 거대한 충격 때문이었다. 지난 2천 년 사이에 전체 조류의 4분의 1에 해당하는 종이 사라졌다. 다른 한 예를 들면 전체 물고기의 3분의

2가 "완전히 사라졌거나 조금 남았거나 현재 사라지는 중이다".

물 역시 21세기의 중대한 문제이다.[128] 최초의 농경 사회의 생태는 나일 강, 티그리스 강과 유프라테스 강, 갠지스 강, 그리고 양쯔 강과 밀접하게 관련이 있다. 강이 가까이 있어서 당시 사람들은 토지에 물을 댈 수 있었고 불을 피우고 집 지을 나무도 구할 수 있었다. 그런데 오늘날에는 이러한 큰 강들이 바다에 이르지 못하거나 여름에는 급격하게 유량이 줄어드는 것을 볼 수 있다. 갠지스 강이나 나일 강은 건기에는 작은 시내 수준이 된다. 나일 강은 지중해와 만나는 곳에서는 거의 사라진다. 수단과 에티오피아가 물 사용을 늘리기로 결정한다면 이집트와의 충돌을 피할 수 없을 것이다. 동일한 문제가 티그리스 강과 유프라테스 강의 경우에도 발생한다. 터키와 이라크에서 건설되는 대규모 댐들은 고대의 '비옥한 초승달 지역'을 감소시켰다. 과거에 티그리스 강과 유프라테스 강의 델타 지역에 부를 가져다주었던 거대 습지의 90퍼센트가 대규모 댐들로 인해 훼손되었다.

물은 자연 순환(즉 증발과 응결) 덕분에 재생산되거나 땅 속에 묻혀 있는 화석층으로부터 생긴다. 그런데 현재 화석 자원이 빠르게 사라지고 있다. 지금부터 2050년 사이에 태어날 30억의 인구 대부분은 지하수층이 무분별하게 개발된 나라에서 살아갈 것이다. 이미 인도의 북서부 마을은 버려지고 있다. 중국의 북부와 서부 그리고 멕시코의 몇몇 지역에 사는 수천 명의 사람들은 물 부족으로 마을을 떠나

---

[128] 에릭 오르세나Erik Orsenna는 이를 다음의 책에서 자세히 설명하고 있다. *L'Avenir de l'eau. Petit précis de mondialisation*, 2, Paris, Fayard, 2008.

고 있다. 레스터 브라운은 "중국 전역에서 밀의 2분의 1 이상과 전체 옥수수의 3분의 1을 생산하는 북부 평원의 지하수가 예상보다 빠르게 고갈되고 있다"고 말했다. 중국에서 밀과 쌀의 수확량 감소는 점차 심각해지는 물 부족 때문이다.

인도에서도 역시 지하수층이 빠르게 줄어들고 있다. 구자라트 북부에서는 지하수층 감소가 연간 20미터에 이르고 있다. 레스터 브라운에 따르면 "이러한 위험이 터지게 되면 지금까지 볼 수 없었던 무질서가 인도 농촌을 덮칠 것"이라고 한다. 인도는 중국이 걸었던 길을 걷게 될 것이다. 밀과 쌀의 생산은 곧 감소할 것이다. 인도와 중국에서 관개 용지의 생산량은 예전의 5분의 3에서 5분의 4에 그칠 것이다.

세계에서 가장 인구밀도가 높은 수많은 대도시들이 용수가 줄어들고 있는 강 유역에 위치해 있다. 멕시코시티, 카이로, 베이징과 같은 도시는 다른 지방으로부터 물을 끌어오거나 관개 용지를 줄이지 고는 물 사용을 늘릴 수 없다. 중국, 인도 이외에 물 부족에 직면한 두 번째 국가 그룹에는 알제리, 이집트, 이란, 멕시코, 파키스탄이 포함된다.

물 부족이라는 문제를 안고 있는 농업은 더구나 향후 새로운 수요가 급증할 것이라는 도전에도 대처해야 한다. 향후 전세계에는 해마다 7000만 명의 인구가 새롭게 태어날 것이며 50억에 가까운 사람들이 동물성 식품을 더 많이 소비하고자 할 것이다. 한편 생산자의 측면에서 농민들은 관개용수의 감소, 지구의 온난화, 연료 가격의 상승에 직면할 것이다. 1950년에서 1990년 사이에 곡물 수확량은 해마다 2.1퍼센트씩 늘었지만 이후 연간 1.2퍼센트로 감소했다. 알제리, 이집트, 멕시코는 이미 대부분의 곡물을 수입하고 있다. 2007년에 나타난 식량위기는 서브프라임 위기로 인해 잠시 멈추었으나 향후 이와 관련해서 인류가 직면하게 될 문제가 어느 정도 심각할 것인지를 잘 보여주었다.

:: 무엇을 할 것인가?

그렇다면 이에 어떻게 대응할 것인가? 어떤 수단을 동원할 것인가? 또한 누가 지도할 것인가? 진단은 이미 다양한 기구를 통해서 많이 이루어졌다. 오늘날 문제는 그것을 어떻게 실천에 옮길 것인가에 있다. 이미 10년 전 대부분의 국가들이 "지구 온난화를 줄이기 위해 무엇을 할 수 있을지를 협의하기 위해" 유엔기후변화협약을 맺었다. 생물다양성협약도 지구에 닥친 위협에 대응하기 위해 맺어졌다. 수단의 다르푸르와 같이 사막화로 위협받는 지역을 돕기 위한 협약도 체결되었다. 1994년에 카이로 국제인구개발회의는 유아 사망률을 낮추고 인구 증가를 조절하기 위한 행동계획을 결정하였다. 이 행동계획은 가족계획 실시와 에이즈 예방을 위한 조치 등을 포함해 교육과 보건 분야에서의 적극적인 정책을 주문하고 있다.

소위 유엔 밀레니엄 선언이라고 불리는 정책은 2015년 이전에 빈곤, 기아, 미취학 문제를 절반으로 낮추고 '지속 가능한 환경확보'의 개선을 목표로 삼고 있다. 이러한 목표들은 2002년 멕시코 몬테레이 합의에서 재천명되었다. 당시 참가국들은 개발 원조를 두 배 증대하기로 약속했다. 이러한 모든 협약, 의지의 표명, 당면 문제와 해결 수단에 대한 정확한 진단에도 불구하고 세계는 이러한 길로 나서는 데 지체하고 있다.

그러나 오존층의 문제를 다루는 방식을 보면 이 미묘한 주제에 대해 여론이 얼마나 빠르게 변화하는지를 알 수 있다. 처음에 과학자들의 연구는 대기 중으로 방출된 프레온 등의 가스들이 오존층에 어떠한 영향을 미치는지를 보였다. 이 가스들은 냉각 가스와 분무기용 추진 물질로 사용되었다. 이 분야의 선두기업 중 하나인 뒤퐁사 대표는 그것은 말도 안 되는 이야기라고 즉각 대응했다. 그러나 얼마 후에 미국 나사의 인공위성이 남극 위의 구멍이 커지고 있는 사진을 보여줌에 따라 이 문제의 심각성에 대해 같은 여론이 형성되었다. 바로 그 해에 협약이 이루어졌고 몬트리올에서 의정서가 신속하게 체결되었다. 뒤퐁사는 활용 가능한 대안이 있음을 인식했고 신속히 입장을 바꾸었다. 1990년에는 수정안이 몬트리올 의정서에 추가되었다. 그런데 뒤퐁사의 개입으로 처음의 예상보다 더욱 규제적인 것이 되었다!

하지만 이와 같이 다소 고무적인 예를 제외하면 원래 의도와 그 실현 간에는 매우 큰 간극이 존재한다. 기후변화에 관한 유엔의 협약 틀은 이미 1992년에 채택되었다(아버지 부시 대통령이 도입했고 곧이어 미국 상원이 비준했다). 한편 1997년에 채택된 교토 의정서는 선진국들이 2012년까지 온실가스 방출을 8퍼센트 줄이기로 규정했다. 그러나 미국은 클린턴 대통령이 이에 서명했음에도 불구하고 의회가 이를 비준하지 않았다. 그리고 아들 부시 행정부는 이를 완전히 무시했다. 현재의 오바마 행정부는 이 문제에 대해 부시 행정부와는 달리 적극적으로 기여할 것으로 기대된다. 그러나 이미 10년이 지나가버렸다!

새로운 산업혁명

성장주의자들과 성장 반대주의자들 간에는 논쟁이 자주 벌어진다. 만일 성장이 필요한 재화를 더 적은 비용으로 생산하게 하거나 인간의 삶을 향상시켜줄 새로운 재화를 생산하게 해준다면 그것은 문제를 일으키는 원인이 아니라 문제를 해결하는 방안이 될 것이다. 다른 한편 성장은 사회적으로 무용한 경로가 아니라 유용한 경로를 따라 신중히 이루어져야 할 것이다. 그런데 현대의 경제성장에 있어서는 다음과 같은 한 가지 오해가 존재한다. 즉 성장이 산업 생산성을 계속해서 증대시킬 것이고 이로 인해 재화 생산에 요한 노동시간이 단축될 것이며 그 결과 제품 가격이 낮아질 것이라는 시각이다. 그런데 생산되는 재화의 양은 절대 줄지 않는다. 가격이 낮아짐에 따라 재화의 수량은 그에 맞춰 빠른 속도로 늘어나고 있다. 결국 계속해서 낮아지는 가격은 '쉽게 쓰고 버리는 경제'의 성장을 가져온다. 과거에 사람들은 평생 손목시계 하나만을 가지고 살았으나 오늘날은 셔츠의 색깔에 맞춰 손목시계를 바꾼다. 이것은 마치 잡지를 사면 공짜로 따라오지만 뜯어보지도 않는 저가의 전자제품과 마찬가지다.

그런데 '이처럼 쉽게 쓰고 버리는 경제'는 지구의 지질학적 한계와 정면으로 충돌할 운명에 있다.:129 도시 밖으로 쓰레기를 처리하는 데 드는 비용은 계속해서 증가하고 있다. 뉴욕은 쓰레기 처리장의 포화 상태로 가장 먼저 고통을 겪은 거대 도시들 중 하나이다. 1만2000톤의 쓰레기가 매일 만들어진다. 이 쓰레기를 도시 밖으로 치우려면 매일 600개의 트레일러가 동원되어야 한다. 이런 상황이라면 재화의 가격은 그 재화를 치우는 데 들어가는 환경 비용보다 낮아진다. 레스터 브라운이 인용한 바에 따르면, 엑손사에서 노르웨이 담당 부사장을 지낸 오이스타인 달Oystein Dahle은 이 문제를 다음과 같이 정리했다. "사회주의가 무너진 것은 시장이 경제적 진실을 말하도록 허용하지 않았기 때문이다. 자본주의 또한 시장이 생태적 진실을 말하도록 허용

:129 Lester Brown, 앞의 책.

하지 않기 때문에 무너질지 모른다."

　이러한 위기를 막기 위한 첫 번째 실행 방안은 환경오염 유발자들에게 세금을 부과하는 것이다. 특히 온난화 저지를 위해 탄소세를 부과하는 것이 그 예가 될 수 있다. 그러나 세금 부과는 감사와 감시 업무를 필요로 하는데, 이것은 관련 분야(전기, 교통, 건축, 공공사업)에 직접 환경 관련 규제를 가하는 업무보다 비용이 더 많이 든다. 또 다른 우선순위는 지하수층의 과도한 사용, 산림의 완전 벌채, 과도한 어획 등과 같은 환경 파괴 행위를 조장하는 보조금을 없애는 것이다.

　무공해 에너지에 대한 투자는 두 번째로 중요한 방향이다. 스턴 보고서의 핵심 결론은 분명하다. 이 문제들이 빨리 해결될수록 그 비용은 더 적게 들 것이다. 이 보고서에 따르면, 지속적으로 세계 GDP의 1퍼센트를 매년 투자하면 온난화를 저지하는 데 충분하다고 한다. 그러나 이는 즉각 실천에 옮겨져야 한다. IPCC는 탄소를 가두기 위한 최신 기술을 일반화하는 데 드는 비용이 그리 크지 않을 수 있다고 추정했다.:130 지금 당장 실행하면 적당한 수준에서 해결될 일이지만 늦게 대처한다면 엄청난 비용이 들게 될 것이다.

　그러나 세금 부과, 보조금 지급, 그리고 투자 이상의 노력이 필요하다. 성공을 위해서는 환경혁명이 새로운 산업혁명에 상응할 만한 거대한 변화를 만들어내야 한다. 그것은 경제성장을 이루는 새로운 방식을 의미한다.

:130 현재의 추세에 비교해 탄소 배출의 감소를 전기로 환산해보면 그 비용은 톤 CO_2당 10∼50달러 사이일 것이다. 혹은 킬로와트당 1∼5달러에 해당한다(Jeffery Sachs, 앞의 책).

석유 고갈이라는 핵심적인 예를 든다면, 도시화나 국제 무역과 같이 오늘날 자연스러운 것으로 여겨지는 것들도 석유가 귀해지고 비싸지는 압력을 받아 갑작스럽게 위축될 수 있다. 그런데 이처럼 석유 고갈이 잘 알려져 있음에도 불구하고 화물과 승객을 위한 새로운 항공 노선이 무제한적으로 증설되고 있다. 또한 세계에서 가장 큰 자동차 회사인 제너럴 모터스는 4륜 구동 자동차의 판매와 같은 터무니없는 사업으로 파산 상태에 처해 있다.

석유 고갈은 자동차를 기초로 도시 외곽이 중요한 역할을 했던 도시 문명에 고통스러운 종지부를 찍게 할 것이다. 사람들이 교외에 있는 주택에서 도심으로 매일 자동차를 타고 한 시간가량 출퇴근하는 현재의 생활방식은 지속되기 어려울 것이다. 이러한 이동에 기초를 둔 모든 경제는 재검토되어야 할 것이다.

몰락

제러드 다이아몬드는 『문명의 붕괴 Collapse』에서 어떻게 수많은 문명들이 스스로 야기한 생태적 재앙으로 인해 파멸에 이르렀는지를 분석했다. 수메르인들은 최초로 도시를 건설했고 문자를 발명했다. 그러나 수메르 문명은 한 가지 결함을 가지고 있었다. 관개 시설이 삼투 현상을 가져와 지하수층을 상승시킨 것이다.

그 높이가 표층 몇 센티미터에까지 이르자 물이 증발되기 시작했고 이는 토지의 염도를 상승시켰다. 시간이 흐르면서 소금이 쌓이자 토지 생산성은 떨어지기 시작했다. 결국 오늘날 수메르 지역은 녹지가 거의 없거나 완전히 사라져버린 곳이 되었다. 세상에서 가장 오래된 문명이 있던 지역이 그야말로 아무것도 살 수 없는 빈 공간이 된 것이다.

마야 문명도 같은 운명을 겪었다. 250년경의 부흥과 900년경의 몰락 사이에서 마야 문명은 매우 수준 높고 생산적인 농업 체제를 운영했다. 그러나 산림 감소와 토지 침식은 식량의 부족을 가져왔고, 이는 도시들 사이의 내전을 야기했다. 결국 마야 문명은 지상에서 사라지고 말았다. 이스트 섬, 그린란드의 바이킹들과 같이 생태 위기에 적절히 대응하지 못해 몰락할 수밖에 없었던 문명들의 예는 너무 많다.

다이아몬드에 따르면 이러한 재앙은 네 가지 형태의 실수로 빚어진 결과이다. 첫째는 어떤 문제가 발생할지 예측하지 못한 실수, 둘째는 문제가 발생했을 때 그것이 무엇인지 정확히 인식하지 못한 실수, 셋째는 문제를 인식했을 때 이를 해결하기 위한 의지를 강력히 천명하지 못한 실수, 넷째는 문제를 해결하겠다는 의지를 천명했으나 실제의 실천에는 이르지 못한 실수가 바로 그것이다.

이미 우리는 세 번째 국면에 들어서고 있다. 문제를 사전에 예측하지는 못했지만 이제 어떤 문제인지는 인식하고 있다. 문제에 대응하기 위해 집단적 의지를 천명하고 이러한 의지가 실제 해결을 위한 실천으로 나아가게 하는 일만 남았다. 그러나 이 두 조건은 모두 쉽지 은 일이다. 지금까지 언급한 모든 영역에서 새로운 국제 기준을 만들기 위해서는 과학적 연구와 정치적 결정의 차원에서 대규모의 공조가 필요하다.

물론 비관적인 예만 있는 것은 아니다. 600년 전에 아이슬란드인들은 고지대의 목초를 과도하게 사용하면 처음부터 풀이 무성하지 않았던 지역에서는 녹지대가 완전히 사라질 수도 있다는 점을 인식했다. 당시에 농민들은 토지의 지력 유지를 위해 양떼의 규모를 한정하고 각 농가의 할당량을 결정했다. 이를 통해 아이슬란드는 생태 위기에서 벗어날 수 있었다. 그러나 이처럼 생태 위기에 현명하게 대처했던 아이슬란드가 최근의 금융 위기에 직면해서는 그와 같은 현명함을 보여주지 못했다. 이것은 체제의 위기를 예측하는 데 있어 인간의 능력이 얼마나 부족한지를 잘 보여준다.

14장

금융 공황

LA PROSPÉRITÉ
DU VICE

새로운 금융 자본주의

부의 생산을 위해서는 원자재, 노동 그리고 자본이 필요하다. 세계화 과정에서 이러한 세 가지 요소는 지리적으로 구분되고 있다. 즉 노동은 아시아에서, 원자재는 아프리카와 중동 지역에서 제공된다. 그리고 자본은 여전히 부자 나라들의 전유물이다. 마르크스의 용어로 표현한다면 자본은 이중의 의미를 가진다. 기계를 사고 노동력을 고용하기 위한 기본적인 자금도 자본이고 생산 과정을 통제하는 것도 자본이다. 이러한 생각은 여전히 유효하다. 그러나 자본이 작동하는 형태는 변했다. 오늘날 자본은 '비물질적인' 재화가 되었다. 즉 연구개발R&D, 광고, 유행, 금융이 자본이다. 오늘날 생산 세계를 지배하는 것은 바로 이러한 비물질적 재화이다.

빈곤한 나라들이 물질적인 재화 생산에서 더 중요한 역할을 맡고 있다고 한다면, 부자 나라들은 비물질적인 생산 부문을 지배하려고 노력하고 있다. 연구개발의 경우만 해도 오늘날 95퍼센트가 부자 나라에서 이루어지고 있다. 예를 들어 암, 당뇨, 알츠하이머와 같이 부자 나라의 환자들이 주로 앓는 질병에 대해서는 연구가 활발하다. 그러나 말라리아와 같은 질병에 대해서는 지불 능력이 있는 환자들이 없기 때문에 연구가 이뤄지지 않고 있다. 즉 비물질적 생산을 지배하고 있는 선진국들은 세계의 공공선을 고려하지 않고 행동한다. 경제학자들의 표현에 따르자면 민간의 이윤 창출과 사회 전체의 이익 증대가 반드시 일치하는 것은 아니라는 말이다.

서브프라임 위기로 우리는 비물질적 재화의 최고 형태인 금융 자본주의가 세계를 휘젓고 다니는 것이 얼마나 위험한지 알게 되었다. 제러드 다이아몬드가 파악한 위기의 네 단계는 이 경우에도 긴밀히 연결되어 있다. 즉 위기를 예측하지 못했고, 위기의 첫 번째 징후가 발생했지만 이를 인식하지 못했다. 이후 위기를 인식했지만 대응방안에 대해 합의하지 못했으며, 마지막으로 문제 해결을 위해 합의한 내용을 실행에 옮기지 못했다. 이제 이처럼 파국을 향해 치닫는 연쇄 과정을 살펴보도록 하자.

케인스 학파의 위기

1980년대에 시작된 자유화는 2차 대전 이후 성립되었던 규제와 상호 협력의 세계를 해체해버렸다. 경제와 관련해서 당시 세계는 일찍이 포드, 베버리지, 케인스의 세 사람이 결합해서 만든 삼각 부양 장치 위에 세워졌다. 포디즘은 대규모로 조직되었던 기업들이 1980년대에 해체되면서 재검토 대상이 되었다. 베버리지에 의해 촉진된 복지체제는 영광의 30년이 끝나고 성장이 둔화하기 시작하자 어려움에 봉착하고 말았다. 케인스의 이론 역시 흔들리고 있었다. 거시경제에 대한 조정이 자본주의의 순조로운 작동을 위해 요하다는 생각은 고루한 것이 되고 말았다. 그러나 최근 서브프라임 위기가 닥치자 갑작스럽게 케인스의 복권이 이루어지고 있다.

케인스 학파의 위기는 1970년대로 거슬러 올라간다. 석유 위기가 발생하자 경제는 어려워지기 시작했다. 석유수출국기구OPEC 국가들이 1973년에 석유 가격을 네 배로 올렸고 1978년에는 다시 두 배로 올렸다. 갑작스러운 석유 가격의 상승은 각국 경제를 어려움에 빠트렸다. 인플레이션과 경기침체의 전대미문의 결합, 즉 스태그플레이션 현상이 발생했지만 당시에는 이를 제대로 인식할 수 없었다. 경제학자들과 정치인들이 이 현상을 정확하게 인식하는 데에는 많은 시간이 걸렸다. 2차 대전 이후 케인스 이론을 공부해왔기 때문에 이들은 경기침체가 최종수요의 부족으로부터 온다는 분석에 익숙했다. 수요가 부족할 때는 실업이 발생하지만 인플레이션율은 하락하는 경향이 있다. 수요가 많을 때에는 그 반대 현상이 나타난다. 즉 실업은 줄지만 인플레이션율은 상승하는 것이다. 이런 상반되는 관계는 1956년에 이를 분석한 경제학자의 이름을 따서 '필립스 곡선'으로 불린다.

그런데 스태그플레이션이 이러한 법칙을 뒤흔들어버렸다. 실제로 실업과 인플레이션이라는 두 악 중 하나가 발생한 것이 아니라 두 악이 동시에 발생한 것이다! 이 명백한 모순을 이해하기 위해서는 다소의 시간이 필요했다. 해결해야 할 문제는 수요의 부족이 아니었다. 문제는 공급에 있었다. 단기적으로는 석유 가격의 상승이, 장기적으로는 생산성 향상의 정체가 기업들의 공급을 압박했다. 이러한 상황에서 수요를 늘리는 정책은 실업은 감소시키지 못한 채 물가만 높이는 결과를 가져왔다. 프랑스의 지스카르 데스탱 정부나 미테랑 정부를 비롯한 모든 정부는 소비 증가를 통해 실업 문제를 해결하려 했지만 결국 실패하고 말았다.

이러한 실패는 케인스 이론에 대한 심각한 회의를 불러일으켰다. 1980년대에 정치인들과 경제학자들은 시카고 학파의 대표인 밀턴 프리드먼과 그의 제자들, 즉 '신통화주의자들'의 이론에 기대어 케인스 이론을 비판했다. 신통화주의자들은 국가의 개입을 축소하라고 주장했다. 그들은 기업들의 경쟁력 상실 원인으로 복지국가를 지목했다. 그들에 따르면 시장은 오류를 범하지 않으며, 실업은 '자연스러운' 것이었다. 프리드먼은 케인스로부터 영감을 받은 경제정책이 오히려 해결해야 할 문제들을 더 악화시킨다고 주장했다. 즉 모든 수단을 써서 완전 고용을 달성하고자 하는 이러한 정책은 오히려 인플레이션을 가속화시키며 이후 인플레이션을 막는 데 더 큰 비용이 들게 한다는 것이었다.

이러한 일련의 과정 속에서 가장 결정적인 계기는 1980년대 초에 미연준의 새 의장으로 선출된 폴 볼커Paul Volker의 통화 정책이었다. 그는 인플레이션 현상을 막기 위해 통화 공급을 갑작스럽게 줄였고 이로 인해 이자율은 급격히 상승했다. 1982~84년에 취해진 이러한 충격 요법으로 인해 미국의 인플레이션율은 갑자기 하락했다. 미국은 심각한 경기침체를 겪었지만 통화 정책에 대한 '신뢰'와 통화에 대한 믿음을 회복할 수 있었다.[131] 이와 반대로 케인스 학파에 대한 믿음은 완전히 사라졌다! 바로 이러한 분위기에서 1980년대의 신자유주의 혁명이 시작됐다.

새로운 자본주의 정신

위대한 포디즘의 전통에서 비롯된 산업 자본주의는 1930년대의 위기와 냉전의 비호 속에서 번영을 구가했다. 1929년 이후 주식시장은 도덕적으로나 경제적으로나 지탄의 대상이

:131 '신뢰'는 이 시대의 화두였다. 한마디로 '믿을 만하다'는 것은 하고 싶지 않더라도 약속한 것은 반드시 지키는 행동을 의미한다. 큰 피해가 발생하더라도 주저 없이 핵단추를 누를 것이라고 적이 생각한다면 핵 억제력은 믿을 만한 것이 된다. 국민으로부터 원성을 사더라도 긴축 정책을 펴야 할 때 이를 추진한다면 중앙은행은 신뢰를 얻을 수 있다. 중앙은행과 같은 기관이 신뢰를 상실한다면 경제 주체들은 반복되는 화폐 가치 하락, 가속화하는 인플레이션 등과 같은 최악의 상황을 예상할 것이다. 국민들의 이러한 생각만으로도 중앙은행은 경기 조절에 큰 어려움을 겪을 것이다.

되었다. 주식시장이 위기와 전쟁의 원인이었다는 책임론이 제기됐기 때문이다. 당시 기업 경영진들은 주주들의 생각을 철저히 무시한 채 자신들의 의도대로 기업을 경영했다. 그래서 당시를 경영자 자본주의 시대라고 부르기도 한다. 이러한 분위기에 냉전도 중요한 역할을 했다. 철학자 페터 슬로터다이크Peter Sloterdijk가 농담조로 이야기했듯이 당시는 임금 노동자들이 자신들의 요구를 쉽게 관철시킬 수 있는 시기였다. "사회의 평화를 위해서는 대가를 치러야 한다는 사실을 고용주에게 이해시키기 위해 노동자들은 조심스럽게 제2세계(소비에트 블록)의 현실에 눈길을 돌리기만 해도 되었다."[132]

1980년대부터 주주들은 다시 주도권을 잡기로 결심했다. 그들은 1929년의 교훈을 잊고 자본주의를 새롭게 검토하기 시작했다. 2차 대전 이후 기준이 된 노동조직 유형은 그와 관련된 노동자들의 경력 관리 방식, 사회 정책, 노동조합과 함께 재검토 대상이 되었다. 경영자들의 보수를 이윤에 연동시켜 경영자들을 통제하는 방식이 점차 기존의 경력관리 방식을 대체하게 되었다. 얼마 지나지 않아 임금 노동자에 불과했던 경영자들은 자신의 조건에서 벗어나기 시작했다. 경영자들이 주식시장으로부터 나오는 이익의 일부를 수취하게 되자 그들의 운명과 보수는 주식시장의 등락과 함께 움직였다. 그리고 기업 경영 방식 역시 주식시장의 논리에 큰 영향을 받았다. 한 유형의 자본주의가 소멸하고 새로운 유형의 자본주의가 탄생한 것이다.

:132 Peter Sloterdijk, *Colère et temps*, Libella—Maren Sell, 2007.

새로운 '주주 자본주의'가 강요하는 규범은 기업의 전문 지식과 '핵심 업무'에 활동을 집중하는 것이다. 나머지 모든 업무들은 시장에 맡겨졌고 외주화가 일반화되었다. 1950~60년대에 기업들은 구내식당, 시설관리, 청소, 경리 업무 등에 노동자를 직접 고용했다. 그러나 외주화와 함께 기업은 이러한 서비스를 위해 직접 노동자를 고용하지 않았으며, 이러한 서비스를 제공하는 외부 업체들은 서로 경쟁하기 시작했다. 점차 노동자가 없는 기업이 추구되었으며 새로운 정보 통신 기술의 혁명은 이러한 경향을 가속화시켰다. 세계화로 인해 경쟁이 확대되고 더 저렴한 노동력이 제공되면 이러한 움직임은 더욱 활기를 띨 것이다. 가능하다면 외주화 대신 아예 공장을 이전하기도 한다. 그러나 시간 순서상 자본주의의 내적인 재구조화가 세계화보다 먼저 이러한 변화를 이끌었다.

시장 주도 금융

또한 이러한 혁명은 금융 체제 자체를 크게 변화시켰다. 1929년 위기 이후 강화되었던 금융 규제로부터 완전히 벗어난 새로운 금융 중개 형태가 발전한 것이다. 이 새로운 체제는 종종 그림자 금융 체제shadow banking system(중앙은행의 규제를 받지 않는 비은행 금융 회사들이 중요 역할을 하는 금융 체제)라고 불린다. 미국에서 그림자 금융 체제는 80년대에는 거의 존재하지 않았지만 서브프라임 위기 직전에는 이미 전통적인 은행 체제와 동일한 규모인 10조 달러 수준으로 성장했다. 이것은 투자은행, 헤지펀드, '사모'펀드(부채를 얻어 비상장 기업을 매입하는 펀드), 보험회사들이 성장한 결과였다.[133] 새로운 시장 금융이 제공하는 기회를 최대한 활용하기 위해 은행들은 자신의 대차대조표에 나타나지 않는 전대미문의 조직인 구조화 투자회사 SIV를 만들었으며, 이를 활동 기반으로 삼아 건전성 규제를 피했다. 은행들이 자기자본을 동원하지 않고 대출을 받아 고수익 자산에 투자하는 이러한 기법을 지렛대 효과 혹은 레버리징 leveraging이라고 부른다(이를 지렛대 효과라고 부르는 이유는 지렛대를 이용해 체구가 작은 사람이 큰 물건을 들어올리는 것처럼 소규모 자기 자본으로도 대규모의 타인 자본을 조달해 투자하기 때문이다—옮긴이).

시장 금융은 자기 방식대로 월스트리트의 새로운 꿈을 완성했다. 즉 "공장과 노동자가 없는" 기업을 만들어낸 것이다. 전통적인 은행들은 지점을 통해 예금을 유치하는 힘든 활동을 해야만 했다. 그들은 대출 때마다 고객 서류를 만들어야 했고 만기가 될 때까지 지속적으로 관계를 맺어야 했다. 더 나아가서는 파산의 위험을 져야만 했다. 현대의 금융은 이런 힘든 일에서 벗어났다! 금융시장 참가자들, 즉

---

[133] AIG(American International Group)의 사례를 통해 시장 금융이 어떠한 변화를 겪었는지 이해할 수 있다. AIG는 보험회사였으므로 예금은행과 같은 감독을 받지 않았다. AIG는 AIG Finances라는 부서를 만들어 CDS(Credit Default Swaps, 신용 디폴트 스왑)를 처음으로 거래하기 시작했다. CDS란 채무자의 파산 위험에 대해 수수료를 받고 보험을 제공하는 상품이다. 상업은행들 역시 대차대조표에 기록되지 않는 금융 서비스를 발전시켰다. 이 은행들은 높은 위험도의 서브프라임 상품을 구입하는 특수 조직을 만들어 새로운 상품 거래에 가담했다. 그들은 법을 어기지 않는 한도 내에서 규제 체제의 빈틈을 최대한 이용했다. 규제 당국의 방임주의도 문제였다. 그들이 만일 조금만 더 주의를 기울였더라면 이러한 술책을 알 수 있었을 것이다. 그러나 규제 당국은 그렇게 하지 않았다. 왜 그랬을까? 아마도 그것은 규제 당국이 완전 자유 시장이라는 새로운 패러다임에 사로잡혀 있었기 때문일 것이다. 새로운 시장 패러다임에서는 모든 금융 활동이 자동 조절된다고 한다. 이러한 생각에 사로잡히지 않았다면 규제 당국은 회계장부의 공개를 요구했을 것이다.

트레이더들은 예금을 유치할 필요 없이 컴퓨터 앞에 앉아 시장만을 상대로 금융 활동을 한다. 그들은 대출을 해주는 대신 대출을 '증권화한다'. 즉 다른 금융기관들이 제공한 신용대출들을 모아 새로운 상품으로 만들어 시장에 내놓는다. 이런 새로운 체제는 상업은행이 하던 예금 유치나 대출 수행과 같은 모든 일상 업무들을 외주화하고 금융 공학이라는 핵심 업무에 집중하게 만든다. 이 때문에 금융 역사상 가장 심각한 파산의 요인들이 자리 잡게 되었다.

서브프라임 위기

금융 혁신은 처음에 매우 획기적인 아이디어처럼 보였다. 주택 담보 대출을 더욱 매력적인 것으로 만들기 위해 월스트리트의 금융 공학자들은 다음과 같은 생각을 해냈다. 그들은 다양한 담보 대출로 구성된 포트폴리오를 결합해 새로운 파생 상품, 즉 트랑셰tranche들을 만든다. 가장 좋은 트랑셰가 먼저 팔리고 그다음 두 번째로 좋은 트랑셰가 팔리며 마지막으로 파산 위험을 내포하고 있는 가장 나쁜 트랑셰가 팔린다. 이런 식으로 금융 공학자들은 다양한 투자자들의 흥미를 끌 수 있는 다채로운 상품들을 만들 수 있다. 예를 들면 우량 자산을 선호하는 연기금은 가장 좋은 트랑셰를 보유하고, 헤지펀드는 위험 자산을 보유하며, 은행은 아무도 원치 않는 자산을 장부에 기입하지 않고 보유한다. 제너럴 일렉트릭의 한 자회사에 의해 1983년에 만들어진 이러한 혁신적 기법은 원래 평범한 대출자를 대상으로 한 것이었다. 1994년에 처음으로 위기가 발생했지만 이 기법은 2000년대 들어 더욱 발전했고, 혜택을 받을 수 있는 가계의 수를 확대시켰다. 이로 인해 신용도가 가장 낮은 빈곤한 서민층도 서브프라임이라는 대출을 받을 수 있었다. 월스트리트가 할렘을 구원하러 온 것이었다! 그러나 이러한 동화는 결국 비극으로 끝났다.

서브프라임 위기는 몇 개의 시한폭탄이 연쇄적으로 폭발하면서 발생했다. 우선 위기 발생 전에 하나의 중요한 사실이 알려졌다. 대출을 받은 사람들이 신규 고객이라는 점을 감안하더라도 그들의 채무불이행 위험성이 매우 높았다는 점이다. 이것은 대출 제공 금융기관들이 고객의 상환능력을 철저하게 과대평가했기 때문이다. 대출자들의 신용 수준이 떨어진 이유는 명확하다. 대출의 증권화로 인해 대출 기관이 대출을 즉각 시장에 되팔게 되면서 유인구조가 완전히 변한 것이다. 이제 중요한 것은 담보대출 건수를 늘리는 것이지 고객의 신용도를 정확히 조사하는 것이 아니었다. 즉 금융기관이 대출 업무를 수행할 때 그것을 곧장 다른 사람에게 넘길 것을 알면서 대출하는 것과 자신이 그것을 다시 회수해야 한다고 생각하면서 대출하는 것은 다르다. 과실이 발생할 뿐 아니라 사기행위도 저질러졌다는 사실이 밝혀졌다. 어떤 대출 기관들은 대출 규모를 부풀리기 위해 고객들의 상환능력을 인위적으로 부풀렸을 것이다.

증권 상품에 대한 불신을 야기한 또 다른 원인은 신용등급을 결정하는 방법과 관련된다. 투자금융기관들은 신용평가기관의 도움을 받아 AAA 등급을 받은 무위험 자산을 만들어냈다. 이를 위해 그들은 세련된 수학 모델들을 동원하여 다양한 채권들의 파산위험 확률을 예측했고 그 채권들로부터 가장 위험이 적은 부분을 추출해냈다. 이 모델들은 정상적인 상황에서는 분명히 좋은 성과를 낸다. 그러나 『이코노미스트』지에 따르면 이 모델들의 계산 결과 골드만 삭스는 파산위험 확률이 10^{138}의 1로 추정되었던 양호한 펀드 하나를 폐쇄한 적이 있다![134]

이러한 방식으로 시장 금융은 위험도 검증이 무시된 증권들, 즉 '거짓된 금융 화폐'를 유통시켰다. 경솔한 행동방식, 위험에 눈감은 무분별한 행동방식은 현재 설명해야 할 금융 공황의 핵심적 원인이다.

:134 계산 착오의 원인 중 하나는 미국 전체 차원에서 대규모의 담보대출 위기가 절대 발생하지 않을 것이라는 가정 때문이었다(지역 차원에서 담보대출 위기가 발생할 가능성은 고려되었다). 앙드레 오를레앙André Orléan의 다음 책을 읽어볼 것. *De l'euphorie à la panique: penser la crise financière*, Paris, Éditions Rue d'Ulm, coll. du Cepremap, 2009.

탐욕

막스 베버는 1904년에 발표한 『프로테스탄티즘의 윤리와 자본주의 정신』을 통해 자본주의를 탐욕이나 돈에 대한 욕심으로 특징지어서는 안 된다고 말했다. 만약 그런 경우라면 자본주의는 이미 페니키아 상인들이 활동했던 중동이나 향신료 무역을 했던 부유한 베네치아에서 발전했을 것이다. 그런데 자본주의는 영국에서 생겨났고 이후 미국과 북유럽에서 발전했다. 베버는 만일 탐욕greed이 인간 활동의 중요한 원동력 중 하나라는 것을 인정한다 해도 원래 자본주의는 이러한 욕망을 합리화시키고, 신뢰와 계약 관계를 만들어내며, 규칙이나 법, 책임 '윤리'를 통해 전체의 균형을 회복시킨다고 주장했다.

그러나 금융 혁명은 자본주의에 대한 베버의 시각이 얼마나 허술했는지를 잘 보여준다. 1980년대에 등장한 새로운 자본주의 정신의 대표적 특징 중 하나는 도를 벗어난 불평등의 심화이다. 토마 피케티Thomas Piketty와 이매뉴얼 사에즈Emmanuel Saez의 자료에 따르면 미국의 경우 가장 부유한 계층 1퍼센트의 소득은 금리생활자들의 황금시대였던 20세기 초와 비슷한 수준으로 다시 증가했다. 즉 이들은 2차 대전 직후에는 전체 소득의 7퍼센트를 벌었지만 현재는 16퍼센트 이상을 벌고 있다. '제정신 아닌 돈'이 지배하는 시대인 것이다.

영국의 『파이낸셜 타임스』지는 위기가 발생하기 전 3년 동안에 상위 거대 금융사들의 경영진이 얼마를 벌었는가에 대한 연구를 인용한 적이 있다. 이 기간에 금융기관들은 4조 달러의 손해를 입었지만 그곳의 경영진들은 거의 1000억 달러를 벌어들였다고 한다. 이와 같이 '거꾸로 된' 지렛대 효과는 현재 어떤 메커니즘이 작동하고 있는지를 잘 보여준다.

트레이더들과 금융가들이 전적으로 빚을 내 투자를 하게 된 순간부터 왜곡된 인센티브가 작동하게 되었다. 빚을 내서 투자한 것이 이익을 내면 그들은 빚을 갚고 돈을 대주었던 투자자들과 이윤을 나누었다. 그러나 만일 투자한 것이 상환능력이 없는 '실패한 투자'였다면 그 손실은 전적으로 투자자들이 져야 했다. 투자자가 자본을 출자하지 않을 때에 그 게임은 마치 '뒷면이 나오면 내가 이기고, 앞면이 나오면

네가 진다'는 식이었다. 4조 달러의 손해를 끼치고도 1000억 달러를 번 금융가들에게 결과는 언제나 이익이었다. 어떤 일이 발생해도 회사에 끼친 수 억의 손해를 갚으라고 그들에게 요구할 수 없었다.

금융기관의 경영진들이 가진 태도는 폴 크루그먼Paul Krugman의 표현을 빌린다면 팡글로스의 행동과 동일하다. 볼테르의 소설『캉디드』에 나오는 팡글로스는 어디에서나 '세상의 가장 좋은 면'을 볼 수 있다고 믿는다.:135 트레이더들도 비슷하게 행동한다. 그들은 좋은 측면만 보고 위험을 무시한다. 그러나 그들의 보수가 결정되는 원칙이 비대칭적이기 때문에 이들의 행동은 근시안적인 것이 아니라 합리적인 것이다. 그들이 투자에 성공하면 그들은 모든 것을 얻는다. 그들이 투자에 실패하면 직장을 잃거나 경력에 흠이 간다. 하지만 그들이 입을 손실은 남들에게 입힌 손실에 비하면 터무니없이 작다.

이러한 악순환에 얽혀 있는 사람들은 금융 시장 종사자들만이 아니었다. 가계도 위험한 행동을 할 유인을 갖게 되었다. 즉 매우 느슨한 규정으로 인해 미국의 가계들은 소유 부동산의 가치가 상승함에 따라 더 많은 빚을 낼 수 있었다. 실제로 부동산 가격이 올라갈 때마다 가계는 가격 상승분만큼 새롭게 빚을 내 그 빚으로 소비 지출을 늘렸다.

한 가지 놀랄 만한 통계가 미국 가계의 소비가 얼마나 과열되었는지를 보여준다. 소득의 불평등은 1990년대와 2000년대 내내 크게 증

:135 볼테르는 팡글로스라는 인물을 통해 라이프니츠와 그의 '충족 이유율'을 희화화했다(충족 이유율이란 사고에는 언제나 충분한 이유가 있어야 함을 요구하는 법칙이다—옮긴이). 리스본의 지진에 충격을 받은 볼테르는 악이 선의 대립물이라는 생각에 반발했다. 팡글로스는 세상은 결점이 있지만 여전히 가장 좋은 곳이라고 생각하는 낙천적인 인물이다.

가했지만 소비의 불평등은 전혀 증가하지 않았다. 가계 대출이 부족한 소득을 보충함으로써 성장 동력이 된 것이다. 따라서 서브프라임 위기는 자산가치가 계속해서 상승하는 가상세계에 살면서 현실성의 원칙을 모두 잊기로 결정한 한 사회의 병적 행동을 나타내는 것이다.

부동산 가격이 상승하는 동안에는 모든 것이 잘 돌아간다. 그러나 부동산 가격이 하락하는 순간부터 모든 것이 바뀌기 시작한다. 가계는 그동안 끌어다 쓴 빚이 그 빚으로 구입한 자산가치보다 커지게 되면 대출 만기가 돌아올 때 새롭게 빚을 낼 수가 없다. 그 결과 대출 상환은 중단될 수밖에 없다. 자산가치의 상승을 확신했던 금융기관과 마찬가지로 미국의 가계들은 자산가치가 하락하게 될 위험을 무시했다. 결국 부동산 가격이 하락하기 시작했을 때 금융 팡글로스들이 모래 위에 지은 성은 무너질 수밖에 없었다.

:: 붕괴

2007년 여름 서브프라임 위기가 터졌을 때 미연준 의장인 벤 버냉키는 그 순간 그 자리에 있어야 할 가장 적당한 인물이었다. 그는 1930년대 대공황의 주된 요인이 미국 통화 당국의 무능력에 있었다는 이론을 확립하는 데 결정적인 기여를 한 학자였다. 2007년 여름에 위기가 시작되었을 때 그는 과감하게 대규모의 유동성을 투입해 투자은행인 베어 스턴스Bear Stearns, 그리고 대규모 주택담보 유동화 회사인 연방주택대출저당공사Freddie Mac와 연방저당권협회Fannie Mae를 구제했다.

벤 버냉키가 당면했던 긴박한 상황은 통화정책에 있어 신의 손이라고 불렸던 앨런 그린스펀Alan Greenspan 전임 의장이 물려준 것이었다.

인플레이션 위험이 사라졌다고 확신한 그린스펀은 1987~2006년의 재임 기간 내내 확장적인 통화정책을 폄으로써 기술주 버블, 부동산 버블, 석유 버블을 차 로 일으켰다. 그의 보호 아래에서 시장 금융은 신용확대를 통해 발전했지만 결국 서브프라임 위기로 파멸하고 말았다.

그러나 버냉키 역시 이전에 책을 통해 자신이 비판했던 잘못을 다시 저지르고 말았다. 2008년 9월 15일 월요일에 리먼 브라더스를 파산하게 놔둠으로써 그는 금융 붕괴로 이어진 큰 충격을 야기했던 것이다. 1929년의 검은 화요일와 비슷하게 리먼의 파산은 위기의 시발점이 되었다. 모든 기업의 재무부서는 보통 해마다 갱신되던 부채의 연장이 더 이상 가능하지 않다는 사실을 알았다. 기업들은 비축해둔 재고를 염가로 판매하기 시작했고 투자를 줄이기 시작했다. 가계의 경기 전망도 악화되었다.

사람들은 1930년대 대공황에 대한 밀턴 프리드먼의 해석을 기억하고 있다. 그에 따르면 대공황의 진정한 원인은 은행들의 파산이었다. 분명 리먼의 파산은 1930년대의 수많은 은행들의 파산과 비교할 만한 수준의 것은 아니었다. 그러나 리먼의 파산 이후 위험에 직면하게 된 은행들을 구제하기 위한 모든 조치가 취해졌다. 정부는 새로운 파국을 피하기 위해 7000억 달러라는 막대한 자금을 폴슨 계획 Paulson plan을 통해 지원했다. 은행가들이 끼친 손해를 국민들의 혈세로 메워

준다는 이유로 국민감정은 악화되었다. 한 은행의 파산이라는 가상 충격은 수많은 은행이 파산했던 1930년대와 비슷한 영향을 미쳤다. 즉 하나의 조각이 넘어지자 시장 금융의 전체 도미노가 함께 넘어진 것이다.

그러나 위기를 설명함에 있어 케인스 학파의 해석도 여전히 유효하다. 1929년과 마찬가지로 이번에도 '내구재'(자동차, 부동산 등)의 구매 축소가 제일 중요한 원인이었다. 실제로 1930년처럼 2008년의 자동차 판매는 심각한 타격을 받았다. 자동차 산업의 세계적 선두주자인 제너럴 모터스가 파산했고 향후 선두 자리를 차지할 것으로 기대되었던 도요타 역시 역사상 처음으로 손실을 기록했다. 케인스 학파 학자들이 설명했듯이 가계와 기업의 지출 축소가 승수효과를 통해 위기를 증폭시킨 것이다. 그리고 1930년처럼 국제 교역의 붕괴는 각국 경기에 악영향을 미쳤다.

위기의 교훈

케인스와 프리드먼의 논쟁은 은행을 구제해야 할 것인지, 아니면 소비를 증대시켜야 할 것인지의 문제로 한정되지 않는다. 위기의 한가운데에 있으므로 이 둘을 동시에 추진해야만 할 것이다. 논쟁의 핵심은 시장 경제의 본질에 관한 것이었다. 프리드먼은 '정부의 개입이 없다면' 시장 경제는 자동적으로 안정을 이룰 것이라고 확신했다. 그는 정부의 활동 자체가 시장의 불안정을 야기하는 원인이라고 역설했다.

케인스는 정확히 그 반대로 생각했다. 가장 신중한 주석가 중의 한 사람인 악셀 레이욘후부트Axel Leijonhuvfud는 소위 '복도'의 비유를 가지고 이러한 대립을 설명했다. 경제를 완전고용이라는 균형으로 되돌리는 복원력은 단지 신뢰라는 복도 내에서만 바람직한 방향으로 작동할 수 있다. 경제성장이 느려지더라도 어떤 조건하에서는 가계가 저축을 줄여 소비 수준을 유지하고, 기업이 이자율 하락을 이용해 투자를 증대시킬 수도 있다. 그러나 고속도로를 벗어난 자동차와 같이 위기가 어느 경계를 벗어나게 되면 경제는 '원래의' 상태로 다시 돌아오지 않는다. 경제는 탈선하며, 경제를 작동하게 만들었던 힘들은 위기를 가중시킨다. 경제가 침체되면 가계들은 지출을 줄여 저축을 하며, 기업들은 투자를 줄인다. 공포가 자리 잡게 되고, 가장 취약한 금융기관들이 파산하기 시작한다. 경제 법칙은 정상적으로 작동하지게 된다.

서브프라임 위기는 케인스 이론을 잊고 싶어했던 사람들에게 그 이론이 가진 유효성을 다시금 일깨워주었다. 비록 리먼의 파산을 막지는 못했지만 정책 당국의 과감한 개입은 1929년의 위기가 다시 우리 앞에 나타나는 것을 막아주었다. "1929년의 악몽을 잊게 해줄 것"

이라고 믿었던 금융 혁명이 일어난 지 아직 25년도 안 되었다. 그런데 당시와 동일한 특징을 보이는 위기가 발생한 것이다. 세계를 자신만을 위해 행동하는 개인들에게 맡겨서는 안 된다. 금융 혁명이 일어난 지 25년이 지난 현재 자본주의는 상처를 치유해야 하고 자신의 기준을 다시 생각해보아야 한다. 케인스의 교훈을 다시 귀담아들어야 한다. 그리고 국가의 역할을 신뢰해야 한다.

그러나 서브프라임으로부터 이끌어낼 수 있는 교훈은 국가의 역할 회복 그 이상이다. 위기가 세계 경제 전체로 전파되는 속도는 너무나 빨랐다. 우리는 이 사건을 통해 위기를 사전에 예측하는 것과 위기 발생 후에 이를 해결하는 것 모두가 매우 어렵다는 사실을 확인할 수 있었다.

영란은행에서 금융 위기를 책임지고 있는 앤드루 홀데인Andrew Haldane은 흥미롭게도 시장 금융을 대규모 전력망에 비유한 적이 있다. 전력망은 서로 연결되어 있기 때문에 전력의 수요와 공급 간에 부분적으로 불균형이 발생하더라도 문제를 쉽게 해결할 수 있다. 전력망 일부에 과다수요가 발생하면 다른 부분이 그 수요를 충족시킬 전력을 공급하기 때문이다. 전력망 자체가 충격을 흡수하는 역할을 하는 것이다. 그러나 일부분의 불균형이 어떤 결정적인 수준을 넘게 되면 그 반대의 현상이 발생한다. 일부 지역에서 발생한 매우 사소한 문제가 그곳으로부터 멀리 떨어진 지역의 전기를 끊어버려 전체를 어둠

속에 빠뜨릴 수 있는 것이다.

앤드루 홀데인은 금융 위기를 전염병에 비유하기도 했다. 그에 따르면 생물학이나 유행병 연구 분야에서의 중요한 결론 중 하나는 다음과 같다. 체제의 복잡성이 다양성의 감소를 동반하게 되는 상황에서 어떤 위기가 발생하면 그 결과는 매우 치명적이라는 것이다. 한 통계 조사에 따르면 그동안 전체적으로 어종의 40퍼센트가 사라졌다고 한다. 그런데 주목해야 할 것은 종의 구성이 균질적인 곳에서는 이 수치가 60퍼센트에 달했고, 종의 구성이 다양한 곳에서는 10퍼센트 정도에 머물렀다는 사실이다. 마찬가지로 근친결혼의 가정에서 정신적·육체적 결함을 가진 자녀들이 더 자주 태어난다. 불임상태에 빠졌던 합스부르크가의 경우가 이를 잘 보여준다. 다른 종들과 접촉하여 유전 형질을 다양화한다면 각각의 종은 자신을 위협하는 질병에 대해 면역력을 높일 수 있다. 다양성은 위험을 줄이는 역할을 한다.

그런데 금융 시장의 경우 행동방식의 동질화가 규칙이었다. 모든 참가자들은 같은 일을 하기를 원했다. 협동조합은 은행이, 상업은행은 투자은행이, 그리고 투자은행들은 투기 펀드나 헤지펀드가 되기를 원했다. 어느 누구도 선택된 전략들이 적절한지를 외부로부터 평가받지 못했다. 모든 사람이 동시에 동일한 질병에 걸려버린 것이다.

이것이 현재 우리가 처한 상태이다. 이제 자본주의는 다른 모든 문명을 대체한 유일한 문명으로 우리에게 다가와 있다. 하지만 자신의 적합성을 판단할 외부적 시각을 갖고 있지 않다. 경제나 문화는 서로 긴밀하게 연결되고 개개인은 총체적 기능장애라는 위험에 노출되고 말았다.

15장

비물질적인 자본주의

LA PROSPERITE
DU VICE

:: 신경제

서브프라임 위기는 현대 자본주의가 가진 몇 가지 비정상적인 측면들을 부각시켰다. 경영자들의 보수는 유명한 록스타 수준이었고, 그들의 팡글로스와 같은 행동은 터무니없는 위험을 불러일으켰다. 위기 이후 대부분의 전문가들은 '탐욕의 제국'이 규제되어야 한다고 생각했다. 그러나 엄밀한 차원에서 금융 위기만의 문제라면 해결책은 단순할 것이다. 모든 금융 주체가 건전성을 지키도록 대차대조표의 안팎에서 엄격한 규칙을 부과하면 된다. 그러나 문제의 본질은 이보다 더 심각하다. 다른 차원의 거대한 전환이 현재 벌어지고 있다. 서브프라임 위기는 그 초기에 나타나는 병리현상일 뿐이다. 우리는 이를 비물질적 경제의 출현, 즉 정보 통신 기술의 가상세계로의 진입이라고 부를 수 있을 것이다.

'신경제'라는 용어는 이러한 전환의 본질을 알려준다. 신경제라는 것은 애덤 스미스나 카를 마르크스가 분석했던 통상적인 경제 패러다임이 근본적으로 바뀌었음을 의미한다. 스미스는 사슴을 사냥하는 것이 비버를 사냥하는 것보다 두 배의 시간이 들기 때문에 필연적으로 사슴이 비버보다 평균 두 배 더 비싸다고 말했다. 이러한 도식과 비교해보면 '신경제'는 완전히 비전형적인 비용 구조를 보인다. 하나의 소프트웨어를 구상하기 위해서는 많은 비용이 들지만 제조에는 그다지 비용이 들지 않는다. 윈도 프로그램이 일단 만들어지면 이 제품은 지구 전체에 팔리든 작은 촌락에 팔리든 제조비용 자체가 크게 달라지지 않는다. 동일한 논리가 음성영상물에도 적용된다. 영화는 찍는 데 막대한 비용이 들지만 이를 (재)배급하는 데는 그다지 비용이 들지 않는다. 더욱 일반적으로 말한다면 정보는 디지털 코드, 즉 상징 혹은 분자의 형태를 띨 때 그것을 담을 물질적 형태보다 그 내용을 구상하는 데 더 많은 비용이 든다.

이러한 신경제에서는 첫 번째 제품을 생산할 때는 큰 비용이 들지만 두 번째 제품부터는 비용이 크게 들지 않으며 몇몇 극단적인 경우에는 아예 비용이 들지 않는다. 스미스의 말로 표현하면 첫 번째 비버 혹은 첫 번째 사슴을 사냥하는 데 들어가는 시간, 즉 그들이 어디에 숨어 있는지를 발견하는 데 들어가는 시간이 모든 비용을 결정한다. 마르크스의 말로 표현하면 잉여가치의 원천은 재화를 생산하는 데 들인 노동시간이 아니라 그것을 구상하는 데 들인 시간이라고 말해야 할 것이다. 재화를 생산하는 프롤레타리아, 즉 임금을 획득하기 위해서 노동력밖에 가진 것 없는 프롤레타리아는 이제 더 이상 잉여가치의 원천이 아니다. 그들은 기업이 외주화하기를 원하는 비용일 뿐이다.

전형적인 예는 의약품이다. 약품 제조에서 가장 어려운 분야는 분자를 찾아내는 것이다. 특허권이 없는 일반 약품 가격으로 추정해볼 때 약품의 제조비용 자체는 특허 약품에 포함되어 있는 연구개발 비용의 감가상각보다 적다.

이러한 패러다임은 제조업 기업들에도 적용된다. 예를 들어 과거 산업 사회의 상징이었던 르노사는 광고에서 자사를 자동차의 '기획자'로 제시하려고 한다. 그리고 실제로 르노사는 자사 상표를 가진 차의 직접 생산 비중을 점차 줄이고 있다. 1950년대에 르노사는 판매처로 배달되는 차량의 80퍼센트를 직접 생산했다. 그러나 오늘날 이 회사는 20퍼센트밖에 생산하지 않고 있으며 파리 인근 귀앙쿠르에 있는 르노사의 기술 센터가 회사의 '산업' 시설에서 가장 큰 비중을 차지하고 있다. 이 기술 센터가 하는 일이 바로 최초의 신차를 만드는 것이다. 이러한 변화를 대표하는 또 다른 일화를 들어보면, 브라질에 있는 폭스바겐사의 한 담당자는 자신의 독일 회사가 가장 잘할 수 있는 일, 즉 자동차 전면에 회사 상표를 다는 일만을 하고 자동차 제조의 핵심 부분은 외주화하는 데 성공했다고 자랑했다! 세계화 시대에 기업들은 전세계를 대상으로 하는 활동, 즉 되도록 많은 고객들에게 영향을 끼칠 수 있는 활동에 집중하기를 원한다. 예컨대 비용이 많이 들어가는 신제품의 구상이나 브랜드의 홍보 활동이 제품 그 자체의 제조보다 훨씬 더 많은 이익을 가져다주게 되었다.:136

소위 포스트 산업 사회는 상반되는 두 용어의 통일을 가져왔다. 하나는 재화의 구상과 같은 비물질적인 것에 관한 것이고, 다른 하나는 소비자의 행동에 영향을 미치는 전문가의 추천과 같은 상품화에 관한 것이다. 의약품의 화학식은 비물질적이다. 한편 적절한 약을 처방하는 의사는 푸라스티에가 이발사의 예를 통해 묘사했던 영역, 즉 기계로 대신하거나 외지로 이전할 수 없는 근접 고용의 영역에 속한다. 즉 의사나 수리공과 같이 이발사는 그들의 고객과 면대면 관계(영어로는 F2F)를 맺어야 하기 때문에 세계화를 비켜간다. 반대로 비물질적인 재화의 생산자는 세계화라는 큰 웅덩이에 즉각 빠지게 된다. 모든 새로운 분자는 그것이 발견된 실험실에서 멀리 떨어진 모든 인간을 치료해야 하는 임무를 띤다.

F2F는 마르크스나 스미스가 말한 통상적인 경제 질서 내에 존재한다. 이 영역에서 활동하는 경제 주체는 고객에게 투입한 시간에 따라 보수를 받는다. 노동시간이 그들의 보수를 결정하는 적절한 계산

:136 이에 관한 자세한 사항에 대해서는 나의 책 *Trois leçons sur la société postindustrielle*, Paris, Le Seuil, 2006을 참조할 것.

단위이다. 비물질적인 생산은 전혀 다른 특성을 갖는다. 배우의 보수는 영화를 찍느라 그가 소모한 시간에 의해 정해지지 않는다. 그는 자신이 영화에 출연함으로써(2분 출연하든지 2시간 출연하든지에 상관없이) 얻을 수 있는 사람들의 마음, 즉 자신의 인기 정도에 따라 보수를 받는다. 가상세계의 법칙은 고대 경제의 법칙을 상기시킨다. 노동의 가치는 폄하되며 부귀와 명성에 대한 고려가 우선시된다. 노동 세계에 대한 '인식론적 무관심'이 자리 잡는 것이다.

경제적 관점에서 비물질적 생산은 규모 수익 체증의 법칙의 지배를 받는다. 생산자가 더욱 큰 시장을 장악할수록 새로운 제품 구상에 들어간 비용을 빨리 회수할 수 있으며 더 많은 돈을 벌 수 있다. 따라서 신경제는 규모가 커질수록 불리한 시대(농업 생산의 경우)에서 규모의 증감이 별 차이를 가져오지 않는 시대(산업 생산의 경우)로, 그리고 마지막으로 규모가 커질수록 이득이 많아지는 시대(비물질적인 생산의 경우)로의 전환에서 나타난 것이다. 각 단계는 농촌 사회, 산업 사회, 포스트 산업 사회와 연결된다. 그리고 이러한 세 차원은 확실히 언제나 동시에 존재한다고 말할 수 있다. 농업과 산업은 항상 기술혁신에 의존해 발전해왔다. 현재 새로운 점이 있다면 그것은 기술 발전이 자율적인 힘을 획득하여 다른 모든 분야의 발전 속도를 결정하게 되었다는 점이다.

신경제는 정보의 더 빠른 전파, 진입장벽의 완화 그리고 마지막으로 경제 주체들에 대한 더욱 첨예한 경쟁이라는 생각과 종종 연결된다. 그러나 신경제의 주역들은 전지구적 차원에서 독점자가 되는 경향이 있다. 흥미롭게도 농업 생산에서의 지대는 첨단 기술의 소유자들이 가지고 있는 특권과 닮았다. 시장 지배적 기업들은 규모 수익 체증의 법칙을 통해 다른 기업들과의 격차를 벌리고 절대 공략할 수 없는 지위를 획득하는 경향이 있다. 마이크로소프트, 야후 혹은 구글의 지배력이 너무 강하기 때문에 그들의 경쟁자들, 특히 유럽의 경쟁자들은 경제력 집중 논리로 인해 더 이상 그들을 따라잡을 수 없는 지경에 처하게 되었다. 왜 비물질적인 재화의 생산이 부유한 국가들의 상대적 비교우위 분야가 되었는지 이해할 수 있을 것이다.

뒤처지는 유럽

왜 중국은 뉴턴이나 갈릴레이와 같은 과학자를 갖지 못했는가 하는 과거 니덤의 질문은 이제 유명한 대학들, 가장 뛰어난 성과를 보이는 연구 센터가 왜 부유한 국가들, 특히 그중에서도 가장 부유한 미국의 전유물이 되었는가로 바뀌었다.

미국의 우위는 육안으로도 확인할 수 있다. 아침에 사무실에 도착해서 컴퓨터를 켜거나 저녁에 집에 돌아가 텔레비전을 켜는 것만으로도 이를 알 수 있다. 윈도 프로그램에서 〈위기의 주부들Desperate

Housewives〉 같은 드라마까지 비물질적 세계화는 영어의 세계적 통용이라는 모습으로 나타나고 있다. 21세기의 세계화는 실리콘밸리 기술, 월스트리트 경제 운영 방식, 할리우드 영화의 세계화이다.

이러한 미국의 우위에 직면해 유럽이 고통을 당하고 있다는 사실은 의심의 여지가 없다. 유럽은 제2차 산업혁명에서 비롯된 제약 산업과 같은 영역에서 우위를 점하고 있지만 정보통신, 나노 공학, 생명 기술 공학과 같은 첨단 분야에서 뒤처져 있다. 그러나 유럽은 매우 큰 내부 시장과 로버트 솔로의 말을 빌리자면 수많은 '휴머노이드'를 가진 풍요로운 대륙이다. 그런데 왜 이러한 지체가 발생하고 있는 것일까?

유럽의 첫 번째 문제는 교육과 연구 제도에서 찾을 수 있다. 세계화 시대의 지식 생산을 위해서는 기업의 근시안적 시각으로부터 연구자들을 보호해줄 강력한 대학이 필요하다. 그러면서도 대학은 동시에 연구자들이 사회의 요구를 무시하지 않도록 인도해야만 한다. 산업혁명 이전 '장기 중세' 기간에 유럽은 국가 간의 경쟁과 사상의 동질성을 결합시킬 수 있었다. 특히 후자는 공통의 문화가 라틴어를 통해 전파되면서 유지되었다. 그러나 오늘날 정확히 그 반대의 현상이 벌어지고 있다. 유럽의 국가들은 협력을 원하지만 유럽 차원의 연구란 각국의 연구들을 그저 쌓아놓은 것에 불과하며 이런 연구들의 가치는 각각을 합친 것보다도 못하다. 브뤼셀에서의 공동체 기금 분배도 국가 간의 균형을 지켜야 한다는 명분에 지나치게 좌우되고 있다. 이로 인해 유럽에서는 미국과 같이 주요 대학을 중심으로 한 연구 중심지가 생겨나지 못했다.

미국이 우위를 차지할 수 있는 또 다른 측면은 미 국방부인 펜타곤의 역할과 관련이 있다. 펜타곤은 매우 실용적인 연구개발 프로젝트와 매우 실험적인 연구개발 프로젝트를 동시에 지원함으로써 혁신을 위한 경쟁을 직접 지휘하고 있다. 또한 국가 간 전쟁이 가상적이고 비물질적인 것으로 변하고 있는 오늘날, 펜타곤은 군사 관련 연구개발을 독려했고 결국 이 분야에서 미국이 다른 국가들보다 크게 앞설 수 있었다. 이를 통해 미국은 유럽이 더 이상 동경하지 않는 세계 최강의 군사대국이 되었다.

신보수주의 성향의 미국 정치학자 로버트 케이건Robert Kagan은 군사적 영역에서 나타난 미국과 유럽의 대립을 화성과 금성 간의 갈등으로 묘사했다. 미국은 전쟁을 상징하는 화성 쪽에 있고 유럽은 사랑을 상징하는 금성 쪽에 있다. 이러한 이미지는 많은 유럽인들을 자극하고 있다. 그들은 화성 쪽에 있는 미국처럼 전세계에서 벌어지고 있는 사건들에 개입할 수 있는 강력한 유럽을 건설하고자 원하고 있다.

이러한 이미지는 두 대륙이 수행하고 있는 각각의 역할과 잘 들어맞지만 어떤 결과를 가져올 것인지는 확실하지 않다. 유럽인들은 인정하고 싶지 않지만 자신들이 열어놓은 길이 어디로 향하는지를 잘 알고 있다. 유럽은 유럽 이외의 국가들이 참여해 걷고 있는 이 역사의 끝까지 가본 유일한 지역이다. 미국인은 서양 역사의 비극적 차원을 모르거나 모르는 척하고 있다. 미국인들은 18세기에 당시의 철학인 계몽주의를 가지고 유럽을 떠났다. 계몽주의는 인류가 미신적 사고에서 해방되어 합리적인 사회를 건설할 능력을 가지고 있다고 보는 낙관적인 철학이다.

미국은 19세기 낭만적 철학자들의 불만에 그리 민감하게 반응하지 않았으며 새로운 것은 그 정의 자체가 의미하듯 당연히 오래된 것보다 좋은 것이라고 확신했다. 미국은 다른 국가들이 잃어버린 세계를 왜 쉽게 포기하지 못하는지 그 이유를 알 수 없었다. 새뮤얼 헌팅턴은 "중동 어느 지역에서 대여섯 명의 젊은이들이 청바지를 입고 코카콜라를 마시지만 그들이 미국 비행기를 폭파시킬 수 있다"라고 썼다. 이 글은 나머지 국가들이 미국에 대해 얼마나 모호한 감정을 갖고 있는지 그리고 미국이 이런 감정을 얼마나 이해하지 못하고 있는지를 잘 보여준다.

:: 가
상
세
계
에
서

미국은 기술이나 금융 분야에서와 마찬가지로 문화 분야에서도 명백한 성공을 거두었는데, 부분적으로는 동일한 이유에 기인한다. 내부 시장의 규모가 크기 때문에 미국은 매우 다양한 작품들을 생산해낼 수 있다. 미국 제작자들은 이들 가운데 베스트셀러나 블록버스터와 같이 세계 시장에서 우위를 점할 수 있는 작품을 선별해 해외로 내보낸다.

문화 산업(영화, TV 영상물, 음악, 책 등)은 정보 통신 기술을 기반으로 한 가상세계의 작동 체계를 이해하는 데 중요한 열쇠를 제공한다. 문화 산업은 '스타시스템'의 원칙에 따라 작동하는데, 이는 프랑수아즈 벤아무Françoise Benhamou의 연구를 통해 확실하게 밝혀졌다.[137] 우리

:137 Françoise Benhamou, L'Économie du star-system, Paris, Odile Jacob, 2002.

는 사람의 취향이 매우 다양하다고 믿고 있지만 사실 사람들이 관심을 가지는 것은 극소수의 작품이나 공연에 한정되어 있다. 이러한 현상은 영화, 음악, 서적, 전시회 등 모든 분야에서 동일하게 나타난다. 결국 모든 사람들은 동일한 걸 보기를 원하는 것이다! 여기에는 몇 가지 이유가 있다.

우선 정보가 너무 많을 때에는 모방적 행동이 적절한 정보를 선택하는 가장 좋은 방법이다(만일 어떤 영화가 성공을 거둔다면 그것은 그 영화가 좋기 때문이다). 다음으로 사회적 관계에 주목하는 해석에 따르면 사람들이 다른 사람들과 같은 영화를 보는 것은 다음날 아침에 그 영화에 대해 함께 이야기할 수 있기 때문이라고 한다. 마지막으로 대중의 주목을 받는 영화 홍보에는 모든 수단들이 사용되기 때문이다.

이러한 스타시스템은 예술가들의 지위와 보수에 직접적인 영향을 끼친다. 다른 분야의 사례를 통해 이를 좀 더 이해해보도록 하자. 스티븐 레빗Steven Levitt은 매우 흥미로운 책인 『괴짜 경제학Freakonomics』에서 다음과 같은 질문을 던졌다. 왜 마약 밀매업자들은 독립하지 않은 채 자신의 어머니 집에 얹혀살까? 대답은 그들이 독립해서 살 돈이 없기 때문이다. 즉 조직의 보스는 그 조직이 버는 돈의 대부분을 차지하며 매우 호화로운 생활을 하는 반면 부하들은 매우 궁핍한 삶을 사는 것이다. 그런데도 왜 그들은 마약 밀매를 계속하는가? 그 이유는 그들이 자신들도 언젠가는 보스가 될 것이라고 생각하기 때문이다. 바로 이것이 오늘날의 창조적 산업에서 적용되는 보수 체계이다. 예술가들은 스타들만 제외하면 모두 힘겹게 살아간다. 그런데 모든 사람들이 그것을 받아들인다. 왜냐하면 그들 모두가 스타가 되기를 열망하기 때문이다. 스타시스템은 '승자독식winner takes all'의 모델이다. 명품을 소비하며 유명세를 치르는 기업의 고위 경영자들이 승자독식의 법칙에 따라 보수가 결정되는 것을 '정당하다'고 보는 것도 바로 이러한 이유 때문이다. 이들은 "기업 대표가 직원들보다 20배 이상 보수를 받는 기업은 잘 작동할 수 없다"는 은행가 존 피어폰트 모건John Pierpont Morgan의 말을 완전히 잊어버렸다. 오늘날 고위 경영자 한 명의 소득은 그 직원들 소득의 거의 200배에 달한다.

문화 분야에서 세계 시장은 미국 할리우드와 각국 산업들 간의 역할 분담 구조로 이루어져 있다. 이에 대해서는 미국의 타일러 코언Tyler Cowen이 잘 분석했다.[138] 할리우드는 전세계의 대중을 겨냥하여 돈, 섹스, 폭력이라는 '보편적인' 주제를 다룬다. 각국의 제작자들은 적은 비용을 들여 자국 실정에 맞게 이 주제를 다룸으로써 공급의 틈을 메운다. 프랑스인들은 그들이 아주 어릴 때부터 보아왔던 소피 마르소를 좋아하며, 그렇기 때문에 그녀는 국가 자산에 속한다고 볼 수 있다. 그러나 알 파치노나 로버트 드니로와 같은 할리우드 스타는 멀리 떨어져 있으면서도 친근한 올림포스의 신들처럼 프랑스인들의 사랑을 받는다.[139] 중간 단계의 스타들, 예를 들어 유럽의 스타들은

:138 Tyler Cowen, *Creative Destruction*, Princeton University Press, 2002.
:139 앨런 크뤼거Alan Krueger는 대중예술가들의 공연 수입이 10년 사이에 82퍼센트 상승했다고 지적했다. 팬들은 동경하는 스타를 직접 보고 싶어하는데 바로 이러한 수요가 티켓 가격을 올린다는 것이다. 가수 프린스는 자신의 콘서트 장에서 CD를 나누어주기도 하는데, 이러한 행동은 팬들로 하여금 더욱 콘서트장에 가고 싶어하게 만든다. 데이비드 보위David Bowie는 이러한 변화를 가장 잘 이론화한 가수이다. 예술가는 말 그대로 무대 위에 있어야 하는 존재이다. 그럼으로써 그는 비물질적일 수밖에 없는 스스로를 부분적으로 물질화한다.

설 자리가 없다. 문화 산업의 세계는 극단적으로 가깝거나 극단적으로 먼 이중구조로 되어 있다. 문화의 세계화는 개별 국가의 제작자와 미국의 제작자 간의 결투로 요약된다. 여기서 우리가 두려워해야 할 것은 개별 국가들이 겪을 생산의 차질보다는 결국 개방이라는 것이 미국 작품의 수입으로 귀결되는 게 아닌가 하는 점이다.

책은 첨단 산업에 속하지는 않지만 현재 진행되고 있는 변화과정을 잘 보여주는 사례이다. 프랑스에서 발간되는 소설의 40퍼센트는 번역물인데 그중 4분의 3이 영어책을 번역한 것이다.[140] 동일한 현상이 음악 분야에서도 나타나 수입 음악의 대부분은 영어로 되어 있다. TV 영상물도 비슷한 공식을 따른다. '황금 시간대'의 방송물은 주로 프랑스 것이지만 외국 방송물은 거의 모두 미국 것이다.[141]

맬서스의 죽음

세계에서 가장 오래된 경제법칙인 맬서스의 법칙은 이미지의 세계화로 인해 종말을 고하고 말았다. 인류에 대한 출생률의 영향력을 소멸시킨 인구 변천demographic transition 현상은 해방된 여성들이라는 '미국식' 모델이 텔레비전을 통해 전세계로 전파되었기 때문일 것이다. 유엔의 전문가들은 2050년이 되면 평균 1.85명을 출산하는 현재의 서양 기준에 전세계 여성들이 합류할 것으로 예상

:140 *Livres hebdo*의 2006년 5월 19일 조사 결과.
:141 어떤 날은 동일한 미국 제작자의 작품인 〈CSI 과학수사대〉와 〈FBI 실종수사대Without a Trace〉가 두 채널에서 동시에 방영되기도 했다.

했다. 이들은 '비용/편익'이라는 경제이론보다 문화적 행동 방식의 확산이 이러한 중요 현상을 더 잘 설명한다고 생각했다. 즉 인구 변천이 일을 더하고 아이를 덜 갖고자 하는 여성들 때문에 발생했다는 경제학자들의 주장은 그다지 큰 믿음을 주지 못했다. 여성들이 일을 하는지 여부에 관계없이 농촌과 도시에서 이러한 자녀 수의 감소 현상이 나타났다. 모든 곳에서 인구 변동은 이미지 세계의 영향을 받아 물질적 현실보다 먼저 변화했던 것이다.[142]

실제로 텔레비전 수상기의 보급 대수가 소득 수준이나 교육 수준보다 인구 감소에 더 결정적인 요인으로 작용하는 것 같다. 인구 변천 현상은 가족계획이 강력하게 추진되었던 멕시코보다 텔레비전 드라마의 대규모 소비국인 브라질과 같은 나라에서 더 빠르게 나타나고 있다. 아시아의 젊은 여성들은 일본의 젊은 여성들을 닮고 싶어하고, 일본의 젊은 여성들은 다시 미국의 여성들을 닮고 싶어한다. 일본 여성들의 이러한 태도로 인해 일본은 인구 재생산의 한계선 아래에 있는 국가가 되었다.[143] 인구 변동은 맬서스적 농촌 세계에서 도시적 근대 세계로의 전환에서 매우 핵심적인 부분을 이룬다. 그리고 이러한 전환이 대부분 이미지와 통신이라는 제3세계의 침투에 기인한다는 점은 놀라운 일이다.

그러나 가상세계가 언제나 좋은 안내자인 것만은 아니다. 사이버 세계는 꿈꾸는 삶과 현실의 삶 사이에, 그리고 가상 폭력과 실제 폭

---

[142] 아프리카는 인구 변천이 가장 더딘 대륙이다. 그러나 아프리카 역시 이미 그러한 변화가 시작되었다. 유엔의 전문가들은 아프리카의 여성 1인당 자녀 수가 2050년에는 2.5명이 될 것이라고 예측하고 있다.
[143] 이 문제에 관해서는 나의 책 *La Mondialisation et ses ennemis*, Paris, Grasset, 2004를 볼 것.

력의 사이에 있는 정신분열의 학교이다. 비디오 게임을 끝내는 순간 일상 세계의 법칙이 청소년들을 무겁게 짓누른다. 게임과 달리 더 이상 중력의 법칙을 넘어설 수 없다면 길을 건너는 일은 지루하기만 할 것이다.:144 현재 젊은이들이 준비해야 하는 것은 지구의 새로운 한계인 생태계에 대한 학습이다. 로마제국은 생산 세계에 대한 '인식론적 무관심의 껍질' 속에 갇혀 있었고 그 결과 몰락했다. 사이버 세계와 현실 세계 간의 긴밀한 관계를 유지하면서도 그 실질적 한계를 인식해야만 한다. 다시 말해 게임에 빠져 있으면서도 앨 고어Al Gore의 영화에 박수치고 비정부기구NGO에서 활동할 수많은 젊은이들이 필요하다는 것이다. 그들에게는 가상세계와 생태계를 연결하는 새로운 정신세계가 형성되어 있다. 21세기라는 미래는 바로 이러한 성찰력에 의해 결정될 것이다.

:144 Olivier Mongin, "Puissance du virtuel, déchaînements des possibles et dévalorisation du monde. Retour sur des remarques de Jean-Toussaint Desanti", *Esprit*, août 2004를 볼 것.

결론

태초부터 인류는 상반된 두 힘이 팽팽하게 잡아당기고 있는 줄 위를 걸어왔다. 인구는 계속해서 증가했으며 이로 인해 인류는 주기적인 토지 부족의 문제에 직면했다. 그러나 인구의 증가는 다른 한편으로 새로운 발견을 가져왔으며 지식의 경계를 넓히는 데 기여했다. 그 결과 인류는 인간 사회의 밀도와 복잡성을 증대시키면서 자신의 흐름을 지속시킬 수 있었다. 때때로 일부 문명들은 이 두 측면 가운데 부정적인 측면의 우위로 인해 무너지기도 했다. 자신들을 덮치고 있는 것이 무엇인지 인식하지 못한 문명들은 사라졌다. 몰락은 로마 문명처럼 매우 서서히 전개되기도 했고 마야 문명처럼 매우 급격하게 나타나기도 했다. 그러나 인류는 몰락한 문명들을 보지 않으려고 애

쓰면서 이 사실들을 너무나도 쉽게 잊어버렸다. 그러고는 자신들이 언제나 그러한 몰락을 극복할 것이라고 안도하면서 살아왔다.

그러나 인류 역사상 단 한 번뿐인 일이 발생했다. 그것은 전례 없는 지식 생산의 가속화가 소수의 인류를 지속적으로 부유하게 만들었다는 사실이다. 영속적 성장의 가능성이 12세기에서 18세기의 어느 한 시점에 유럽에서 나타났고 이후 유럽은 부가 부를 낳는 자기촉매 과정을 걷게 되었다. 이러한 과정이 오늘날 지구 전역에 전파되면서 전세계의 서양화라고 할 수 있는 변화를 가져왔다.

물질적 번영은 선험적으로 기대할 수 없는 선물이었다. 번영은 기아를 사라지게 했고, 인류의 수명을 연장시켰으며, 인간에게 유용한 재화를 생산하는 데 필요한 노동시간을 감소시켰다. 그러나 도덕적 감정의 관점에서 보면 종종 물질적 번영은 양면적인 선물이었다. 번영은 사회를 평화롭게 만들지만, 이것은 사회가 점점 더 많은 것을 바라는 자신의 욕구를 조절할 수 있을 때뿐이었다. 프로메테우스가 가져다준 풍요로움은 판도라의 탐욕에 의해 끊임없이 무력화되었다. '적절한 교역' 덕분에 평화로운 사회가 이루어진다는 순진하고 낙관적인 생각은 현실의 벽을 넘지 못했다. 경제가 발전해도 폭력은 사라지지 않았다. 16세기의 종교 전쟁부터 20세기의 세계대전까지 폭력은 극단적으로 자신을 폭발시킨 후에야 스스로 가라앉았다.

이제 개발도상국들이 산업화와 도시화를 겪을 차례가 되었다. 개발도상국들은 유럽 국가들이 몇 세기에 걸쳐서 이루었던 이러한 전환을 단지 수십 년 만에 압축해서 달성해야 한다. 1990년대에 나타났던 폭력의 분출은 아직도 미처 쏟아내지 못한 감정과 증오가 농축되어 있음을 알려준다. 이러한 폭력의 분출은 헌팅턴이 말한 '문화적'인 것과는 아무런 상관이 없다. 회교국 지도자들보다 한참 전에 리하르트 바그너Richard Wagner는 '파리, 유럽 그리고 서양'에 대해 "과거의 것들이 조화롭게 공존하는 독일의 시골에서는 절대 찾아볼 수 없는 부패하고 상업화되고 경박한" 세계라고 묘사한 바 있다. 만약 유럽이 현재 세계에 대해 깊이 생각하면서 자신을 거울에 비추어본다면 이 대륙은 큰 고통을 느낄 것이다.

그러나 현재의 역사가 단지 과거의 반복에 불과한 것은 아니다. 현재의 역사는 신기술을 통해 사이버 세계라는 새로운 지평을 열었다. 전쟁 자체도 이제 가상이 되었다. '제3차 세계대전'이었던 냉전은 산업화 이후의 신세계에서 미국의 승리로 끝났다. 로널드 레이건 대통령이 시작한 별들의 전쟁은 미국과의 기술 전쟁에서 패한 소련의 모습을 상징적으로 보여주었다. 이 새로운 도전에 맞설 능력이 없다는 것을 인식한 소련은 싸워보지도 못한 채 스스로 무너지고 말았다.

2001년 9월 11일의 폭력은 세 번째 유형의 폭력에 해당하는 것으로 로베르 뮈샹블레의 분석에 따르면 그것은 상상계를 노린 것이었다. 수백만의 텔레비전 시청자들이 보고 있는 가운데 상징적으로 월스트리트와 펜타곤을 겨냥함으로써 알카에다는 현재 가장 중요한 영역이라 할 수 있는 가상세계에서 미국과의 전쟁을 시작했다. 9월 11일의 테러 행위는 할리우드 영화처럼 계획된 것이었다. 첫 번째 비행기는 쌍둥이 빌딩 중 하나에 부딪힘으로써 두 번째 빌딩 공격이 전 세계에 방송되도록 유도했다. 알카에다의 테러는 포스트모던의 극단을 보여주었다. 그것은 인터넷이 창출한 가상세계의 이미지를 그대로 보여주었다. 또한 '테러리스트 네트워크'라는 용어는 전세계의 모든 곳을 연결할 수 있는 세계화의 새로운 차원을 보여주었다. 알카에다는 이런 새로운 차원을 완벽하게 구현하고 있었다. 이슬람에 뿌리를 둔 모든 젊은이들은 인도 구자라트에 살든, 프랑스의 도시 외곽에 살든 가상 공동체에 소속 으로써 억압받는 소수민이라는 처지에서 벗어날 수 있다.

    새로운 용어로 제기되곤 하지만 사실 사이버 공간에서 제기되는 질문들은 "사람들과 함께 산다는 것은 무엇인가" "나와 우리의 역할은 무엇인가"와 같이 항상 동일하다. 그러나 전지구적인 커뮤니케이션이 이루어지는 이 새로운 세계에서 비교의 준거로 삼는 집단은 새롭게 정의된다. 행복하다는 것은 단지 '자신의 친척보다 더 많은 돈을 버는 것'을 의미하지 않는다. 행복은 이제 공간상으로 멀리 떨어져 있지만 이미지상으로는 더 가까운 다른 공동체와의 비교를 통해 규정된다. 페이스북을 이용하는 젊은이들은 자신만의 방식으로 이 새로운 공간을 길들인다. 스타가 되기를 꿈꾸면서 그들은 사이버망을 통해 새로운 준거 집단을 만든다.

9월 11일 사건은 사이버 폭력이 과거의 폭력만큼이나 살인적이라는 것을 보여주었다. 그러나 이것이 가장 심각한 것은 아니다. 전지구적인 커뮤니케이션이 가능한 오늘날 핵심적인 문제는 이러한 사이버 세계가 과연 21세기의 주요 문제들을 해결할 능력이 있는가에 있다. 그 주요 문제들이란 예고된 생태 위기를 극복하는 것, 전세계로 퍼져가는 서양의 낭비적인 소비 규범을 어떻게 전환시킬 것인가에 관한 것이다.

사이버 세계로 도피하려는 이때, 인류가 하나뿐인 지구의 한계 내에서 살아가기 위해서는 신석기혁명이나 산업혁명 때와 비슷한 거대한 인식상의 노력을 해야만 한다. 아마도 역사상 처음으로 인류는 일이 벌어진 후에도 전혀 이를 해결할 수 없을지도 모른다. 인류는 정신적으로는 17세기 이래 유럽이 겪었던 길과는 반대의 길을 가야 하며, 무한대의 세계라는 생각에서 닫힌 우주라는 생각으로 인식을 전환해야 한다. 이것은 가능한 일이다. 하지만 간단히 말해서 이것은 불확실해 보인다.[145] 인류의 운명이 이처럼 독특한 문명의 생성 여부에 좌우되고 있는 지금, 불확실성은 인류 역사의 압박 요인이 되고 있다.

---

[145] 만일 우리가 비극적인 결과를 피하고자 한다면 그 비극적인 결과가 발생할 가능성을 생각해보는 것이 유용하다. 이 점에 관해서는 장피에르 뒤피(Jean-Pierre Dupuy)의 책 *Pour un catastro-phisme éclairé*(Paris, Le Seuil, 2002)를 참고하라. 문학도 점차 이 주제를 파고들고 있다. 코맥 매카시 Cormac McCarty의 묵시록적인 소설 『로드』(*La Route*, 프랑스어 번역판, Paris, Éditions de l'Olivier, 2008)가 그런 경우이다.

옮긴이의 말

이 책의 저자인 다니엘 코엔Daniel Cohen은 프랑스의 지성을 대표하는 학자 중 한 사람이다. 그는 다양한 저서를 통해 경제 현상에 대한 대중의 이해도를 높이고 바람직한 경제 정책이 무엇인가에 대해 사회적 발언도 활발히 하고 있다. 국내에는 잘 알려져 있지 않지만 유럽권에서는 그의 저서들이 이미 여러 종 번역되어 있어 미국의 폴 크루그먼이나 조지프 스티글리츠와 같이 사회적 영향력을 크게 끼치는 경제학자이다.

코엔은 프랑스의 엘리트 양성기관인 파리고등사범학교École normale supérieure에서 수학한 뒤 1979년과 1986년에 각각의 박사학위를 취득했고 1988년에는 경제학 교수 자격시험을 통과해서 교수가 되었다.

그는 수학과 법학도 가르칠 자격을 가지고 있다고 한다. 이후 코엔은 그가 수학했던 고등사범학교뿐 아니라 프랑스 경제학의 최고 교육기관인 파리1대학Paris I과 파리경제대학École d'économie de Paris에서 교수직을 수행하고 있다. 파리경제대학에서는 경제연구 및 응용 센터Centre pour la recherche économique et ses applications, CEPREMAP 센터장이기도 하다. 코엔의 학문적 관심은 개발도상국 경제이다. 특히 개발도상국의 부채 및 성장 문제에 관해 많은 연구를 수행해왔다. 프랑스 대부분의 학자들이 그러하듯 그는 시장 방임주의적 담론에 비판적인 성향을 가지고 있으며, 스스로를 실용적 경제학자로 규정하고 있다.

코엔은 또한 자신의 전문성을 발휘하여 프랑스 총리 지원 기관인 경제분석위원회Conseil d'analyse économique, CAE 위원, 경제협력개발기구OECD 개발센터 자문위원 등 프랑스 정부와 국제기구의 정책 수립에도 관여해왔다. 그의 활동은 여기서 그치지 않는다. 그는 프랑스의 대표적 일간지『르몽드』의 편집위원이기도 하며, 〈프랑스 문화〉라는 지식전문 라디오 방송에서 경제 관련 프로그램을 진행하기도 했다. 코엔은 다양한 책들을 출간함으로써 현대 자본주의에 대한 대중의 이해를 높여왔다. 대표작들만 꼽아보면『화폐, 부, 부채Monnaie, richesse et dette des nations』(1987), 『번영의 불행들Les Infortunes de la prospérité』(1994), 『세계화와 그 적들La Mondialisation et ses ennemis』(2004), 『후기 산업화 사회의 세 가지 교훈Trois leons sur la société postindustrielle』(2006) 등이 있다. 한마디로 코엔은 프랑스 사람들이 좋아하는 다재다능한 천재형 학자이다.

경제학의 가장 중요한 키워드는 '성장'이다. 2009년에 출간된 본서는 농업혁명이 발생했던 인류 초기부터 서브프라임 위기가 발생한 최근까지 세계 경제의 주요 흐름을 설명하려는 목적을 가지고 있는데, 역시 '성장'과 성장을 중단시키는 '위기'라는 문제의식 아래 다양하고 복잡한 현상들을 정리하고 있다. 세계 경제의 큰 흐름을 이해하고자 하는 독자들도 '성장'과 '위기'라는 키워드를 가지고 몇 가지 구체적인 질문들을 염두에 두며 이 책을 읽는다면 결론에 이르기까지 흥미를 잃지 않을 수 있으리라 생각된다. 그 질문이란 다음과 같은 것들이다. 우선 원시 부족 사회나 프랑스 루이 14세 치하의 생활수준이 그다지 다르지 않았다는 매우 충격적인 사실에서 첫 번째 질문은 인류의 생활수준이 왜 그렇게 오랫동안 정체했으며 18세기에 이르러 갑자기 개선될 수 있었는가이다. 두 번째 질문은 인류가 드디어 지속적 성장이라는 과제를 달성한 듯 보였던 그때에 당시 혁신의 주체였던 서양이 왜 두 차례의 세계대전을 벌여 스스로를 파괴했으며 그 후 다시 지속적 성장의 과제를 달성할 수 있었는가이다. 세 번째 질문은 선진국들의 뒤를 이어 신흥국들이 무섭게 성장하는 현재의 세계화 시대에 드디어 인류는 시장 경제와 민주주의의 확산에 힘입어 세계적 차원에서의 부흥과 평화를 달성할 수 있는가, 그리고 이를 위협하는 내적인 위기 요인은 무엇인가이다. 본서는 3부로 이루어졌는데 각각이 이와 같은 세 가지 핵심적 질문에 답을 제공하고 있다. 본서를 읽어가며 독자들이 그 답을 찾아볼 것을 권하지만 각 장의 주제의식이나 전체적인 맥락을 놓치지 않도록 여기에 각 장의 내용을 간략히 간추려두고자 한다.

1부는 농업혁명 이후 18세기까지 지속된 인류의 장기 정체 상태를 유럽이 어떻게 돌파하게 되었는지, 그럼으로써 인류가 어떻게 맬서스의 법칙이라는 음울한 운명에서 벗어나게 되었는지를 다루었다. 1장에서 저자는 수메르, 이집트, 미노스, 인도 그리고 중국의 위대한 문명들을 제치고 그리스·로마 문명에 기원을 둔 서양 문명이 16세기부터 현재까지 다른 문명에 대해 지배력을 행사한 이유가 무엇인가 하는 질문을 제기함으로써 독자들의 관심을 환기시킨다. 특히 서양 기독교 문명의 모태가 된 그리스·로마 문명은 다른 문명에 비해 여러 면에서 부족한 문명이었다. 기술적 측면에서 보더라도 다른 문명에 비해 그다지 창조적이지 않았다. 또한 로마 문명은 노예 노동에 기반을 둔 기형적인 경제체제를 유지하고 있었기에 장기적으로 지속 불가능했다. 결국 이러한 취약점으로 인해 로마 문명이 소멸했고 이를 물려받은 유럽 문명은 10세기에 이르기까지 그리스·로마의 영광마저 모두 잃어버린 상태였다.

2장은 10세기에 거의 자급자족적인 상태에 처했던 유럽 문명이 18세기까지 상업, 도시화, 과학 및 철학 등에서 큰 발전을 이룬 과정을 추적했다. 이러한 변화의 문을 연 것은 11~13세기에 도시를 중심으로 전개된 상업혁명이었다. 이를 통해 오랜 기간 공백 상태에 있던 도시들이 다시 유럽 역사의 중심에 자리 잡게 되었다. 더욱이 소비의 장소였던 고대의 대도시들과 다르게 중세의 도시들은 제조업 기반 도시였다. 예를 들어 베네치아, 페라레, 아말피와 같은 몇몇 도시들은 전혀 새로운 기반 위에 건설되었다. 이런 급격한 변화는 도시의 등장뿐 아니라 농촌 경제의 리듬도 완전히 바꾸었으며, 당시 그와 같은 변화를 이끈 새로운 시대의 주인공은 인문주의자들이었다. 또한 12세기부터는 새로운 발명품들이 유럽으로 유입되기 시작하여 생산성 및 소득 향상에 기여했다. 뒤이어 15~17세기에는 철학과 과학도 급격한 발전을 이루었다. 즉 10~18세기는 다른 문명에 비해 한참 뒤처졌던 유럽 문명이 새로운 도약의 발판을 마련한 시기였던 것이다.

3장은 이와 같이 유럽 문명이 그 발전에도 불구하고 벗어날 수 없었던 근본적 한계에 대해 설명한다. 즉 18세기에 이르기까지 유럽의 인구와 생활수준은 개선되다가 다시 후퇴하고 개선되다가 다시 후퇴하는 현상을 보였다. 근본 원인은 성장으로 인해 인구가 증가하면 곧 한정된 토지보다 과다한 인구로 인해 식량 위기가 발생하게 되고 이로 인해 기아나 전쟁, 전염병 등이 발생해 인구가 줄어들면 다시 성장과 인구 증가가 재개된다는 맬서스의 법칙 때문이었다. 실제로 유럽은 기술의 발전에도 불구하고 식량 위기라고 하는 근본적인 문제로 인해 계속해서 고통당했다. 맬서스의 법칙은 기괴한 것처럼 보이지만 실제로 사람들의 소득이 인류가 존재해온 수백만 년 동안 변화가 없었다고 한다. 이것은 18세기 전까지 인류의 경제 시스템이 농업 생산에 기초한 것이었기 때문이다. 농업 생산은 수확체감의 법칙을 따른다. 이것은 늘어난 인구를 부양하기 위해 경작지를 늘리게 되면 지력이 갈수록 떨어지는 토지를 경작할 수밖에 없게 되기 때문에 새롭게 생산되는 농업 생산물이 이전보다 적어지게 된다는 법칙이다.

 4장에는 산업혁명 과정이 자세히 묘사되어 있다. 산업혁명이 시작된 곳은 증기기관을 발명한 영국이었다. 증기기관은 원래 광산의 물을 펌프질하기 위해 만들어졌으나 곧 섬유산업, 철도, 증기선 등에 응용되었다. 그리고 직물업과 철강업에서 시작된 산업 발전이 차츰 기계와 조선 등 다른 산업의 발전을 이끌었다. 산업혁명이 영국에서 시작될 수 있었던 주요 이유 중 하나는 당시 영국에서 장인적 혁신과 과학적 연구 사이에 상호작용이 잘 이루어질 수 있었기 때문이다. 1760~90년이라는 대발명의 시기에 이루어진 몇몇 뛰어난 발명은 학자가 아닌 기술자들에 의해 이루어졌지만, 천재적인 기술자들일지라도 과학적으로는 문맹이었으므로 필요할 때에는 학자들과 그들의 저서에 의존해야 했다. 튼튼한 과학적 기초로 인해 산업혁명에서 시작된 성장은 1850년 무렵까지도 지속될 수 있었다. 산업혁명은 경제 시스템에도 변화를 가져왔다. 영국이 공산품을 수출하고 농산품을 수입하는 성장전략을 구사하기 시작했기 때문이다. 이 시기 영국-아프리카-아메리카 사이에 직물-노예-면화라는 삼각무역이 완성되었는데, 저자는 이에 대해 돌이켜보면 그리 영광스럽지는 않은 시스템이라고 평가한다.

5장은 산업혁명과 자본주의 시스템을 바라보는 세 가지 시각을 소개하고 있다. 각각은 경제학에 큰 족적을 남긴 애덤 스미스, 카를 마르크스, 조지프 슘페터의 시각이다. 스미스는 생산성 급상승의 요인에 주목했는데, 그가 제시한 요인은 노동 분업이었다. 그런데 노동 분업이 가능하려면 한 가지에만 전문화된 노동자들이 필요한 물품을 구입하는 데 어려움을 겪지 않아야 하므로 시장이 잘 발달되어 있어야 한다. 스미스는 '보이지 않는 손'이라는 개념을 통해 시장이 전체 시스템에 조화를 가져온다고 설명했다. 스미스와 대척점에 서 있는 경제학자가 마르크스다. 마르크스는 계급 간 대립을 강조하며 시장에 대해서도 전체를 풍요롭게 하는 제도가 아니라 인간이 다른 인간을 착취하는 제도라고 정의했다. 한편 오늘날 경제학자들에게 지배적인 영향력을 행사하고 있는 슘페터는 이 둘 간의 극단적인 대립을 지양하고자 했다. 그는 무엇보다 자본주의 체제가 기술 발전을 통해 지속적인 생산성 상승을 이루는 역동성에 주목했으며, 이를 설명하기 위해 '독점적 경쟁'을 가정했다. 이 이론의 핵심은 독점적 지위를 차지하기 위해 기업들 간의 경쟁이 치열하며, 이로 인해 독점이 존재하지만 아주 짧은 기간만 유지되며 대신 사회적으로 혁신이 활발하게 일어나고 노동은 그로 인한 생산성 혜택을 누릴 수 있게 된다는 것이다.

2부는 번영과 맬서스의 법칙을 극복하고 장기 성장의 길로 들어섰던 서양이 어떻게 두 차례의 세계대전을 겪으며 몰락하게 되었는지, 그리고 전쟁 후 평화와 연대에 기초한 새로운 사회를 건설하려던 노력이 1970년대 이후 어떻게 다시 위기에 봉착하게 되었는지를 설명하고 있다. 따라서 2부의 주요 분석 대상도 역시 선진국들이다. 6장에서는 두 차례의 세계대전을 일으킨 장본인인 독일에 초점이 맞추어져 있다. 독일은 영국보다 한참 뒤늦게 산업혁명을 시작했지만 그 속도는 매우 빨라서 1차 대전 이전에 이미 세계 무역에서 영국을 추격했으며 화학, 기계, 전기, 농업 부문에서도 큰 발전을 이루었다. 그러나 독일의 빠른 경제적 발전은 오히려 독이 되었다. 독일 우파들은 이에 만족하지 못하고 세계를 이끄는 유일한 강대국이 되길 원했기 때문이다. 1차 대전이 독일의 패배로 막을 내린 후 연합국은 독일이 더 이상 전쟁을 벌일 수 없도록 해야 한다는 생각에서 터무니없는 규모의 배상액을 독일에 요구했다. 이러한 일들로 인해 독일인들은 큰 상처를 입게 되었고 이는 향후 독일이 2차 대전을 일으키는 하나의 원인을 제공하기도 했다. 하지만 저자는 히틀러의 집권이 예정된 운명은 아니었다고 이야기한다. 1차 대전 직후 들어선 바이마르 공화국은 민주주의에 기초한 새로운 독일을 건설하려 했으며, 1924~29년에는 급속한 경제 회복을 이루는 등 어느 정도 성공을 거두기도 했다. 그러나 1929년 미국발 위기로 독일은 경제 악화라는 문제에 봉착하게 되었고, 급기야 히틀러의 집권을 가져왔다.

  7장은 1930년대 대공황의 발생 및 진행 과정을 설명하고 그 과정에서 등장하여 전후 선진국들의 경제 정책 지침서가 되었던 케인스 이론에 대해 소개한다. 오늘까지도 세계 자본주의가 경험했던 위기 중 가장 심각한 것으로 평가되는 1929년의 위기는 최근의 국제 위기와 마찬가지로 미국발 금융 위기였다. 1920년대에 미국 경제는 '광란의 20년대'라고 불릴 정도로 눈부신 경제성장을 경험했으나 경제에 대한 낙관적 전망이 주식시장을 과도하게 팽창시켰다. 1926년에서 1929년 사이에 주가가 두 배쯤 상승할 정도로 과열된 끝에 결국 1929년 10월 29일에 뉴욕 증시가 폭락하는 '대공황'이 발생했다. 금융 부문의 붕괴와 더불어 가계의 내구재 소비 위축, 부동산 부문 위축 등 미국 경제의 실물 부문의 붕괴도 진행되었다. 미국발 위기는 국제 교역의 위축으로 인해 전세계로 전파되었고 주요국 은행들이 연쇄적으로 파산하게 되자 위기는 더욱 걷잡을 수 없는 상태로 치닫게 되었다. 위기의 원인이 무엇인가에 대해서는 소비 위축 때문이라는 케인스의 주장과 중앙은행의 미숙한 대응 때문이라는 통화주의자들의 주장이 아직까지도 대립하고 있다. 그러나 전후 케인스의 정책이 대부분의 선진국에서 채택되어 수요 부족을 막기 위한 정부의 개입이 일반화되었고, 이러한 정책 전환 아래에서 복지국가가 등장했다.

8장은 2차 대전이 끝난 후부터 1차 석유위기가 발생했던 1974년까지 약 30년 동안의 장기 호황으로 인해 선진국들의 경제 시스템이 어떠한 변화를 겪게 되었는지, 나아가 그러한 호황이 왜 멈추게 되었는지를 설명한다. 서양은 극도로 짧은 기간에 현대 경제 발전의 모든 단계를 경험하게 되었다. 농업 경제에서 제조업 경제로, 제조업 경제에서 다시 서비스업 경제로의 전환이 일어났다. 이것은 인류의 노동이 육체노동에서 정신노동으로 전환했다는 것을 의미했다. 1820년에 선진국 전체 고용의 15퍼센트를 차지했던 서비스업은 오늘날 75퍼센트에 이르고 있다. 그러나 서비스 사회는 고객의 독재 아래 놓인 사회로서 고용주가 아니라 고객들이 노동자들에 대한 진정한 명령자가 되었다. 한편 전후 30년 호황은 1차 석유위기가 발생했던 1970년대 중반에 종말을 고하게 되었다. 그 이유에 대해 저자는 빠른 성장이 자원의 고갈, 지구의 생태적 위기라는 새로운 문제를 발생시켜 석유 가격의 급격한 상승을 가져올 수밖에 없었기 때문이라고 설명한다.

9장에서는 30년에 걸친 장기 호황의 종말로 전후 케인스주의 아래에서 성립되었던 복지국가가 위기를 맞게 된 과정이 설명되어 있다. 복지국가는 엄밀하게 이야기하면 전후 발명품은 아니었다. 복지국가 개념은 1930년대 이전에 이미 존재했다. 독일은 이미 1883년에 저임금 노동자들을 위한 의무 질병보험을 도입한 바 있다. 그러나 2차 대전 이후에 명실공히 복지국가라고 불릴 프로그램들이 체계적으로 세워졌다. 정부의 역할이 크게 확대된 이유는 전쟁 중 높은 군비 지출을 전후 사회 지출이 대체했기 때문이다. 또한 사회가 점차 교육권, 건강권, 노후 대책 등을 국가에 요구하게 되면서 국가의 재정 규모가 커졌다. 연대에 기초한 복지제도는 경제가 빠르게 성장하는 동안에는 잘 작동했다. 하지만 복지국가에 의해 창출된 연대 관계는 경제성장이 느려짐에 따라 약해질 수밖에 없었다. 빠른 경제성장이 끝나자 선진국들은 복지 프로그램들을 재검토해야만 했다. 왜냐하면 경제성장이 느려질수록 세금과 사회보장 분담금을 거두어들이기가 어려워졌기 때문이다. 정부는 과거의 도취감에 싸여 세대 간의 영속적 연대가 가능하리라 믿었으나 이제 재정 제약이라는 고통스러운 현실에 눈을 떠야만 했다.

  10장은 2부의 결론에 해당하는 장인데, 여기에서 저자는 산업혁명을 통해 맬서스의 저주를 풀었던 서양이 왜 두 차례의 세계대전을 벌여 스스로를 붕괴시킬 수밖에 없었는가 하는 문제를 되짚어봄으로써 이 문제의 중요성을 다시금 강조한다. 저자는 특별히 경기가 확장될 때 전쟁 발발 건수가 많았으며 반대로 경기가 침체될 때 평화로운 시기가 많았다는 것을 확인했다. 경제적 순환과 군사적 순환은 긴밀하게 연결되어 있는 셈이다. 그러나 저자는 군비 지출의 증가가 기업을 위한 새로운 시장을 창조하기 때문에 전쟁이 경제성장을 이끈다는 케인스 학파의 설명에는 동의할 수 없다고 밝히고 있다. 왜냐하면 전쟁은 일반적으로 성장 국면의 초기보다는 말기에 시작되었기 때문이다. 따라서 저자는 경제성장이 오히려 전쟁을 야기하는 것으로 보아야 한다고 주장하는데, 그 이유는 경제성장으로 인해 국가는 어떤 특정한 목표를 달성할 물질적 능력을 갖게 되기 때문이다. 물론 그 물질적 능력을 어디에 사용하는가는 각국의 정치사에 따라 달라지지만, 저자는 국가란 일반적으로 영토 확장에 목표를 두기 쉽다고 보았다.

마지막 3부에서는 1980년대 이후 중국, 인도와 같은 신흥국들의 약진, 선진국들의 정체, 생태계 위기, 금융 부문의 확장과 위기, 디지털 경제의 등장 등 최근의 주요 이슈들이 다루어진다. 11장에서 저자는 14세기까지도 여러 측면에서 유럽을 압도했던 중국이 왜 먼저 산업혁명을 일으키지 못했는가 하는 질문을 제기함으로써 논의를 시작한다. 그에 대해 저자는 14세기 초에 몽고의 침입으로 혼란을 겪게 된 중국이 이후 내적 안정성 유지를 최우선 과제로 추구하면서 혁신을 자극하는 경쟁이 이루어지지 못했기 때문이라고 보았다. 그러나 중국은 마오쩌둥의 사망 이후 가장 개방된 교역국 중 하나로 빠르게 전환할 수 있었다. 덩샤오핑은 일본과 같이 수출을 증대시켜 산업 부문의 급격한 발전을 도모하는 전략을 추진했는데 이것은 꽤 성공적이었다. 한편 중국과 함께 국제적 영향력을 키우고 있는 인도에 대해 저자는 과거 인도의 번영이 사회 상층부와 하층부 간에 존재한 극단적 불평등에 기여했었다는 점에서 중국만큼 놀라운 성과를 거두지는 못했다고 평가했다. 인도는 영국으로부터 독립한 이후에도 부패와 과다한 인허가 제도로 인해 세계 경제로부터 고립된 채 매우 느리게 성장했다. 그런데 역설적이게도 이러한 지체가 오늘날 성장의 기반이 되고 있다. 정보 산업이나 제약 산업의 경우 인도 정부가 세계 시장과의 단절 속에서 발전시키려 했던 원래의 의도는 성공하지 못했지만 바로 이 실패의 기반 위에서 최근의 성공이 이루어지고 있기 때문이다.

12장에서는 소련의 붕괴, 인도와 중국의 세계 자본주의로의 진입으로 세계의 모든 국가들은 시장 경제와 대의적 민주주의를 받아들이게 되지만 그로 인해 영구 평화가 자리 잡을 것이라는 장밋빛 전망이 실현되지 못하고 있는 현실이 날카롭게 분석된다. 몇몇 신흥국들은 빠른 성장을 보이고 세계무대에 화려하게 등장하고 있지만 아직도 전세계 10억 명의 사람들이 이러한 흐름에서 배제되어 있다. 특히 전세계에서 가장 가난한 아프리카에서는 여전히 폭력이 일상적으로 발생하고 있다. 아프리카 지역이 빈곤과 폭력으로 고통 받고 있는 것은 교육, 공중보건, 사법 체제, 영토와 같은 근본적인 공공재를 제공하는 근대국가가 제대로 형성되지 못했기 때문이다. 한편 현재의 세계가 당면한 또 다른 문제는 폭력이다. 근대화 과정은 폭력을 동반한 것이었다. 근대화가 전파되는 과정도 평탄하지는 않다. 유럽의 경우 30년전쟁이 끝난 후에야 국가만이 합법적인 폭력을 행사할 수 있다는 인식이 확립되기 시작했다. 그렇다고 폭력이 아예 사라진 것은 아니다. 현재도 전세계는 크고 작은 폭력으로 고통받고 있으며 증오에 의한 범죄가 국가들 간의 합법적인 폭력으로 확대될 위험성도 있다. 최근에는 공포 영화나 비디오 게임과 같은 가상의 영역에서 가상의 폭력이 벌어지고 있다.

    13장에서 저자는 앞으로 인류의 집단적인 자기 파멸이 발생한다면 바로 생태계 파괴 때문일 것이라며 생태계 위기의 심각성을 고발한다. 현재 세계화로 인해 인류는 그동안 자신들이 발생시켜온 문제와는 차원이 다른 문제를 발생시키고 있는데, 그것이 바로 지구 온난화이다. 지구 온난화는 산업화가 지구의 운명에 어떤 영향을 미쳤는지를 가장 잘 보여주는 사례인 동시에 가장 우려할 만한 사례이기도 하다. 진단은 이미 충분히 이루어졌고 국제적 차원에서 그것을 해결하기 위한 다양한 협약도 맺어졌다. 그러나 세계는 이러한 길로 나서는 데 지체하고 있다. 현재의 생태계 파괴의 근본 문제는 생산성 상승으로 가격이 낮아지게 되면서 '쉽게 쓰고 버리는 경제'가 발달하게 된 데 있다. 생태적 위기를 막기 위해서는 탄소세를 부과하고 환경 파괴 행위를 조장하는 보조금을 없애는 조치들이 도입되어야 하며 무공해에 지에 대한 투자가 이루어져야 한다. 좀 더 근본적으로는 에너지 과다 사용에 기대어온 그간의 경제성장 방식이 바뀌어야 한다. 환경 혁명이 새로운 산업혁명에 상응할 만한 거대한 변화를 만들어내야 하는 것이다.

14장은 서브프라임 위기로 촉발된 국제 금융 위기의 원인을 진단하고 그로부터 교훈을 이끌어내고 있다. 서브프라임 위기의 원인은 1980년대에 시작된 자유화로 거슬러 올라간다. 당시 자유화로 금융 규제에서 완전히 탈피한 새로운 금융 중개 형태가 발전하게 되었다. 중앙은행의 규제를 받지 않는 비은행 금융 회사들이 새로운 금융 기법들을 통해 금융 부문을 폭발적으로 확대시켰으며 심지어는 신용도가 매우 낮은 빈곤한 서민층에게까지 주택 담보 대출을 하기에 이르렀다. 금융혁신을 통해 위험성이 제거된 듯 보였지만 실제의 위험은 감추어졌던 것에 불과했다. 더구나 금융기관 종사자들이 타인의 돈을 끌어들여 투자를 하고 투자가 실패해도 책임을 지지 않게 되는 구조였기에 위험선호적인 행동이 조장되었다. 부동산 가격이 상승하는 동안에는 모든 것이 잘 돌아갔다. 그러나 부동산 가격이 하락하는 순간부터 모든 것이 추락하게 되었다. 금융 위기로부터 얻을 수 있는 교훈은 시장 경제의 본질이 무엇인가에 있다. 개인들이 자기만을 위해 행동해도 시장이 전체의 조화를 가져온다는 생각은 환상에 불과하다는 것이다. 케인스의 교훈은 다시 귀담아들을 만한 것이 되었고,

국가의 역할에 대한 신뢰도 다시 생겨났다.

마지막의 15장은 인류가 맞이하고 있는 새로운 경제 시스템의 성격이 무엇인지를 밝히며, 점차 격화되고 있는 국가 간 경쟁에 대해 다루고 있다. 새로 등장하고 있는 경제 시스템은 비물질적인 자본주의로, 그것은 기술과 정보, 커뮤니케이션이 지배하는 사이버 세계로의 진입이라고 부를 수 있는 것이다. 이 같은 새로운 경제의 특징은 첫 번째 제품을 생산할 때는 비용이 많이 들지만 두 번째 제품부터는 큰 비용이 들지 않으며 몇몇 극단적인 경우에는 비용이 아예 들지 않는다는 것이며, 따라서 생산 규모가 커질수록 이득이 되는 법칙의 지배를 받는다. 또한 전세계로 열려 있기에 더욱 강력한 경쟁이 발생할 것이라 상상되지만 이 경제 주체들은 전지구적 차원에서 독점자가 되는 경향이 있다. 그리고 그들은 한번 독점적 지위를 차지하게 되면 쉽게 그 자리를 내놓지 않는다. 특히 미국이 금융, 기술, 문화와 같은 비물질적 속성이 강한 분야에서 막강한 지배력을 행사하고 있다. 그로 인해 유럽은 큰 고통을 받고 있다. 유럽은 수많은 '휴머노이드'를 가진 매우 풍부한 대륙이다. 그런데 왜 이러한 지체가 발생하고 있는 것일까? 그것은 유럽의 교육과 연구 제도가 새로운 경제 패러다임에 대처할 능력이 없기 때문이다. 이것은 우리에게도 중대한 교훈이 아닐 수 없다.

악의 번영

1판 1쇄	2010년 12월 16일
1판 3쇄	2021년 6월 1일
지은이	다니엘 코엔
옮긴이	이성재·정세은
펴낸이	강성민
기획	최연희
편집장	이은혜
마케팅	정민호 김도윤 최원석
홍보	김희숙 김상만 함유지 김현지 이소정 이미희 박지원
펴낸곳	(주)글항아리	출판등록 2009년 1월 19일 제406-2009-000002호
주소	10881 경기도 파주시 회동길 210
전자우편	bookpot@hanmail.net
전화번호	031-955-2696(마케팅) 031-955-8897(편집부)
팩스	031-955-2557
ISBN	978-89-93905-45-8 03300

잘못된 책은 구입하신 서점에서 교환해드립니다.
기타 교환 문의 031-955-2661, 3580

www.geulhangari.com